国土空间规划政策与技术研究丛书

大都市区空间结构模式研究

——基于轨道交通组织的视角

王超深　著

中国建筑工业出版社

图书在版编目(CIP)数据

大都市区空间结构模式研究：基于轨道交通组织的视角 / 王超深著．—北京：中国建筑工业出版社，2020.8

（国土空间规划政策与技术研究丛书）

ISBN 978-7-112-25261-9

Ⅰ.①大…　Ⅱ.①王…　Ⅲ.①城市铁路—城市规划—交通规划—研究　Ⅳ.①U239.5

中国版本图书馆 CIP 数据核字（2020）第 111313 号

责任编辑：李　东　陈夕涛　徐昌强
责任校对：张　颖

国土空间规划政策与技术研究丛书

大都市区空间结构模式研究——基于轨道交通组织的视角

王超深　著

*

中国建筑工业出版社出版、发行（北京海淀三里河路 9 号）

各地新华书店、建筑书店经销

逸品书装设计制版

北京建筑工业印刷厂印刷

*

开本：787 毫米 ×1092 毫米　1/16　印张：17　字数：284 千字

2021 年 1 月第一版　2021 年 1 月第一次印刷

定价：**78.00** 元

ISBN 978-7-112-25261-9

（36045）

目录

1 绪 论

1.1 轨道交通支撑大都市区空间的涌现

1. 大都市区是主要的人口载体和经济引擎

从国外先发地区发展历程看，大都市区是城市发展到高级阶段的空间聚落形式，是城镇人口的主要承载地，是一个国家经济发展的引擎。不论是地广人稀的美国还是人地矛盾突出的日本，不论是工业化历程较长的英国、法国等发达国家还是工业化历程相对较短的韩国，其城镇化后期均以大都市区化为典型特征。以人地矛盾并不突出的美国为例，自 1920 年快速工业化以来，大都市区人口占人口总量比例始终处于上升阶段，且百万人口以上的大都市人口比例在 1970 年之后增幅更大（图 1.1）[1]。此外，大都市区也是一个国家的主要经济引擎，例如，2000 年，美国排名前 100 位的大都市区集聚了全国 65% 的人口和 75% 的 GDP，获得了 92% 的专利；美国排名前 20 位的大都市区集聚了全国 37.4% 的人口和 46.6% 的 GDP，获得了 63% 的专利 [2]。根据 2016 年经济合作与发展组织统计

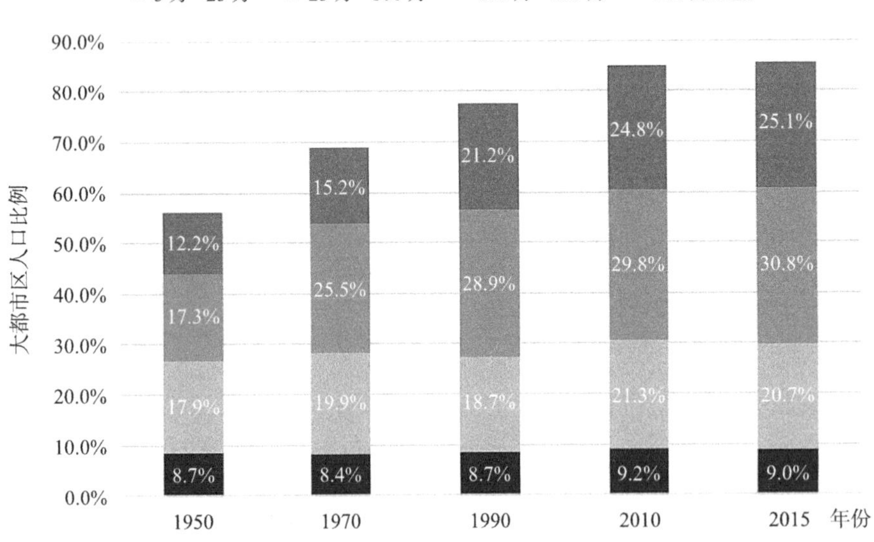

图 1.1　美国大都市区人口比例统计

图片来源：根据美国人口调查局统计资料整理

分析，伦敦大都市区、巴黎大区、东京都市圈与首尔大都市区各自的 GDP 总量占全国的比重分别为 31.6%、27.9%、30.4%、47.1%。

从世界城镇化发展历程和趋势看，人口向大都市区集中是必然趋势，根据联合国人口司历史数据，100 万人口以上的城市数量由 1950 年的 75 个增长至 2010 年的 449 个，500 万～ 1000 万的城市以及 1000 万以上的大都市区数量增幅达到了 10 倍左右。根据预测，2025 年，1000 万以上的大都市区数量仍将快速增长 [3]。中国 100 万人口以上的都市区数量近年来也快速增长，尤其是 500 万以上的大都市区增幅更加明显，由 1990 年的 2 个增加至 2018 年的 13 个；2000 年以来，1000 万以上的大都市区快速出现，2018 年已达到 6 个；至 2030 年各层级的大都市区数量将继续增长，尤其是人口规模在 100 万～ 500 万的大都市区数量将快速增长，而人口规模超过 500 万的大都市区数量将达到近 30 个（见表 1.1）。

中国不同年份不同人口规模大都市区数量统计与预测　　表 1.1

类型	＞1000 万	500 万～ 1000 万	100 万～ 500 万	50 万～ 100 万
1990 年数量（个）	0	2	32	37
2018 年数量（个）	6	13	105	160
2030 年数量（个）	8	19	146	175

资料来源：根据 https：//population.un.org/wup/Country-Profiles/ 整理

我国目前尚无大都市区统计制度，社会经济指标统计多以行政城市为统计单元展开，规模较大的城市一定程度上拥有大都市区的特征，能够较大程度反映我国大都市区发展趋势，在此以行政城市统计数据进行横向对比分析，从我国城市统计年鉴看，城市人口分布及增长也呈现人口向特大城市集聚的规律。而大都市区往往是以特大城市为主要依托定义的，也客观说明我国大都市区发展轨迹同国外基本一致，研究大都市区空间结构模式有利于提高土地集约程度和运行效率。

2. 轨道交通支撑通勤半径不断扩大

城市空间尺度与交通运输工具紧密相关，世界发达大都市区演化历程表明，轨道交通是支撑大都市区空间拓展的核心运输工具。近年来，我国城市轨道交通快速发展，“十二五”期间年均运营里程达到 437km，架设步伐超过世界轨道交通建设史上的任何时期。轨道交通有力地支撑了城市空间范围大幅延伸，特大城市进入大都市区发展阶段。

由于我国目前尚无大都市区界定标准，在此采用国外大都市区界定指标中常用的通勤率指标进行初步测定。根据大城市外围新区交通调查情况，可以看出京、沪、蓉、津等城市部分外围新城至中心城单向通勤率指标超过10%（美日等国家初期规定单向通勤率指标需超过15%，由于我国外围新城规模较大，从交通承载力角度看应有所降低，作者建议近期取值为10%），已进入大都市区通勤范围内（见表1.2）。

国内主要城市新区至中心城通勤率指标统计　　表1.2

新城名称	至中心城距离（km）	常住人口（万人）	区内出行比例	至中心城比例	调查年份
北京顺义	40	32	83%	12%	2009
		45	75%	15%	2015
滨海新区	35	100	—	10%	2009
上海临港	50	50	71%	10%	2015
上海嘉定	25	110	75%	13%	2017
成都温江	20	45	81%	16%	2012
成都双流	20	75	78%	18%	2015

备注：温江为2010年区内常住人口；双流为2014年底县域总人口，包括流动人口；距离为各核心区之间直线距离

资料来源：根据上述新城综合交通规划或交通专项规划资料整理

而从近年来中国较大的省会城市人口增长情况和大规模的轨道交通和快速路建设步伐看，预计至2025年，中国超过1000万人口的大都市区数量将达到10个（即北京、上海、广州、深圳、重庆、天津、成都、武汉、郑州、沈阳），占世界的近1/3，研究中国大都市区空间结构模式问题，提高土地空间与轨道交通的匹配效率，有较强的必要性。

3. 大都市区化阶段面临的主要问题

在轨网支撑条件下，城市功能空间由中心城区向大都市区转变，其空间尺度是中心城区的5倍以上，核心区人流密度和规模也大幅提升[4]；与此同时，城市产业中第三产业份额逐步升高，更加关注空间交往与空间消费，大都市区出行总量大幅增长，对出行品质也有更高的追求，机动化主导方式由道路交通向轨道交通转变，出行距离亦大幅增长，在运输技术、空间结构等急剧变革条件下，城市产业要素的集聚和居民交往空间的选择面临更多的机会，而城市空间组织受规模与密度效应双重影响，其组织机理发生重大改变。当前，国内学者对这一重大背景关注不足，大都简单地将大都市区认为是中心城区的“加大版”，采用传统

的道路和轨网供给经验进行运能提升，忽视了大都市区强大的规模效应和局部地区明显的密度效应，如不进行关键路由通道的提前预留，大都市区空间组织效率面临整体偏低的可能，而核心区面临更加严峻的客流集散挑战。

1.2 大都市区空间结构理论亟待完善

正如诺贝尔经济学奖获得者斯蒂格利茨（2001）所述，中国的城镇化和美国的高科技将影响人类发展进程，而探索适合我国国情特点的城镇化模式之路，漫长而又曲折，必要而又紧迫，在城市经济增长模式和运行体制处于深刻、急剧的变革时代，城市问题日益突出，而基于大都市区形态的空间结构处于快速发展阶段，亟待总结发达国家及国内先发地区特大城市发展规律及规划对策，以指导后发地区大都市区空间规划和轨网规划。

1. 构建不同地域单元间的研究桥梁

对于空间的研究，既有城市规划体系主要集中在中心城区与市域两个层面，在经济融合区域一体的背景下，在城市群与中心城区之间缺少衔接的空间载体，而大都市区作为特大城市空间拓展的重要形态和特定地域单元，是城市群的重要构成部分和核心载体，起到了重要的衔接作用。当前，国家新型城镇化强调城市群在城镇化中的承载作用，研究大都市区的空间结构演变机理和优化对策，有利于城市群空间功效的提升；同时，大都市区在中心城区与城市群之间构建了桥梁（图 1.2），有利于实现不同区域单元的空间组织分析，完善区域规划和城市规划的理论体系。

2. 完善轨道交通与城市空间互动理论体系

受多种因素影响，我国特大城市轨道建设步伐相对缓慢，至 2016 年年底，

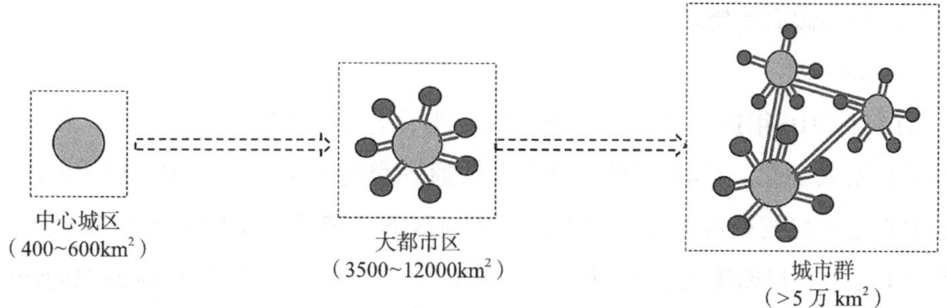

图 1.2　大都市区作为中心城区与城市群的连接载体

图片来源：作者绘制

30 个已运营轨道的城市中，超过一半的城市运营里程在 100km 以下，建成里程和在建里程之和占规划里程的比例大都在 1/4 ～ 1/3 之间。由此可以看出，我国轨道交通建设目前尚处于起步阶段，相关规划设计理论发展仅有 20 年左右的时间，基于轨道交通的城市规划设计理论仍处于起步阶段。在国家大力发展轨道交通的背景下，研究近年来轨道交通与城市用地空间的互馈关系及影响机制，系统总结现阶段研究成果，有利于完善轨道交通与城市用地空间互馈关系理论体系，实现两者协调发展，指导新型城镇化进程。

3. 提升大都市区空间的组织效率

随着城市交通拥堵的持续恶化和城市财政实力的不断增强，以及新型投融资方式的广泛应用，预计 2020 ～ 2030 年期间，我国城市轨道建设里程将持续快速增长，其中以特大城市和超大城市所占份额为主要贡献点，基于轨道交通的空间结构调整与优化，构建低碳、高效的空间结构，尤其是有效提升了通勤效率，有利于提高居民宜居指数，有较大的实践意义。

1.3 大都市区概念界定

清晰的概念是学术研究的基本前提，尤其是对于尚未有明确规范标准的大都市区和不同学科视域的空间结构，其概念均存在模糊性，所以首先应予以明确。

大都市区概念与界定标准，当前国内没有统一的认识，因此对其界定标准进行深入研究。

1. 国外大都市区界定标准

大都市区（Metropolitan District）概念及界定标准最早由美国在1910年提出，此后不断修订。随着城市区域化特征的演进，日本、欧洲等也相继提出类似概念。在此对其做简要梳理。

1）美国标准

美国自 1910 年提出大都市区概念后，此后进行了多次修订和更改，但核心内容没有太大变化。1949 年对人口密度及通勤交通比例没有要求，至 1990 年，规定中心地人口规模应大于 5 万人，外围地区非农劳动力比例大于 75% 或绝对数大于 1 万，人口密度大于 50 人 / 平方英里 *，单向通勤率大于 15% 或双向通勤

* 每平方英里约等于 2.59 平方千米。

率大于 20% 的地域可称之为都市区。随着美国城市化的推进，通勤率成为划分外围县的唯一指标，并且这一指标的门槛值不断上升，2000 年达到 25%[5]。

总体来看，美国大都市区范围界定经历了从简单到繁琐再到简单的过程，2000 年指标体系取消了所有特征指标，仅利用通勤率指标进行界定，直接反映大都市区内中心城和外围地区的社会经济联系，且更加易于统计。

2）日本标准

日本于 1960 年提出了“都市圈”概念，其界定标准参照美国都市统计区（MSA），在阈值上有所差别。1975 年，日本总理府统计局对于都市圈的界定标准为人口 100 万以上的政令指定城市，外围区域向中心城市通勤率不低于 1.5%，称之为大都市圈，其他中心城市人口超过 50 万人的称之为都市圈。目前，日本经济产业省界定都市圈（日本称之为城市就业区）的标准为：常住地区 15 岁以上的就业人口和 15 岁以上的上学人口，10% 以上比例至中心城市，在该地区划入都市圈范围 [6]。

3）欧洲标准

德国类似大都市区概念的地域单元称之为城市区域，由中心城市、近郊区及远郊区构成，中心城人口密度不低于 500 人 /km^2，近郊区或远郊区至中心城区的通勤率不低于 20%。英国和其他欧洲国家以圈域人口或城市职能区代替中心城市人口，英国规定圈域人口在 7 万人以上，其他欧洲国家规定城市职能区（Functional Urban Region）人口在 20 万人以上，外围地区至圈域城市或城市职能区的通勤率不低于 15%，则纳入大都市区范围 [2]。

4）国外标准总结

从国外发达地区都市区界定标准看，外围地区至中心城区通勤指标被广泛应用，该指标很大程度上反映了中心城区与外围地区的经济联系。总体来看，世界上大多数大都市区界定标准中，都明确了通勤率下限值，外围地区至中心城区单向最低通勤率一般取值在 10% ～ 20% 之间。

2. 国内类似概念界定标准

我国人文地理学者较早地关注都市区界定问题，如孙胤社、周一星等于 20 世纪 90 年代提出了初步的界定标准 [7][8]，此后，文献 [9] 至 [13] 等相继进行了补充研究。上述界定标准中，除邹军与陈小卉（2001）提出采用通勤率指标外 [9]，其他学者界定标准均主要建立在非农业人口等经济特征指标上，其主要原因在于当时国内城市交通调查制度不完善，通勤率指标难以获取 [14]。（见表 1.3）

国内学者对都市区界定标准研究汇总　　表 1.3

年份	作者	名称	定性描述	界定标准
1992	孙胤社	大都市区	一定规模的中心城市、与之联系密切的外围地区	(1) 中心城人口 > 20 万人 (2) 周围县须符合以下条件之一：①中心城市完全被县域包围；②与中心城市联系强度大于大都市区首尾相连的都市连绵区一定界限值 (P_0)；③联系强度虽达不到界值 P_0，但被已确定为大都市区的县完全包围的县
1995	周一星	都市区	邻近区域以县 (市) 为单位	(1) 中心城市人口 > 20 万人 (2) GDP 非农产值 > 75%，且非农化水平 > 60%
2001	邹军、陈小卉	都市圈	同都市区内涵	(1) 中心城市人口在 100 万人以上，邻近有 50 万人以上城市 (2) 中心城市 GDP 中心度 > 45% (3) 外围地区到中心城市的通勤率不小于其本身人口的 15%
2004	谢守红	大都市区	—	(1) 中心城市人口 > 50 万人 (2) GDP 非农产值 > 75%，且非农化水平 > 50% (3) 外围县 (区) 城市化水平 > 40%
2005	李孟	大都市区	能够产生溢出效应，邻近县 (市) 通过较好的公路网连接起来	(1) 位于非农人口数量超过 100 万的建制城市的区域范围内 (2) 由中心城和距中心城市 50 km 的邻近县市组成，一般为 1 ～ 2 小时车程
2007	高丰、宁越敏	大都市区	中心城 + 近郊县	(1) 中心城市人口规模 50 万人以上 (2) 人口密度不小于 1500 人 / 平方公里，且城市化水平大于 60%
2011	宁越敏	大都市区	中心城 + 外围县，同时考虑人口规模指标和密度指标	(1) 中心城界定：①人口密度 ≥ 1500 人 /km²，且城镇化率 ≥ 70% 的区可作为中心市；②大都市区中心市总人口不低于 50 万 (2) 外围县界定：未达到中心市标准，但城镇化率 ≥ 60% 的区县

资料来源：根据文献 [7]-[13] 整理而得

上述学者对大都市区的界定标准存在以下主要问题：

1）中心城市规模指标的不确定性

中心城市的最低人口规模呈现逐步提高的特点，由 1990 年代的 20 万人提高到 50 万或 100 万人，这一指标充分考虑了我国城市人口规模大、密度高等特征，随着城镇化水平的继续提升，100 万人以上的城市规模将继续增加。据中国城市建设统计年鉴显示，2015 年底建成区人口超过 100 万的城市已有 72 个，若以行政城市为统计口径则超过 150 个，且这些城市大都位于东部地区，是国家经济发展的引擎。参照国土面积接近的美国都市区个数，认为我国都市区中心城市人口以 100 万人较为合适，在城镇化达到 70% 左右稳态时，全国有 200 个左右都市区，这与大多数区域规划学者观点接近[16]。

2）外围地区非农特征指标的不适应性

当前学界对建立的大都市区界定指标体系，大都采用非农产值或从事非农产业的劳动力比例来界定大都市区外围县，在经济发达地区，这一比例值普遍较高，现阶段该指标值已不能很好地刻画大都市区外围县特征[13]。

3. 大都市区概念的界定

“都市”一词在《汉书·食货志上》中较早地出现，文中有记载:“商贾大道积贮倍息，小者坐列贩卖，操其奇赢，日游都市”，从古代起便指大城市;《史记·五帝本纪》也有类似记载，如“一年而所居成聚，二年成邑，三年成都”。可以看出，在中文词汇中“都”是城市聚落的高级体现形式，是城市发展到更大规模时的称呼。近年来，在城市规模不断扩大、城市连绵发展的背景下，国外相关词语在引介至中国的过程中，将其翻译为都市区或都市圈等概念[15]，由于没有从汉语言本义视角解读“都”与“城”的核心差别，使得同一地理空间有不同的称呼，不利于学术研究和空间实践。

从国外都市区界定标准演化特征看，采用通勤率指标是必然趋势，从当前这一数据的获取途径看，我国 100 万人以上城市几乎均进行了市域居民出行调查，能够获取外围地区通勤率指标，且大数据技术的广泛使用也提供了佐证条件。此外，中心城市具有易识别的特征，我国都市区界定应充分考虑这一变化特征。

从城市交通组织模式演化进程看，我国特大城市交通组织将逐步进入轨道交通为主导的发展阶段，决定大都市区边界的主要运输方式是轨道交通，传统的道路交通在客运量方面承担的比例越来越小。从世界先发都市区发展历程看，当轨网规模超过 500km 时，大都市区近郊区与中心城区联系将呈以轨道交通为主，高峰时段两地通勤交通量中，基于轨道交通的分担率超过 60%。研究大都市区空间边界，应以轨道交通作为主要边界条件。

轨道交通因进出站均进行刷卡，为客流 OD 获取提供了良好的边界条件，有利于通勤率指标的计算。从北京、成都等都市区空间结构看，外围组团至中心城边界线（以绕城高速或快速路环线为基准）距离一般在 15km 左右（图 1.3），假定外围组团至中心城联系为单一走廊方式，轨网密度为 1km/km^2，站间距为 1.5km；假定每个轨道站域居住人口为 3 万人（充分考虑了慢行交通接驳），劳

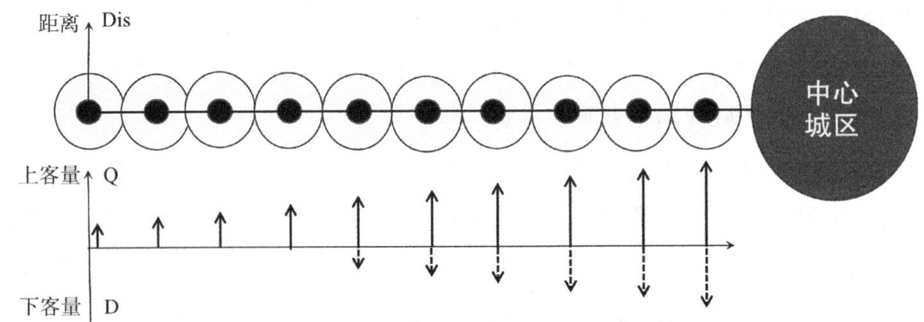

图 1.3 轨道交通走廊上下客流示意图

图片来源：作者绘制

动力人口比重为 60%，进入中心城上班人口随着距离中心城距离的减少而提高（假定离中心城区最远站点至中心城就业人口占劳动力人口的比例为 γ（即通勤率指标），每靠近中心城一站，该比例增加 10%），组团内出行中，5 站以上下客率随着站数增加而增加（假定内部出行比例中至中心城方向每增加一站，下客率增加 10%，初始下客量为 300 人）；根据轨道线路的运能，假定为 6A 编组，规定进入中心城区后车辆人均密度小于 6 人 /m^2，即每列车乘客不大于 1440 人，按照每 3 分钟发车一班频率计算，高峰时段单向断面客流小于 2.8 万人。建立计算模型如式 1-1 所示。

$$\mathrm{Max}(\gamma)=\sum_{i=1}^{10}Q-\sum_{i=5}^{10}D$$

$$st\begin{cases}\sum_{i=1}^{10}Q-\sum_{i=5}^{10}D\leqslant 28000\\ \sum Q=\dfrac{18000\gamma(1-0.1^{10})}{1-0.1}\\ \sum D=\dfrac{300(1-0.1^{5})}{1-0.1}\end{cases} \qquad \text{式（1-1）}$$

在上述边界条件下，根据轨道线路运输能力约束条件，采用试算法，求得通勤率 γ 值为 0.09 左右，为便统计实施，取通勤率阈值为 10%。

在综合分析国外大都市区概念的基础上，结合中国城市空间结构特征，提出以特大城市最外环快速路内范围或规划中心城区为核心依托，晚高峰时段较大比例（轨网超过 500km 时取 10%）的通勤交通所能达到的拥有较大规模的区域（建议以乡镇或街道辖区范围为调查对象，且人口规模超过 5 万人）即为大都市区的边界，其范围界定受交通运输工具、票价经济性等因素影响，其范围需动态修订；在 1 小时的通勤时耗约束条件下，以地铁为主要支撑的大都市区范围在 3500km^2 左右，拥有都市快轨的大都市区范围在 1.2 万 km^2 左右，该范围内规划人口原则上超过 1000 万人且中心城区人口超过 300 万人。本文所研究的大都市区为狭义概念，其范围界定不同于都市圈，都市圈往往以商务、探亲等活动为目的，当日能够往返的空间区域为范围。从空间尺度看，大都市区是都市圈的核心构成部分，都市圈是城市群的核心构成单元。

4. 相关概念的说明

由于东京大都市区在翻译过程中，大都译为东京都市圈，其空间范畴同本文所述大都市区一致，因此，本文亦称之为东京都市圈，它的范围小于首都都市圈，不包括茨城、山梨等区域；巴黎大都市区又称大巴黎地区或法兰西岛，本文称之为巴黎大区；首尔大都市区又称之为首都圈，本文采用首尔大都市区称呼。此外，文中有“都市”的称呼，它是本文研究对象——大都市区的简称，部分论述中为便于更加流畅的组织行文，少量的大都市区概念采用了都市的称呼；与传统的“城市”概念相比，“都市”更加强调功能地域，而“城市”更加强调行政地域。

受城市所在的地形条件影响，根据城市建设用地布局形态，大都市区可笼统划分为带状、团状和组团状三类[17]，本文主要研究中心城区为团状、近郊区与中心城区呈连绵状的团状大都市区，对于带状大都市区（如深圳、兰州等）、组团状大都市区（如重庆、青岛等）不予研究。

1.4 国内外研究状况

正如上文所述，大都市区空间范围受交通运输工具和出行时耗约束，以致中心城区通勤率大于 10% 作为判定边界的阈值标准，可以看出大都市区的最大范围一般不超过 1.5 万 km^2，即以中心城区几何中心为圆点，等效半径一般不超过 60km[18]，下文展开的研究进展与基础理论研究，均为这一尺度的地域空间单元，不包括 2 万 km^2 以上的都市圈和更大尺度的城市群[19]。

1.4.1 相关概念与典型特征

1. 相关概念的辨识

与大都市区概念最为接近的术语为 Megalopolis，它由戈特曼（Jean

Gottmann）于 1957 年提出，其初衷是定义一个空间尺度更大、人口更多的都市功能单元，但对其内在含义没有详细论述，国外对其也颇有争议，史育龙与周一星（1997）分析了国内外学者的认识 [20]。在翻译该名词的过程中，国内学者对其理解差别较大，如大都市带、大都市连绵区、都市圈（区）、城市带等，洪世键与黄晓芬（2007）做了系统总结分析，并赞成史育龙与周一星（1997）的观点，即大都市区（Metropolitan Area）是一个城市功能区概念，大都市带（Megalopolis）由大都市区构成，是一个功能区域概念，国内都市连绵区、城市群概念与国外大都市带概念接近 [19]。

2. 大都市区化的典型特征

大都市区化作为城市化的高级阶段，与常规的城市化相比有较大差异，部分学者较早地认识到这一问题 [20-22]，均认为（大）都市区化是我国城市化发展面临的新阶段；安树伟认为我国大都市区空间比传统的城市拥有更大的空间尺度和人口规模，而交通集散方式与之不匹配，更易形成交通拥堵等问题 [23]；毛广雄认为大都市区化能够实现空间绝对集聚到有机分散和有机集聚，能有效地降低传统的城市化成本 [24]。总体来看，大部分学者认为大都市区化有利于提升城市化水平，有更多的积极意义 [24-27]。

1.4.2 空间结构及演进机理

1. 城市空间结构经典理论

1）国外城市空间结构经典理论

西方学术界对理想空间结构的探讨较早，相关理论也较为丰富，先后提出了带形城市、田园城市、工业城市、卫星城、广亩城市等空间规划模式或理论体系，其基本出发点是以功能分散为典型特征，且研究视角基本都是基于城市而言，人口规模大都在 300 万人以下、空间尺度较小（表 1.4）。20 世纪中后期出现较大规模的郊区化后，西方发达国家大城市进入大都市区阶段，普遍形成多中心结构的现代城市。这一时期，阿伯克隆比（Abercrombie）于 1944 年制定的大伦敦规划，采用了绿带、卫星城、环形路等规划策略，对后期大城市空间结构规划产生深远影响。第二次世界大战之后，西方发达国家进入了快速发展阶段，出现了典型的郊区化特征，城市空间的研究重点开始由城市向区域过渡，也诞生了空间尺度较大的地域空间结构模型及理论，迪肯森（Dickinson）、洛斯乌姆（L. H. Russwurm）、麦吉（T. G. McGee）分别于 1947 年、1975 年、1981 年提出了不同的空间结构模型[28]。

西方经典城市空间规划理论梳理 表 1.4

年代	代表人物	代表理论或实践	规模	核心理念	应用案例
1882	索里亚·马塔（Soria Y Mata）	带形城市（La Ciudad Lineal）	500m 宽	高速度、高运量轴线发展	哥本哈根、斯德哥尔摩等
1898	霍华德（Howard）	田园城市（Garden City）	25 万人	新城、绿带	莱奇沃思（1903）等
1901	戛涅（Garnier）	工业城市（Industrial City）	3.5 万人	功能分区思想	—
1915	盖迪斯（Geddes）	进化中的城市（Cities in Evolution）	—	区域规划的城市观	—
1915	泰勒（Taylor）	卫星城（Satellite City）	60 万～80 万人	疏散过分集中的人口和工业	普遍认为进入第三（四）代阶段
1918	沙里宁（E.Searinen）	有机疏散（Organic Decentralization）	—	设置林荫大道、公园分割建设用地	大赫尔辛基规划（1918）
1922	柯布西耶（Le Corbusier）	明日之城（The City of Tomorrow）	300 万人	高密度城市、三层交通组织	巴黎中心区付艾森规划（1925）
1922	昂温（Unwin）	卫星城市的建设（Satellite Towns）	—	中心城疏散	1912—1920 年 巴黎新城计划
1931	柯布西耶（Le Corbusier）	光辉城市（The Radiant City）	—	高密度城市、人车分离系统、建筑物架空	昌迪加尔（1951）、巴西利亚（1957）
1934	赖特（Wright）	广亩城市（Broadacre City）	—	分散低密度、汽车联系城市功能组团	马林县市政中心等规划

资料来源：作者根据相关资料整理

2）国内城市及大都市区空间结构研究

人文地理及城乡规划两个学派对空间结构尤其是空间形态的研究较早也较为全面（表 1.5）。人文地理学派的系统研究早于城乡规划学派，他们较早从区域视角研究空间结构及演进机制[8][29]。城乡规划学派介入时间稍微延迟，但关注视角更加全面，除了区域视角外，增加了建筑形体等角度的分析，典型的著作有文献[30-33]等。但城乡规划学派在空间结构的测度等量化分析方面明显不如人文地理派学者，解释力较弱。

进入 21 世纪之后，部分学者开始关注大都市区空间结构及演进问题，出版

基于人文地理和城乡规划学视角的城市空间结构典型著作梳理　　表 1.5

作者及年限	著作名称	与本文相关的主要内容释义
武进（1990）	《中国城市形态：结构、特征及其演变》	不同功能区结构形态，阐述了城市伸展轴的基础作用，采用量化分析方法对空间形态及内部拓扑结构进行分析
段进（1999）	《城市空间发展论》	较为系统地阐述了城市空间的深层结构与发展规律
顾朝林等（2000）	《集聚与扩散—城市空间结构新论》	城市要素内在关系与演化机制
黄亚平（2002）	《城市空间理论与空间分析》	详细叙述了国外城市空间理论演进历程
朱喜钢（2002）	《城市空间集中与分散论》	集中和分散的演化机制，有机集中的空间结构
熊国平（2006）	《当代中国城市形态演变》	从内部结构和外部轮廓角度研究了 1990 年代以来演变特征和动力机制
张勇强（2006）	《城市空间发展自组织与城市规划》	从自组织角度研究城市空间演进规律
周春山（2007）	《城市空间结构与形态》	分析了中外城市结构和形态演变，探索了信息化及生态化背景下发展趋势
储金龙（2007）	《城市空间形态定量分析研究》	以定量化的手段，分析了合肥市内外部空间结构演变规律，提出优化策略
祁巍锋（2015）	《低碳城市的空间规划策略研究》	从区域、城市、居住区三个层面研究了低碳城市影响机制和空间规划手段

资料来源：作者根据上述著作整理

了少量的学术专著（表 1.6），如文献 [34-38] 等，它们均对国外发达大都市区进行了简单概述，从不同视角研究了空间结构优化、空间组织等问题。其中，文献 [35] 较为详尽地分析了国外大都市区发展历程、演变特征和动力机制，为后续大都市区空间结构研究打下了良好的基础；冯艳等对大都市区空间结构进行了专题研究，提出了簇群式空间结构模式[38]。此外，文献 [39-43] 也分别着重探讨了大都市区就业空间问题、经济空间和社会空间问题、大都市区空间结构与交通的关系等问题。

在国内城市大都市区化特征日益明显的背景下，国内学者于 20 世纪 90 年代中后期开始积极分析并借鉴国外典型大都市区发展经验，进行了大量文献翻译及梳理工作，如李同升分析了典型单中心大都市区莫斯科空间结构及发展特点[44]；徐海贤等对国外大都市区空间结构进行了初步梳理[45]；唐燕与孙群郎分别对德国和美国大都市区空间结构特征进行了深入分析[46][47]；刘贤腾分析了多元轨道交通支撑下东京大都市区空间结构变迁情况[48]；许锋研究了国际典型大都市区

大都市区空间结构与演进机理方面典型著作梳理 **表 1.6**

作者及年限	著作名称	与本文相关的主要内容释义
李国平等（2004）	《首都圈——结构、分工与营建战略》	从经济联系、产业结构、交通支撑等角度较为系统地分析了不同尺度下首都圈发展问题
谢守红（2004）	《大都市区的空间组织》	分析了国外典型大都市区发展历程、演变特征及动力机制，从人口变动及工业布局等方面以广州为例进行了实证分析
王旭（2006）	《美国城市发展模式：从城市化到大都市区化》	系统回顾美国大都市区化的发展历程
陈劲松（2006）	《新城模式——国际大都市发展实证案例》	从新城规划建设的角度研究了国际典型大都市区规划布局
陈淮（2007）	《国际大都市建设与住房管理》	国际典型大都市住房供给模式
李国平与杨军（2009）	《网络化大都市：杭州市域空间发展》	城市区域空间演化规律与机制
洪世建（2009）	《大都市区治理：理论演进与运作模式》	较为系统地阐述了大都市区治理组织与政策
田莉等（2010）	《世界著名大都市规划建设与发展比较研究》	从城市规划角度论述了伦敦、巴黎、纽约、东京都市区现状及城市规划情况
赵虎（2012）	《中国都市区就业空间演化研究——以南京为例》	研究了就业空间分布和演化特征
石忆邵（2012）	《国内外大都市服务业用地发展研究》	城市空间结构中服务业规模及布局
付雷（2012）	《转型中的大都市空间结构及其演化——上海城市空间结构演变的研究》	阐述了社会与经济空间演进过程，从经济、社会和制度层面进行了机理分析
冯艳与黄亚平（2013）	《大城市都市区簇群式空间成长机理及结构模式》	以武汉、长沙等城市为实证对象，提出了簇群式空间结构模式
潘海啸（2002）	《大都市地区快速交通和城镇发展：国际经验和上海的研究》	研究了快速交通对大都市区外围地区城镇发展的支撑和引导作用
黄昭雄（2012）	《大都市区空间结构与可持续交通》	探讨了空间结构与交通发展的关系
刘龙胜等（2013）	《轨道上的世界——东京都市圈城市和交通研究》	较为系统地阐述了东京都市圈发展与轨道交通的关系

资料来源：作者根据上述著作整理

密度特征，给出了北京应借鉴的经验[49]；张尚武等从人口分布情景分析了上海大都市区空间结构优化的政策路径[50]；刘涛与曹广忠、魏旭红与孙斌栋研究了北京大都市区居住选择及就业次中心形成问题[51][52]；皇甫玥与张京祥等认为大都市区的人口迁移表现出“大集中、小分散”的趋势、空间集聚与扩散并行，最终形成多中心的空间格局，有利于空间组织和城市效率的提升[53]。文献 [18] 对上述研究进展做了综述分析。

总体来看，国内学者对城市空间结构的研究成果主要集中在传统的范畴内，对空间规模更大的大都市区空间结构的研究起步较晚，当前对其演化机理缺少系统分析，还没有建构适合中国大都市区空间特征的空间结构模式[17]。尤其是自2000年以来，我国城市空间拓展出现了大量的城市新区且规模较大、轨道交通建设里程也快速增长且运能较高，国外大都市区均没有这些独特特征，中国大都市区空间拓展和模式建构面临更多的复杂性和独特性。在此背景下，华中科技大学的黄亚平教授在国家自然科学基金的支持下，对大都市区空间结构问题展开了系统的初步探讨，对于国内大都市区空间结构研究提供了重要的基础。

2. 空间演进机理与机制

大都市区空间结构演变机理发生显著变化主要起于1990年，其主要原因是信息行业的快速发展、全球化的加速导致新型居住、办公空间与模式的变革，许学强等认为1945—1990年是发达国家大都市区研究兴起阶段，1990年之后处于丰富阶段[54]；单卓然等认为1990年前国外大都市区空间结构理论研究相对成熟，因此，作者重点梳理国外1990年之后的相关研究成果[55]。

Muller分析了北美地区城市19世纪以来4种交通出行方式对城市外部形态及城市内部空间结构演变的影响[56]。Knox等以小汽车导向的典型城市——洛杉矶为例，研究了其空间演化进程和特征，发现建设用地形态更加琐碎，与东京、巴黎等集聚发展有着显著差别，这与其小汽车主导的交通发展模式与较大关系[57]。Kloosterman和Musterd认为在全球化和信息化背景下，大都市区空间组织不再是单中心模式，而是向网络化演化，形成"优势地区"和"优势节点"[58]。Henderson[59]与Hochman[60]认为多中心空间产生的主要原因是中心城区的交通拥堵和地租成本的提高，企业综合考虑成本因素，搬迁至外围成本洼地，逐渐演化为区域中心。Anas & Kim[61]、Anas & Small[62]通过建立消费者效益模型，认为如果没有规模效益的限制，生产会呈现单中心形态，而如果考虑规模效益，生产企业布局则形成多中心结构。Helsley与Sullivan（1991）[63]认为企业由中心搬迁至外围地区，在给企业带来更高经济效益的同时，员工也会得到更高的薪酬以补偿广义的通勤成本。

国内对城市空间结构成因解析，除上文所述的城乡规划学派及人文地理学派进行了大量研究之外，从经济学视角也进行了大量探讨，出版了较多的学术著作

（表 1.7）[64-68]，它们着重从城市发展的经济规律视角对空间结构形态和演进机制进行了研究。此外，人文地理学派中的行为学派近年来加强了对城市社会空间、文化空间、空间行为等的研究，产生了大量的学术成果[69-76]。

基于经济学视角的城市及大都市区空间结构典型著作梳理　　表 1.7

作者及年限	著作名称	与本文相关的主要内容释义
杨万钟（1999）	《经济地理学导论》	分析了农业、工业、交通运输业等产业布局特征，城市内部功能分区
江曼琦（2000）	《城市空间结构优化的经济分析》	从聚集效应、地租、比较优势等角度论述城市内外部空间结构形成机理
郭鸿懋等（2002）	《城市空间经济学》	
王伟强（2005）	《和谐城市的塑造：关于城市空间形态演变的政治经济学实证分析》	从政治经济学视角分析了空间结构演变机理
丁成日（2007）	《城市空间规划——理论、方法与实践》	城市规划应尊重市场规律，“摊大饼”有其内在逻辑
高鸿鹰（2008）	《城市化进程与城市空间结构演进的经济学分析》	从三大产业结构、知识经济与城市化等方面分析了中国的城市化进程
宁越敏与石崧（2011）	《从劳动空间分工到大都市区空间组织》	从劳动分工视角解析了大都市区空间演化特征与组织策略
秦波（2012）	《企业区位选择与城市空间重构：以上海为例》	从企业选址视角分析了上海空间结构演进历程

资料来源：作者根据上述著作整理

对于大都市区形成及演化机理，许学强等[54]认为自 1990 年代以来发达国家大城市朝着大都市区迈进，城市区域化从单纯地域层面深入到功能组织层面，功能要素流动在更大的空间尺度内进行，主要世界城市承载更多的全球组织功能。此外，谢守红[77]、曹传新[78]、何春阳等[79]对大都市区空间组织、演化及调控机理、空间拓展等进行了专题研究。

1.4.3 轨道交通与大都市区空间结构互动关系

1. 城市空间影响出行行为和轨网规划

目前城市空间对轨道交通的影响，主要体现在轨道线网规划、站点规划设计阶段如何充分考虑城市空间特质要求等方面。过秀成与吕慎分析了轴向城市、团状城市、组团城市空间拓展与轨道交通发展之间的关系，提出不同城市形态下的轨道交通线网规划方案[80]。王海强给出了不同城市空间形态下轨道网络规模的测算方法，从点、线、面的角度探讨轨道规划与控制要点[81]。边经卫提出我国特大城市应重点发展“轴向+网络”的轨道形态[82]。杨京帅认为城市形态及布局、人口规模等通过城市交通需求对线网规模和形态产生递阶控制作用，城市空间结构很大程度上影响了交通模式的形成，城市空间形态是轨道交通线网规划的首要影响因素[83]。

2. 轨道交通引导与支撑城市空间开发

1）国外学者研究

轨道交通对城市或大都市区最大的影响在于区域可达性的改变导致土地开发特征发生改变，进而影响经济集聚、社会文化等多个方面。轨道交通可以改变劳动力市场空间分布特征，区域可达性发生重大改变，直接影响了职住选择[84]。Preston 与 Wall 证实由于可达性的提高促使了车站地区就业岗位显著增加[85]。Shen 等以混合 logit 模型研究了马德里大都市区范围内 1990—2006 年的城市覆盖率（即建成区）情况，模型证明可达性与土地覆盖率存在明显的关系，高速轨道交通可以促进距离大都市区中心 30 分钟以内的区域持续融合[86]；文献 [87] 也得到类似的结论，区域轨道交通是经济发达地区整合的核心依托，Ureña 等、Mohino 等证明大都市区都市快轨系统是外围新城与中心城联系的主要交通方式[88][89]。

2）国内学者研究

国内轨道交通引导城市空间拓展的相关研究主要起于 20 世纪末，孙章等、边经卫均认为轨道交通在我国百万人口城市公共交通中起主导作用，我国特大城市应以轨道交通作为城市骨架，建立带形城市走廊，作为生态城市的主要发展模式[90][91]。秦应兵等认为轨道交通对于城市空间结构调整有巨大影响[92]，由于国内轨道建成里程较少，实证经验总结不足，借鉴国外发达地区轨道与城市空间协调发展经验，结合我国城市空间的形态，提出我国应以轨道为空间拓展的主要载体，重点发展“轴带多中心”的空间结构。曹国华与张露提出了轨道交通引导城市空间有序增长的策略，其核心是基于轨道站点的土地混合开发与高密度开发[93]。总体来看，国内大部分学者认为轨道交通作用主要体现在引导城市空间拓展及规模增大、中心城区功能调整等方面，由此形成以轨道交通线路为轴线的城市发展轴和以轨道站点为核心的城市副中心，形成“主轴+网络”的空间结构[94][95]。蔡蔚等认为轨道交通线网形态很大程度上决定城市形态，环网状的轨道网络会影响既有的城市功能布局，可能会形成多中心的轴线式结构[94]。张育南以一小时通勤时耗为约束条件，探讨了基于轨道交通支撑的大都市区空间范围，并以 TOD

开发策略为落脚点，探讨了联合开发、城市空间整合等技术要点[96]。

总体来看，国内对轨道与城市空间的研究多是基于总规修编后提出的轨道线网布局方案的定性判断，由于轨道线路大都未运营，部分线路运营时间较短，短期内难以评估轨道交通是否引导和支撑城市调整与重塑、程度如何等，更多的是城市规划师或交通规划师的“主观臆断”或“期望愿景”。从研究方法看，由于缺少量化分析及系统建模仿真等手段，研究视角多为经验判断或规划师主观臆断，研究方法欠佳，缺少定量分析，部分定量相关性分析由于在未控制某些变量条件下进行，其研究结论颇有争议[97]。

1.4.4 轨道交通与大都市区空间结构协同发展

对于轨道交通与大都市区空间的协同发展研究，其研究出发点主要在于随着轨道交通网络的不断完善，中长距离出行数量大幅增长，局部区域客流组织压力较大等现实问题，以及轨道交通如何引导和支撑城市空间沿规划预期方向拓展，国内外学者主要聚焦在大都市区空间形态控制、中心体系优化等方面。

1. 大都市区规模控制与轨道交通模式

Morrill 以美国大都市区为研究对象，认为小汽车模式加速了城市蔓延，而轨道交通有利于土地集聚发展，在同等土地空间内，轨道交通支撑的空间能容纳更大的人口规模，有利于减缓通勤时耗延长问题[98]。此外，针对无序的城市蔓延问题，部分欧美学者和亚太学者均提出做大边缘新城的思路[99-101]，也有人提出划定城市增长边界方式提高交通与土地配置效率，诸多学者认为城市绿带政策在控制大城市蔓延方面有积极意义[102][103]，但部分学者也认为单一的绿带政策难以阻止城市蔓延，尤其是在快速城市化进程中的城市，如改革开放以来的北京、第二次世界大战后的东京等[104]，在此背景下，轨道交通线路面临大幅延长的可能。针对这一问题，东京相关学者认为轨道交通导向的组织模式能够实现大都市区高效交通组织[105]；Handy 也提出了类似观点，他认为轻轨系统的建设有利于城市密度的提升，采用新城市主义策略有利于降低小汽车使用强度[106]。

2. 公共交通导向的大都市区形态控制

国外城市较早地意识到公交走廊有利于城市功能组织，有利于实现交通与土地的协调发展，如哥本哈根、斯德哥尔摩等在第二次世界大战前后就确定了这一城市发展策略。此后，巴西库里蒂巴利用 BRT 打造出世界水准的公交走廊成为典范，华沙、墨尔本等城市也纷纷采用轴向发展的策略，以低密度著称的部分美国城市也采用了这一策略，如阿灵顿市的罗斯林—巴顿斯交通走廊等[107]。国内学者张明宇首次系统地分析了带形走廊城市空间拓展机理与动力，认为轴向型拓展方式使得空间组织由无序变为有序[108]。李同升认为轴向发展与原有放射状聚落有机协调，城市规划有良好的弹性，建成区具备良好的生态条件，与此同时，也具有新建城区距离中心城区较远，需新建高等级交通系统，投资较高的缺点[44]。部分国内学者对城市交通走廊的形成机理和特性[109][110]、BRT走廊判定标准进行了分析[111][112]。在实践层面，深圳在开发初期及近年来的公共交通系统改善也均采用了轴向发展和强化公交走廊的策略[113]，此外，杭州[114]、上海[115]、北京[116]、重庆[117]等也在部分区域采用了这一策略。上海学者对轴带空间形态形成的外部条件进行了系统分析与理论提升，认为紧凑的城市形态、有效的功能混合、宜人的地块尺度是实现低碳交通的基本空间结构前提[118]，这些空间结构特征与绿色交通体系有机结合，加之绿楔式的绿色开敞空间体系，使得空间生产集中于公交走廊上，是理想的低碳交通导向的城市空间结构模式。

3. 多中心空间结构

国外学者大都认为就业次中心的产生是大都市区空间发展的主要趋势，从而导致大都市区形态由单中心向多中心转变[119-121]。部分学者研究了美国[122]、巴塞罗那[123]、墨西哥[124]等大都市区的多中心空间结构形成历史。此外，也有学者从劳动力市场[125]、公交系统等角度研究了多中心演化历程[126]。

国内部分学者认为空间尺度和人口规模较大的大都市区，其空间结构最终将呈现多中心格局[127]。也有人认为国外大城市在大规模的郊区化之前就建成了较大规模的放射形铁路网络，形成了外围组团和边缘中心，而我国城市发展历程则不同于国外，难以发展这类空间结构[128]。孙斌栋等认为尽管国内特大及超大城市在战略规划及总规中纷纷提出多中心战略，但是其学术基础并不扎实，其中的发展规律认识仍不够清晰[10][129]。

在大都市区空间结构优化层面上，国内外大部分学者尤其是中国学者大都认可多中心策略有利于城市交通拥堵、中心城区环境恶化等问题的解决，但是对多中心的研究多是当前现象的解释与验证，对其空间模式、功能定位、与交通匹配关系、控制策略等均缺少深入研究[18]；在大都市区形态控制上，对于常用的绿环模式，中国城市也有广泛应用，但是对其实施效果缺少评价；对于大都市区空间交通组织，近年来学者们关注公交走廊问题，但是学理基础仍非常薄弱。此外，国内轨道站点规划设计中对TOD策略关注也较多，几乎均提出基于轨道交通站点的 TOD 开发策略，但是对宏观层面 TOD 理念框架研究较少，微观方面对轨道站点影响范围、开发强度等缺少深入研究，尤其是站点周边土地开发强度研判没有系统地考虑线路的运载能力，在沿线所有站点均采用高强度开发方式的情况下，轨道线路负荷超过设计能力，影响了交通出行意愿及方式选择，最终难以实现公共交通导向型的城市开发策略。

2 大都市区空间结构基础理论

大都市区是城市空间聚落的高级形式，其空间结构和演化机理与规模偏小的城市有类似之处，而大都市区拥有更大的空间尺度和人口规模，其空间组织机理与传统城市相比又存在一定差异，因此，对其空间结构和演化机理研究分为城市和大都市区两个层面。

2.1 城市及大都市区空间结构理论

当前城市化进程中暴露的主要问题同工业化基本同步，而工业化起源于西方，因此，西方城市化历程中暴露的问题也最早，进行的探索也较早，在 20 世纪初即提出了田园城市（Garden City）[130]、卫星城等规划理论与策略，并对后期城市规划产生了深远影响。本文研究的大都市区空间结构问题亦深受这些经典理论的影响，因此，本节对田园城市、带形城市、卫星城等经典规划理论进行综述。

2.1.1 城乡规划学视角

1. 田园城市

城市聚落与乡村聚落相比，其最大特点是集聚特征更加明显，过度的集聚往往会造成环境恶化等问题，尤其是在运输、卫生等技术条件相对较差的 19 世纪，中心区“城市病”问题更加突出。针对这一问题，英国社会活动家霍华德（E. Howard）在 1898 年提出了田园城市规划方案，其核心要旨是城市由城和乡共同构成，该综合体兼有城市的集聚效应和乡村的生态效应。霍华德绘制了具体的规划图，整个城市的形态呈圆形，半径约 0.75 英里，占地面积 6000 英亩，规划居住 3.2 万人，其中 3 万人居住在城市，占地 1000 英亩；其余 0.2 万居住在乡村，占地 5000 英亩。整个城市由 6 条林荫大道构成，每条路宽 120 英尺 *，将整个城市划分为 6 个小组团，中心片区形成中央公园，占地 145 英亩，中央公园的外围为“水晶宫”，承担公共空间和交往职能（图 2.1）；此外，霍华德还从城市经营、

* 1 英里约等于 1.61 千米；1 英尺约等于 0.3048 米。

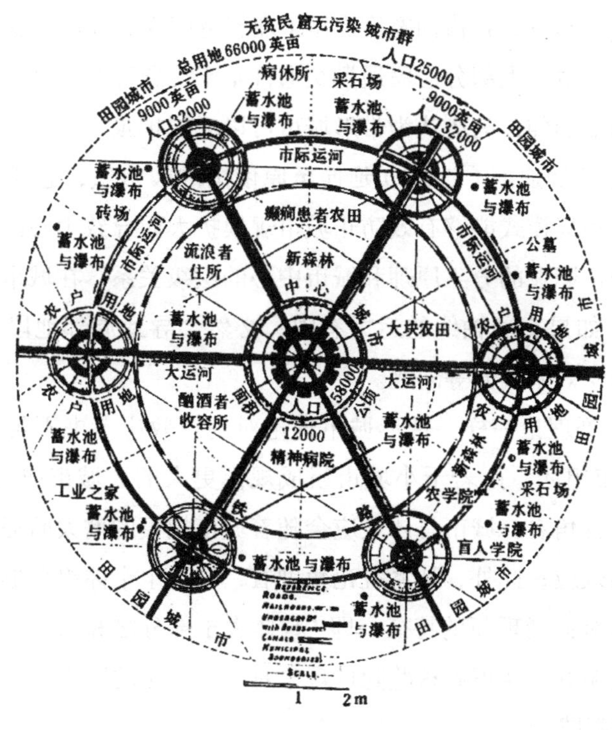

图 2.1　田园城市布局模式图

图片来源：黄亚平 . 城市空间理论与空间分析 . 华中科技大学建筑与城市规划学院，2014

城市经济、城市管理等视角对城市进行了系统分析，并规定若整个城市人口数量超过了规划总人口，则另外建设一个城市。

霍华德从城乡一体化的规划视角和功能疏解的出发点试图解决中心区高密度集中导致的各种问题，虽然提出的城市规模较小，对于拥有广阔人口腹地的大城市而言，限制城市人口规模有违城市发展规律，在现实中难以实现。但这一思想对近现代城市规划理论产生了深远影响，为卫星城理论、有机疏散等理论的提出提供了源泉，对当前的空间结构规划仍有较强的理论指导意义。

2. 带形城市

西班牙工程师索里亚·马塔（Soria Y. Mata）对传统的城市拓展模式进行了系统总结，分析了圈层外延式空间拓展带来的弊端，他预测随着交通工具的不断改进，城市规模会持续增大，中心区环境会大幅恶化。为此，他于 1882 年提出了带形城市（La Ciudad Lineal）理论，城市发展沿交通轴线展开，交通轴线一般为汽车道路或铁路线，具有出行速度快、容量大等特点。城市生产用地、生活用地平行地沿交通干线布置，且横向宽度有限（理想宽度为500m），保障市民能够与乡村、自然亲密接触。大部分居民通勤交通都基于交通轴线展开，城市空间拓展也沿着轴线向两端延伸，马塔认为带形城市可以无限扩张，当时，他提出城市走廊可以由西班牙的加迪斯（Cadiz）延伸至原俄国的彼得堡，总长度2880km[31]。他认为这种城市布局模式能够有效防止城市规模扩大而导致中心区环境恶化等问题，但忽视了城市职业的分工原理和城市中心的层级关系，在城市片区存在紧密联系的条件下，如果交通轴线的运力有限，必然会导致局部地段严重的交通拥堵，以及整体组织效率偏低等问题。

同田园城市等理论一样，带形城市理论对规模效应考虑不足，均试图建立“小而全”的城市组团，由若干小城市组成规模更大的大城市或城市群。但是，从城市经济学的视角看，城市总体效应会随着城市规模的增大而提高，呈现明显的规模报酬递增效应；此外，从系统论角度看，若干个个体组合形成的整体会因为拥有更大的量级而涌现新的特征，即“整体大于部分之和”，但是在20世纪初期，相关规划先驱并未认识到这些隐性现象对空间演化的影响。

3. 卫星城与新城

卫星城（Satellite Ctiy）概念由美国人泰勒（Taylor）提出，规划学界普遍认为其理论源头是霍华德提出的田园城市，其核心思想是依托大城市强大的辐射力，在距离大城市较远地区建设独立的小城镇，该理论采用城市体系的概念，关注城市之间的内在联系。卫星城与第二次世界大战后新城概念有异曲同工之处，其发展历程先后经历了三个主要阶段，分别是“卧城”阶段、半独立城市阶段和更加独立的新城阶段[31]。

“卧城”阶段主要集中在1910年左右，此时的卫星城基本没有提供就业岗位，仅承担居住职能，如1912—1920年间巴黎提出的郊区居住建筑计划，在距离巴黎市中心16km范围内建设28座居住城市，仅提供居住职能，生活服务设施有限，居民工作、文化休闲等主要在巴黎市解决。

第二个阶段是在“卧城”的基础上发展一定的工业或其他配套设施，具有半独立功能，如芬兰建造师E·沙里宁（1918）在赫尔辛基新区明克尼米—哈格提出的建设一个17万人的外围城镇，提供了一定的工厂、企业和服务设施。

此后，英国等城市在第二次世界大战后普遍面临城市人口大幅增长的挑战，在欧洲卫星城实践的基础上，提出了新城建设方案，并通过了《新城法》（*New Town Act*）予以保障，先后在1946—1950年、1955—1966和1967年之后建设了三批新城，主要布局在伦敦外围地区[37]；此外，日本、苏联、法国、韩国等国家均建设了较大数量的新城，将这一实践推向高潮。当前，城市规划学界正在完善第三代卫星城，即在卫星城内提供充足就业岗位的同时，更加关注生态建设，同时提供更优质的公共服务配套设施，试图建设更加独立自主的城市，但是，受规模效应影响，这一规划设想大都以失败告终，尤其是对于更加关注城市效率的亚太地区城市而言，几乎没有成功的先例。

4. 大都市区规划实践探索

在上述规划理论指导下，东京与欧洲规模较大的城市自20世纪20年代起进行了大量的规划实践，尤其是1942年由阿伯克隆比（Abercrombie）主持编制的大伦敦规划，堪称大都市区空间规划的典范，该规划将此前城市空间结构理论进行了汇总与提炼，提出的诸多规划策略在当前仍在广泛使用，其背景及主要规划要点如下：

第二次世界大战结束前夕，伦敦为解决老城区人口稠密以及城市规模不断增长问题，开始编制新一轮空间发展规划，并于1944年完成轮廓性成果。规划大伦敦地区的面积为6731km^2，人口为1250万人，其规模远远超过既有城市概念，在距离中心区48km的范围内，自内向外规划了内环、近郊环、绿带环和外环四个圈层（图2.2）。城市内环主要为伦敦郡和部分紧邻的区构成，规划认为该区域范围内主要问题为人口密度过高，建议疏解40万～50万人，同时迁出相应的工作岗位，既有土地进行全面的城市更新，使得居住人口密度达到1.9万～2.5万人/km^2；近郊环主要问题是居住环境品质不高，随着居住人口的不断增长，应逐步提高居住环境品质，居住人口密度在1.25万人/km^{2}左右；绿带环是限制中心区城市空间无限拓展的重要手段，在1938年《绿带法》确定的绿带用地基础上，进一步拓宽绿带范围，在绿带内设置森林公园、大型绿地公园和各类休憩绿地等场所；同时，规划提出了新城发展模式，规划设置8个卫星城，安置约50万人，每个新城平均容纳5万人[131]。

为解决各个圈层的联系问题，规划提出以快速道路网为支撑，实现内环、近郊环、绿地环和外环的便捷联系，总体形态呈现放射形，快速路的起点位于内环外围地区，减少对核心区的影响。

大伦敦规划吸取了第二次世界大战前西方规划思想的精髓，对控制大城市的无序蔓延、改善混乱的中心区环境起了一定的保障作用，提出的“绿带、卫星城、环形放射交通组织”策略对后续各国大城市规划有深远的影响，如第二次世

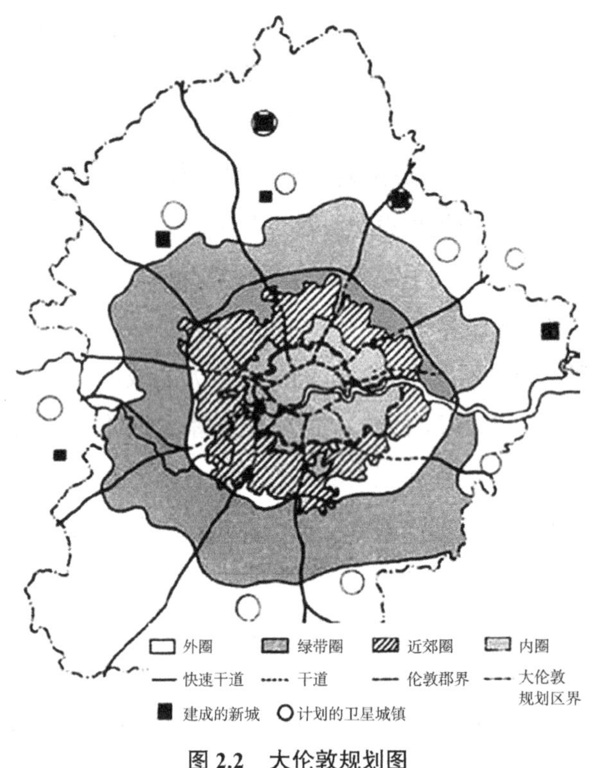

图 2.2 大伦敦规划图

图片来源：张京祥（2005）[131]

界大战后的历版东京都市圈规划、首尔大都市区规划、巴黎大区规划等几乎均体现了上述三个策略。

与此同时，西方国家其他城市也根据自身城市特征和发展目标，提出了多样的规划方案和新颖的规划策略，例如，以网络状著称的荷兰兰斯塔德地区规划、以指状形态著名的丹麦哥本哈根规划以及华盛顿放射长廊规划等。值得注意的是1965 年完成的“大巴黎规划”提出的平行走廊式空间组织模式，较大程度上影响了后续大城市空间规划，提供了更加多样的规划理念，其诞生的重要原因在于圈层结构中的外围新城与中心区联系不够便捷，预想的独立新城目标大都未实现，而通过强化走廊的方式，能够实现外围地区与中心区的快捷联系，同时土地集约效应明显。

从总体上看，绝大多数大城市或大都市区中心城区均选址于地形条件较好的平原或浅丘地带，因此，相关学者提出的空间结构模式大都有明显的圈层特征，这是城市空间结构呈现的普遍规律。第二次世界大战之后，西方发达国家大城市进入了快速发展阶段，出现了明显的郊区化特征，城市空间的研究重点开始由城市向区域过渡，多中心、多节点的网络城市结构逐步形成，发达国家的特大城市大都进入了大都市区化发展阶段，诞生了空间尺度较大的地域空间结构模型及理论，多中心大都市区空间形态得到普遍认可，在当前的规划实践中，圈层布局、新城模式、网络结构仍是大都市区空间结构规划采用的主要手法。

2.1.2 城市社会学视角

上述空间结构模型仅是从形态、技术等视角进行的建构，20 世纪初期，部分社会学家开始从社会文化、交往模式、政治结构等视角解析城市发展，他们对传统的物质空间决定论进行了批判，认为物质空间仅是城市生活的一个变量，最终的城市形态是由多因素导致的，社会文化因素起重要的作用。地理学及社会学者对城市空间用地、人口、产业等分布特征进行了研究，形成了较为经典的芝加哥社会学派模型，主要包括伯吉斯（Burgess）于 1925 年提出的同心圆模型，霍伊特（Hoyt）的扇形模型，以及哈里斯（C. D. Harris）和乌尔曼（E. L. Ullman）的多中心模型（图 2.3）[30]。

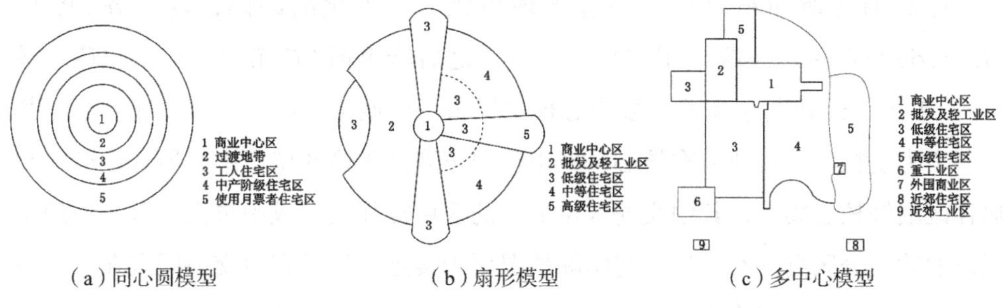

（a）同心圆模型　（b）扇形模型　（c）多中心模型

图 2.3　社会生态学理论的三大经典城市空间模型

图片来源：根据相关理论绘制

20 世纪 20 年代，帕克（E. Park）与伯吉斯（W. Burgess）通过对美国芝加哥市的调查，于 1925 年提出了同心圆模型（The Concentric Zone Theory），指出城市土地利用的功能分区通常呈现为以市中心为中心、以同心圆向外扩展的布局模式。他认为，城市内部空间结构以不同用途的土地围绕单一核心，有规则地自内向外扩展，最终呈现的城市形态为 5 个圈层，自内向外分别是商业中心区、过渡地带、工人住宅区、中产阶级住宅区和使用月票者的居住区。商业中心区一般是交通运输网络的中心，而过渡带起初是富人居住区，在商业和工业活动增加后，居住环境质量下降，逐步成为贫民集中的区域，使得有经济购买能力的工薪阶层和中产阶级不断在外围地区寻找新的居住地，而最外围地区由于距离中心商业区较远，虽然居住成本较低，但公共服务不够便利，成为低收入群体为主的居住地带。同心圆形态是典型的单中心城市模式，在平原地区城市有一定的普遍性，但忽视了家庭和企业选址受到的政策影响、关联效应等因素，同时没有考虑交通因素的影响，该理论建构的布局形态仍较为理想，与实际的空间布局形态有较大差异。

针对同心圆模式的缺陷，霍伊特（Hoyt）提出了更加符合现实情况的空间模型，它充分考虑了交通轴线对空间布局的影响，在商业中心区位置不变的情况下，不同收入群体的居民居住地沿交通线展开，外围地区由于拥有较好的生态环境，在拥有快捷交通的条件下，大量富人开始在城市外围集聚，形成了高级住宅区，且低级住宅区之间与高级住宅区之间总是有中等住宅区，体现了社会阶层分化对空间布局的影响。从国内外城市发展历程看，这一空间布局模式在城市规模较小且空间拓展受地形影响较小时，有一定的适应性，但是针对特大城市而言有诸多不适应性，其布局形态仍过于简单化。

针对伯吉斯和霍伊特模型过于理想化、简单化的缺陷，麦肯齐（R. D. Mckenzie）于 1933 年提出了多核心理论，之后哈里斯（C. D. Harris）和乌尔曼（E. L. Ullman）进行了完善。多中心理论提出一个城市会出现多个商业中心，其中一个为主核心，其他为次核心，城市空间拓展基于这些城市中心展开，产业和居住区围绕核心集聚，其中交通区位最好的区域往往会形成中央商务区。该理论提出的功能分区更富有弹性，与实际情况更为接近，但是它对交通因素在业态布局中的作用没有系统论述。

芝加哥学派三大经典模型，在解释城市空间结构方面表现出了良好的适应力，但是没有一个模型能完全解释一座城市的空间结构，为此部分学者进行了模型组合与创新。1951 年日本学者木内信藏采用社会区域分析（Social Area Analysis）方法提出了类似的三地带模式。埃里克森（Ericksen）于 1954 年提出了三元结合理论（Combined Theory），该理论的核心是融合同心圆、扇形和多核心模型的理论要旨，进行了空间综合，又称之为“折中式”模式（图 2.4）。英国的阿福特曼（After Mann）也于 1965 年提出了“同心圆 – 扇形”的空间结构模式[28]。两个模型并没有实质性创新，只是将芝加哥学派既有模型进行了组合，提高了其使用情况的普及性。

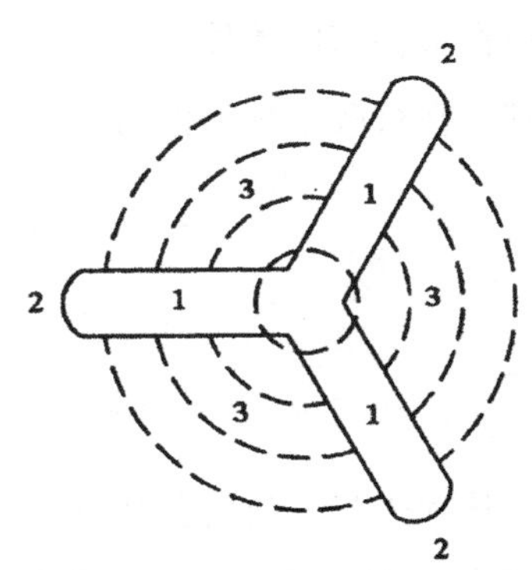

（a）“折中式”土地利用模式

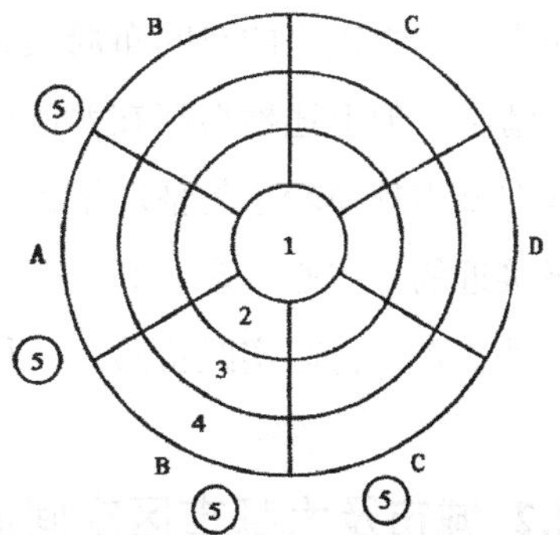

（b）“同心圆－扇形”土地利用模式

图 2.4　“折中式”与“同心圆—扇形”模型

图片来源：黄亚平．城市空间理论与空间分析．华中科技大学建筑与城市规划学院，2014

2.1.3 相关理论的思考

总体来看，城乡规划学或建筑学相关学者提出的城市空间结构理论是在道路交通和传统铁路交通组织模式框架下构建，在运输技术升级的条件下，轨网布局模式和运能特征等技术指标已发生重大改变，例如，对于道路网而言，路网容量一般会呈现自内向外先升后降的特征，在城市中心区往往有最高的土地开发强度；而在轨道交通日趋起主导作用的条件下，不同发展阶段的大都市区由于城市发展历程不同，拥有不同的铁路路由通道和轨道建设条件，轨网布局形态和运能分布呈现了明显的差异化特征，例如，东京、首尔和巴黎等大都市区由于拥有较长的工业化历程和铁路发展史，其中心城区对外放射形轨道线路也较多，轨网可达性分布特征同道路可达性分布特征趋同。但是，对中国大都市区而言，由于大规模城市新区建设的驱动，部分城市位于大都市区范围内的新城区也规划了类似“环＋射”的轨网形态，大都市区轨网形态整体上呈现了双中心模式。此外，国外大都市区轨网运营组织大都没有区分城市轨道和区域铁路，而我国是明显分离的，且这种现象将长期存在。以上种种现象更加说明了我国大都市区空间组织的独特性，其规划方案是否科学？是否高效？这些都值得深入研究，但是传统的城市规划结构模型对此没有考量。

城市社会学提出的空间布局模式，随着不断的研究深化，概念模型越来越接近实际情况，但上述模型存在普遍的共性问题，即均为单中心布局模式，这种布局模式在城市规模较小的情况下是普遍存在的，但在大都市区条件下，都市区中心能级接近的双中心或多中心模式开始凸显，尤其是在行政干预条件明显的中国其适应性能否经得起实践检验，亟待研究。

2.2 城市及大都市区空间演化理论

城市空间演化一般受到自然环境、经济发展、技术进步、政府公共政策与规划管理等多因素影响，其中主要影响因素是经济发展、技术进步和政府管治等，涉及行为主体主要包括政府、企业、个人和社会。下文主要从经济学视角进行相关基础理论梳理，其中西方经济学为狭义概念，不包括政治经济学。

2.2.1 西方经济学相关理论

1. 古典经济学理论

对于城市空间结构内在机理的解析，古典经济学派在19世纪20年代即诞生了相应理论，解释不同类型的业态区位选址，以及市场布局与中心形成等问题（表2.1）。其中，农业区位论提出了农作物圈层分布规律，认为距离城市中心越远，土地集约程度越低。工业区位论提出了集聚效应的概念，对后期的产业布局有重要的影响意义。此外，这些理论均开始关注交通与城市的互动关系，在交通运输约束条件下，探讨土地开发或企业经营的最优化问题，其中克里斯泰勒（Wlter Christalle）的“中心地”理论在平原区城市空间结构演化中有较强的解释力[8]。

克里斯塔勒（Walter Christaller）于1933年出版了《德国南部的中心地区》一书，系统地论述了中心地的数量、规模、分布形态等内容，建立了中心地区理论（Central Place Theory）。该理论假定在一块均质的空间单元内，自然资源、人口等生产与消费要素均匀分布，同等产品运输费用仅与距离相关，两点之间的通达性只与距离相关，且成反比，生产者与消费者都属于理性的经济人，即生产者为谋求利润最大化，总是寻求最大的市场区，而消费者为减少交通成本，则就近购买物品或服务。根据需求门槛和市场腹地范围大小，形成若干大小不同的“中心地”，高级的中心地只有一个，次一级的中心地较多，等级愈小的中心

著名的古典区位理论　　表 2.1

类别	农业区位论	工业区位论	中心地理论	市场区位论
代表人物	杜能（J. H. von Thunen）	韦伯（Weber）	克里斯泰勒（Wlter Christalle）	廖什（A. Losch）
代表著作	《孤立国同农业和国民经济的关系》（1826）	《论工业区位》（1909）	《德国南部的中心地》（1933）	《区位经济学》（1940）
主要研究内容	农业生产力布局	工业生产力布局	市场与城市布局	市场布局
理论核心（区位因子）	以城市为中心的农业圈层布局	三大法则：运费、劳资、集散	多因素分析，市场、交通、行政三要素分析	强调市场对工业布局影响，供给、生产、消费中心选址
目标函数	土地收益最大	交通费用最小	利润最大化	—
理想形态	圈层外延	—	三边形、六边形	—
主要交通工具	步行、马车	有轨电车	汽车、有轨电车	汽车、有轨电车、地铁

资料来源：根据文献 [8] 整理

地越多，规模越小，每一中心地的相对重要性取决于它所提供的商品和服务的数量与等级。

德国经济学家奥古斯特·廖什（August Losch）在与克里斯泰勒毫无联系的情况下，利用数学推导，于 1940 年得出了与克里斯泰勒相同的区位模型——六边形，为中心地理论提供了更加缜密的理论基础。廖什模型提出的假设条件更加接近现实，在既有理想地域单元的基础上，他假定人口和相应的消费需求呈更有规则的连续分布特征。此外，廖什推导了更加多样的中心地分布体系模型，通过不断改变六边形的方向和大小，得到不同规模的市场区，完善了克氏中心地模型体系 [8]。

2. 非均衡发展理论

非均衡发展理论被广泛使用于区域经济发展中，它最早由法国经济学家佩鲁（Perroux）于 1950 年提出，之后瑞典经济学家缪尔达尔（Gunnar Myrdal）等进行了延伸和完善 [132]，其提出的循环累积因果理论对区域规划有着深远影响。

缪尔达尔于 1957 年首次提出了"累积因果理论"（又称循环累积因果理论），利用扩散效应（Spread Effect）和回波效应（Backwash Effect）的概念，阐述了发达地区对其他落后地区的促进作用和不利影响。循环累积因果理论认为在社会经济系统中，系统要素之间有明显的关联效应，一个要素的变化必然带来另外一些要素的变化，在没有外界强有力干预的情况下，导致社会经济发展沿着初始要素变化的方向发展。因此，他认为在没有政府干预的条件下，市场机制影响的资源配置方式会加剧地区之间的非均衡发展，发达地区发展更快，欠发达地区发展更慢，要摆脱这种发展局面，关键看扩散效应和回波效应谁占据主导地位。一般而言，在发展初期，由于地区中心的先发优势和规模经济导致的高效性，会使周边地区的劳动力、资金、技术等生产要素向发达地区集聚，地区中心与外围之间的差距增大；随着中心地区拥堵恶化、污染严重等负外部效应的凸显，扩散效应开始起主导作用，生产要素开始大量向欠发达地区分散，地区差距开始缩小。对于当前中国大都市区而言，由于中心城区交通可达性的持续升高，以及老式建筑周期性的建设，使得中心城区负外部效应并不明显，回波效应仍然在中心城区上演。与此同时，中心城区外围或大都市区近郊区在快捷轨道交通的支撑下，由于可达性水平的明显提升，在更加关注办公空间品质和生态环境价值的取向下，这类地区由于地租更加低廉，加之产业扶持政策等因素影响，形成了地区性的商务中心，对非均衡发展理论提出了新的挑战。

3. 集聚经济效益理论

集聚经济效益理论认为，城镇化本质就是经济活动的集聚，集聚经济是城市存在和发展的根本动力，集聚效应（Agglomerative Effect）之所以持续存在，是因为存在劳动力池效应（Labor Pooling），基于城市的劳动力市场既有利于就业者找到合适的工作，也有利于企业找到合适的员工，两者实现了共赢，共同将交易成本大幅降低。城市人口和企业在空间的集聚，产生了规模效应和集聚经济效应。以交通组织为例，较大规模、较高人口密度的城市具备了开行公共交通或轨道交通的条件，降低了交通设施的投入成本。从城市发展的原动力来看，绝大多数城市之所以长期存在并持续增大，是因为这个集聚场所提供了更加多样的交流机会，产生了知识和文化外溢，促进了经济发展，在此过程中，城市居民也获得更加多样的选择机会，实现了人在物质和精神层面的双重提升。

20 世纪末迅速兴起的新经济地理学（NEG）继承和发展了集聚理论，NEG 认为集聚力的产生存在着外部性。对于集聚力的解析，除了传统的运输成本、生产要素外，还有因为集聚而获得的知识、信息和市场网络带来的外部性，正如藤田（Fujita）最近研究所述，对于集聚现象的解释应该更多地考虑集聚主体“人”的创造性，以及由此带来的创新和知识外溢，即“知识链接”（K-linkages），在后工业化和信息时代，正以前所未有的速度影响着经济社会要素的空间集聚[132]。

从集聚形态的空间分布特征来看，对大城市而言，随着规模的扩大，在没有交通需求管理措施的条件下，中心区必然会出现交通拥堵，同时会衍生环境污染、热岛效应等诸多负外部性问题，但是，由于城市边界的动态性和功能空间的流动性，使得城市不断自适应优化和他组织优化，只要这一过程中集聚总体效益大于增长成本，即净效益大于零，城市规模即会继续增长，这也是大都市区规模持续扩大的内在逻辑，虽然中心区交通拥堵问题没有缓解，但是大都市区外围新兴城区满足了城市增长所需的空间需求，对更大尺度的大都市区而言，总效益仍是增长的，这也解释了大都市区外围新中心的诞生原因。

4. 土地竞租理论

集聚经济效益理论从宏观层面解释了城市和副中心的形成等一系列问题，土地竞租理论（Bid Rent Theory）则从土地地块开发的微观层面进行了更加深入的解析，它由阿隆索（W. Alonso）在 1964 年发表的《区位与土地利用》一文中提出，详细地论述了土地定价机制和业态开发机制。该理论认为地价是指购买土地效用或预期经济收益所支付的重要成本，是土地价值的直接反映形式，地价决定土地使用业态。土地使用者会根据土地所在的区位、交通可达性、周边关联的开发环境等因素综合确定可以接受的土地价格，并以此决定土地开发业态。总体来看，随着距离中心区距离的增长，土地大都呈现价格下降的趋势（图 2.5），局部地段可能由于拥有优越的生态或历史文化条件，以及受政府规划及政策引导等因素影响，拥有更高的低价，但是整体上呈现明显的下降分布特征。根据阿隆索的调查，对地价的承载能力由高到低的业态依次为商业、办公业、制造业、居住和农业[133]。

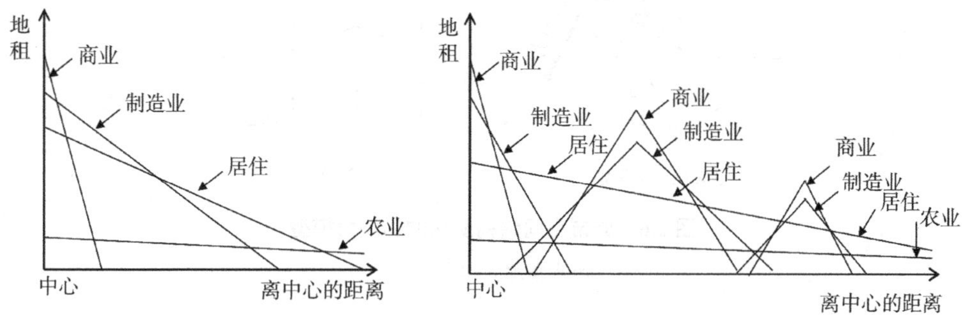

图 2.5　城市和大都市区不同区位土地使用业态

图片来源：作者绘制

2.2.2 政治经济学相关理论

崛起于20世纪70—80年代的政治经济学派，不同于传统空间经济学派和行为学派对空间解析建立在个人选址行为基础上，而是提出从社会背景和政治经济入手。本节重点阐述新马克思学派和城市政体理论学派相关理论。

1. 新马克思学派

新马克思学派又称结构学派，更加强调社会、经济和政治对空间塑造的影响。其核心理论认为对城市问题的解析，必须与国家制度相结合，从生产结构决定的社会结构和阶级关系着手，在资本主义社会中，为获取剩余价值，促成了各种资本在城市物质空间的再生产[134]。这一理论，对于解析市场经济条件下中国城市空间结构演化有一定的指导意义，从企业空间逐利的视角解释了大城市土地城镇化快于人口城镇化，以及部分城市商业建筑体量大幅超过实际需求的现象。

2. 城市政体理论学派

近20年来，由Molotch（1976）、Stone（1989）、Logan和Molotch（1988）创立的城市政体理论（Urban Regime Theory）广泛传播，它从决定土地开发的主体力量——政府、市场、社区（公众）视角对空间结构和空间演化进行了系统解析，张庭伟认为三者的合力最终影响了城市空间结构（图2.6）[135]。当前国家和地方政府主导的国家级新区、经济开发区和高新技术开发区建设，以及CBD建设等在很大程度上影响了大都市区空间结构的演化。

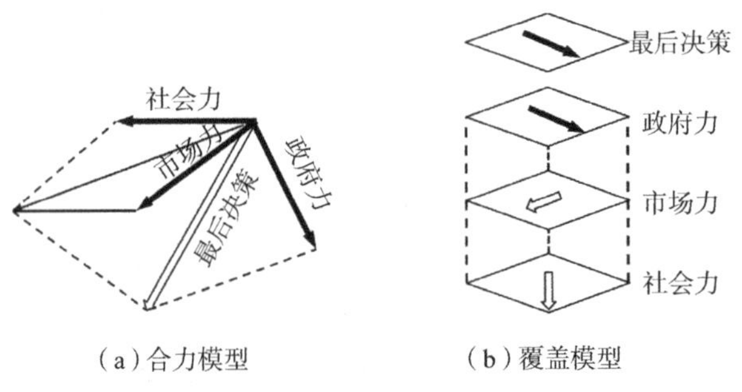

图2.6 城市空间结构演化的影响力模型

图片来源：作者绘制

2.2.3 相关理论的思考

古典经济学提出的区位模型考虑了交通运输方式，但距今最近的市场区位论也仅考虑了传统的地铁方式对土地空间使用的影响，而自20世纪60年代以来，都市快轨的诞生和使用使得时空收敛现象更加明显，加之大都市区经济逐步向工业化后期和后工业化时代迈进，传统的福特主义生产方式逐渐肢解和弱化，居住地选址更加关注生态环境、中高级办公在关注空间交往机会的同时，更加关注办公环境，共同使得职住空间演化出现了新的动向，而轨道交通的快捷化为空间区位选址提供了更多机会，既有理论解释力明显不足。

在空间总体功效呈现近似的空间均质化趋势下，大都市区范围内传统的非均衡发展模式也受到了挑战，这其中交通对空间均质化影响作用显而易见，轨网由于拥有更强的网络效应，其影响深度如何？空间发展趋向于集聚还是均衡？均亟须深化研究。

集聚经济理论和土地竞租理论依然有较强的理论解释力，传统的商业中心依旧呈现明显的集聚特征，拥有几乎最高的城市活力。受益于外围地区可达性的大幅提升，不同业态空间选址在综合考虑各项因素后，距离中心区较短时耗范围内的局部地区诞生了新的城市中心，这些片区空间布局再次遵循出竞租理论提出的业态布局规律，且呈现了明显的产业集聚特征。在新的运输技术支撑条件下，集聚理论和土地竞租理论在大都市区空间结构演化中仍有较强的理论解释力和指导力。

2.3 轨道交通与城市空间结构互动关系

2.3.1 交通运输技术与城市空间结构

1. 运输速度与城市空间尺度

交通与城市发展的关系研究起源相对较早，亚当斯（J. S. Adams，1970）将交通技术划分为步行与马车、有轨电车、汽车和高速公路四个时代，认为每次交通工具的升级都会带来城市空间的急剧扩张（图2.7），不同交通运输工具对应的城市空间尺度也有较大差异[136]。以步行为主导交通方式时，出行速度在5km/h左右，最大出行时耗在15分钟左右，城市半径不超过4km；以公共马车和有轨电车时，出行速度在15km/h左右，最大出行时耗在0.5小时左右，城市半径达到8km左右；20世纪初期郊区铁路和地铁等高运量轨道交通的诞生，使得出行速度大幅提升至50km左右，平均出行时耗在0.5小时左右，城市半径达到25km左右；小汽车普及之后，城市的半径达到了35km左右；东京、巴黎等发

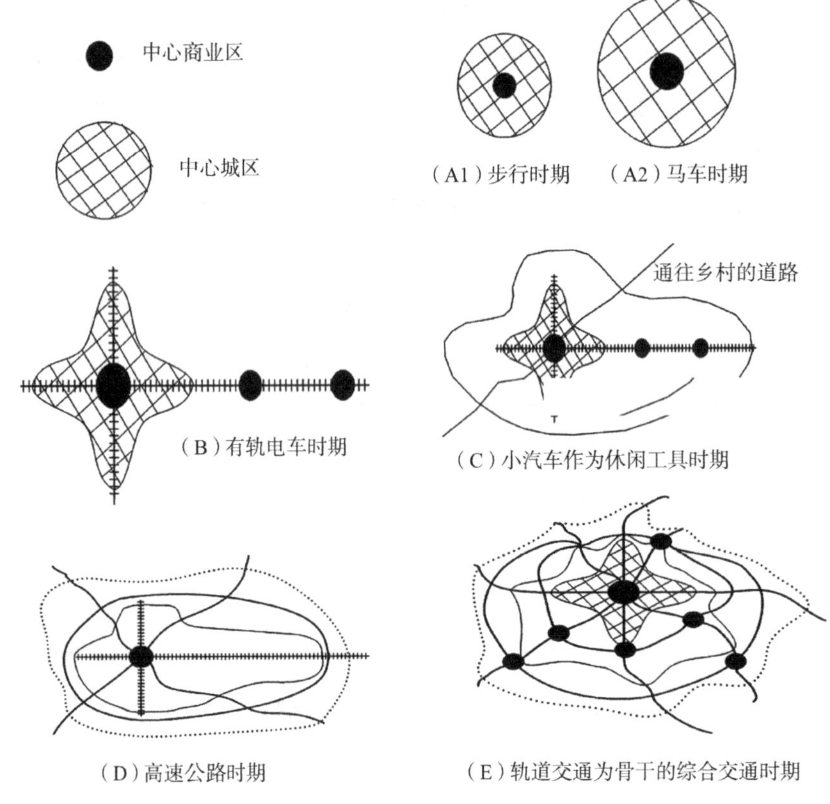

图 2.7　交通运输工具与城市空间尺度关系

图片来源：黄昭雄（2012）[42]

达大都市区在票价相对经济的都市快轨支撑下，出行速度达到 60 ～ 100km/h（包括部分承担区域交通职能的铁路制式，如东京 JR、巴黎 Transilien 等），在出行时耗基本不变的条件下，大都市区长轴半径达到 50 ～ 70km。

上述城市空间范围的急剧扩大与交通运输工具运行速度的大幅提升有直接关系，此外，支撑城市空间拓展的运输工具除考虑最高运行速度指标外，短时间内能否加速和制动以及是否拥有较为低廉的经济票价亦是主要考虑因素。例如，高铁、城际铁路等运输方式虽然运行速度远大于地铁和轻轨等城市轨道交通制式，但是，其起步和制动时间较长，加之票价相对较高，难以承担城市公共交通的职能；高速公路由于收取通行费，也使其难以成为承担较大比例的城市通勤交通职能。

2. 单位运量与土地开发强度

不同运输工具拥有不同的运能，加之不同的旅行速度，共同支撑了城市空间结构呈现多样化特征（表 2.2）。在不受地形条件限制的平原地区，以步行、马车等慢行交通为主导结构的城市，由于出行速度较低且运能有限，城市形态基本为团状，由于步行交通的集散能力较强，实际通行能力在 1500 人 /h·m^{-1} 左右，且出行半径较小，均在较小的出行范围内进行客流组织，不会出现长距离交通和短距离交通交织的情况，因此，不会出现大范围的区域性交通拥堵，支撑了较高的土地开发强度，人口密度在 3 万～ 10 万人 /km^2。

不同运输方式对应的城市空间结构特征　　　表 2.2

名称	运行速度（km/h）	实际运能	城市空间结构特征
步行	5	1500 人 /h·m^{-1}	高度紧凑，城市空间半径在 3 ～ 5km，城市人口密度在 3 万～ 10 万人 /km^2
马车	10	1500 人 /h	
有轨电车	15	3000 人 /h	城市空间半径增大至 8km 左右，核心区人口密度降至 3 万～ 5 万人 /km^2，整个建成区人口密度在 1.5 万人 /km^2 左右
早期地铁	25	2 万人 /h	城市空间半径在 25km 左右，人口密度与有轨电车时代接近
小汽车	40 ～ 60	500 人 /h·lane	城市空间半径在 35km 左右，人口密度大幅降低，美国城市在 0.5 万人 /km^2 左右，欧洲城市在 1.0 万人 /km^2 左右
现代地铁	35	3 万～ 7 万人 /h	城市空间半径在 35km 左右，建成区人口密度在 1.5 万人 /km^2 左右
都市快轨	45 ～ 60	2 万～ 7 万人 /h	城市空间半径在 50km 左右，人口密度有所提升，中心城区在 1.5 万人 /km^2 左右

备注：上述有轨电车指 20 世纪初期左右的有轨电车，其技术性能与当前有较大差别；都市快轨当前大都以地铁制式呈现

资料来源：根据相关资料整理

有轨电车、郊区铁路等广义的机动化公共交通方式拥有了固定的路由，促成了城市沿交通轴线发展，而轨道交通依托站点的客流组织方式，使得空间形态形成了以客运枢纽为核心依托的“点—轴”形态，城市由慢行交通向机动化过渡过程中，中心城区人口密度开始大幅下降，近郊区非建设用地快速转变为城市建设用地，早期有轨电车由于模块较少，单位运能较低，一般在 3000 人 /h 左右，线网密度在 3km/km^2 左右，中心城区人口密度下降至 1.5 万人 /km^2 左右。

小汽车作为点对点的运输方式，只要存在道路和停车场，便可实现自由的出行路径，使得可达性分布更加分散，城市空间演进以道路为依托再次回归到团状

主导的形态。由于单位道路集散客流能力明显降低，一条主干路一条车道的实际通行能力在 500pcu/h 左右，加之 1.5 左右的车均载客系数，估算同等道路资源条件下，小汽车运输方式的实际运能仅是有轨电车的 1/4 左右，因此，单纯依靠小汽车支撑的城市，在同等区位和区域尺度条件下，土地开发强度一般低于公共交通导向的城市，如美国绝大多数城市人口密度在 0.2 万人 /km^2 左右，欧洲城市在 0.5 万人 /km^2 左右，而亚太城市大都在 1 万人 /km^2 以上。

在当今交通方式更加多元化的背景下，地铁、轻轨、都市快轨等高运量及大运量轨道交通制式实际运行速度达到 35 ～ 60km/h，单向运能达到 3 万～ 6 万人 /h。加之反"摊大饼"规划理念的盛行，大都市区在中心城区外围地区纷纷通过规划楔形绿地等方式试图控制城市连绵团状发展，大都市区形态呈现更加多样的特征，如欧洲大都市区外围地区建成了基于公共交通的 TOD 开发模式，意在建设高低起伏、错落有致的新型城市空间结构（图 2.8）。

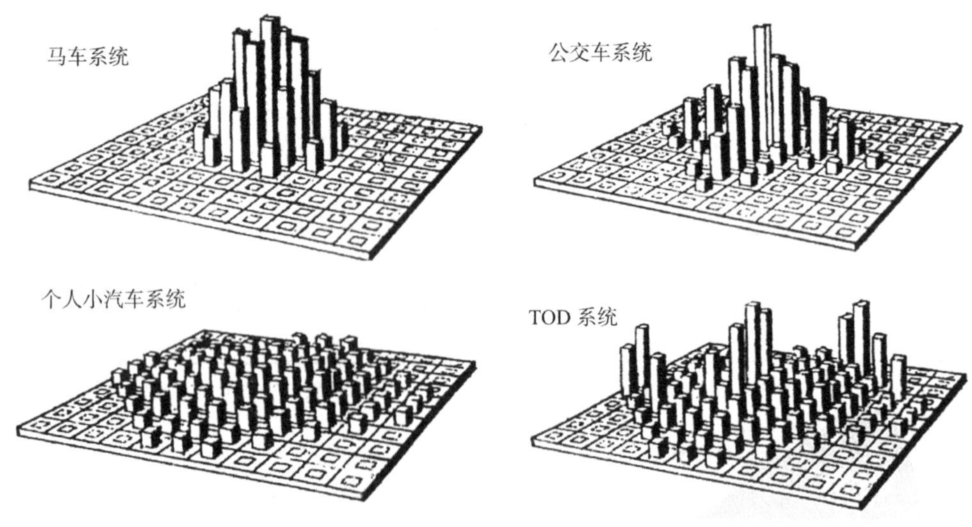

图 2.8　交通运输工具与城市空间结构关系

图片来源：段进（1999）[15]

3. 公共交通导向下的城市空间结构优化实践

在实践层面，部分城市依托轨道交通形成轴线发展形态，最为典型的案例是丹麦首都哥本哈根。哥本哈根在 1947 年提出了著名的"指状规划"（Finger Plan）方案，并于 1948 年以《首都地区规划建议》形式公布，在后续规划与法律中予以保障，经过坚持不懈的实施，形成了独特的指状城市形态 [136]。其主要策略包括依托 5 条放射形铁路干线（图 2.9），在城市外围地区依托轨道站点建设组团社区，并保证组团至中心区出行时耗不超过 45 分钟 [137]；建设用地与非建设用地之间利用自然林地、农田等形成楔形绿地，楔形绿地和人工公园等共同构成开敞空间，摆脱连绵发展格局。

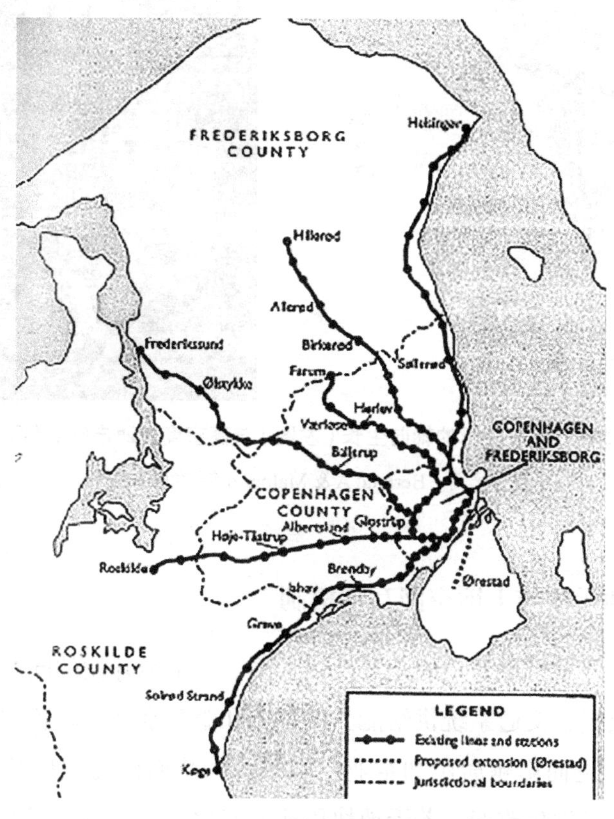

图 2.9　哥本哈根轨道线路布局与指状城市形态

图片来源：Cervero R. The transit metropolis：a global inquiry. Development，1998

巴西城市库里蒂巴依托 BRT 形成了类似的走廊形态，它以 5 条放射形的交通轴线为空间依托，依托 BRT 高运量交通组织方式，鼓励走廊内土地高强度开发，走廊内用地性质以商业商务类为主，其建筑高度一般不超过 26 层（图 2.10）[138][139]。经过 40 年左右的严格控制，形成了独特的空间结构形式。BRT 虽然运能不及轨道交通，但对土地开发的支撑原理接近，对轨道主导型的大都市区空间结构优化亦有重要的借鉴意义。

图 2.10 库里蒂巴的轴向生长（左图）与高密度交通走廊（右图）

图片来源：Bertaud A & Malpezzi S（2003）[138]

2.3.2 交通运输与土地空间互馈机制

交通与土地开发呈现复杂的动态反馈关系，在土地开发的同时，必然有交通系统的介入和支撑，交通系统供给能力的提升和服务水平的改善往往会提升区域的可达性水平，进而影响居民和企业空间选址，从而促使土地开发的业态、规模、区位、强度等发生改变，若干地块用途的变化和开发导致了整个城市空间结构的变化，整体上体现为城市形态、城市规模和城市布局发生变化，城市空间的变化促使交通需求特征变化，进而影响交通设施建设（图 2.11）。从交通与土地互馈机制看，诸如地形地貌、城市发展基础、政府法规、空间规划以及社会文化等外部环境对交通建设、土地开发均有重要的影响，对交通系统或土地系统的干预和优化，应充分考虑这一外部环境 [140]。

2.3.3 交通运输方式与城市中心体系

由于本文对大都市区空间结构的优化主要抓手为城市中心体系，因此，对城市中心体系特征既有理论进行综述分析。

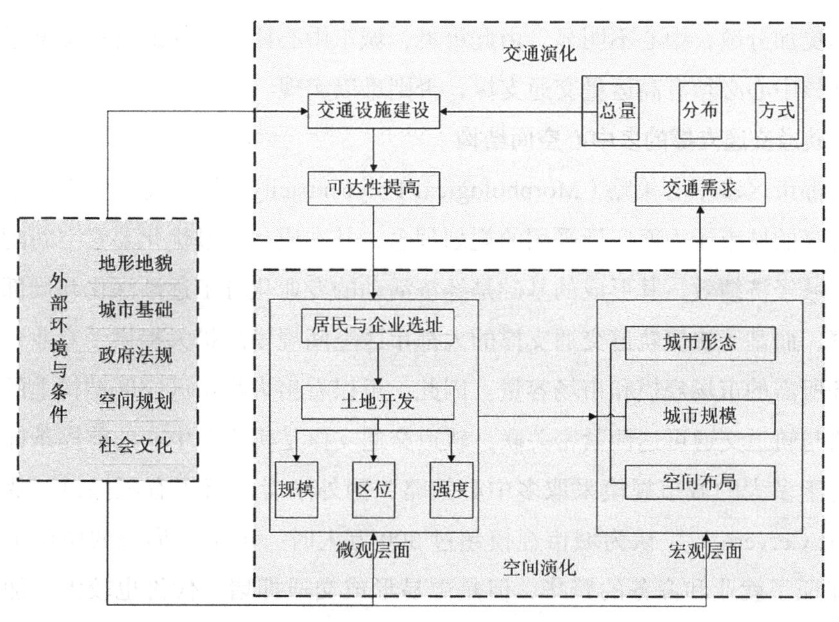

图 2.11　交通运输与城市空间互馈机制模型

图片来源：作者绘制

1. 不同机动化方式支撑下的中心体系特征

汤姆森（Thomson）从“活动中心”的强弱和交通网络形态出发，将城市形态划分为三类[42]（图 2.12）：第一类是轨道交通为主的强中心都市，以东京、纽约等为代表，拥有放射形且规模较大的轨道网络，中心区有明显的核心；第二类为“轨道＋汽车”的弱中心城市，以芝加哥、墨尔本及绝大多数欧洲大城市为代表，其规模一般小于第一类城市，拥有较大里程的轨道网络和发达的高速公路网络，中心区人流规模明显低于一类城市，城市外围地区交通以小汽车为主；第三类为小汽车导向的泛中心城市，以美国城市和欧洲城市为主，人口密度较低，城

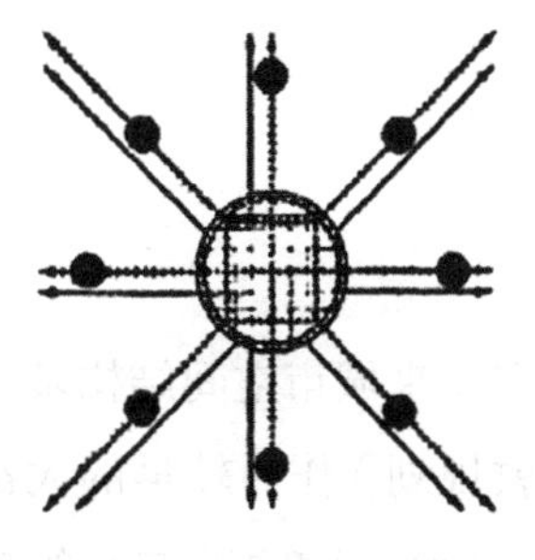

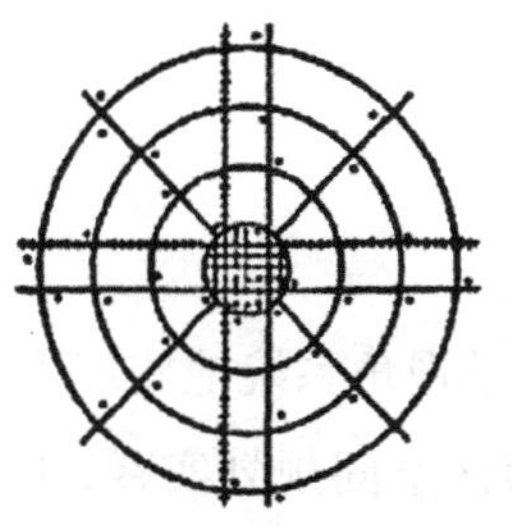

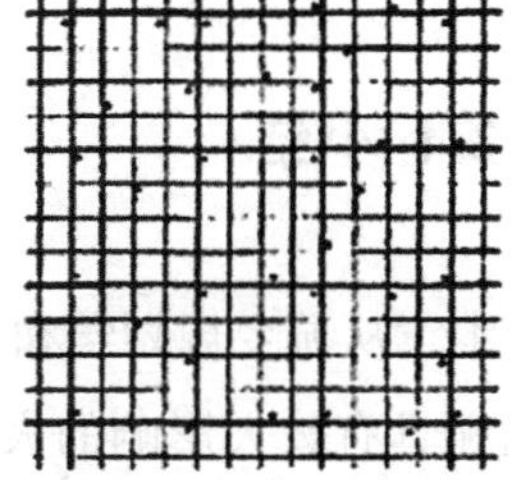

图 2.12　城市空间结构模型

图片来源：黄昭雄（2012）[42]

市活动更加分散，中心不明显。由此可见，城市中心体系与交通支撑类型紧密相关，强核中心必须有高运量交通支撑，否则难以实现。

2. 轨道交通支撑的多中心空间结构

大都市区多中心策略（Morphological Polycentricity）是为缓解中心区单中心集聚带来的城市压力而广泛采用的规划理念，其本质是通过优化要素空间配置以提升区域经济绩效，其形成的基础是经济活动的专业化分工逐渐深化和局部空间的集聚，而基于快捷轨道交通支撑的大都市区空间规模的扩大提供了专业化生产和服务所需的市场规模和市场容量。因此，可以看出大都市区空间结构上的多中心策略与轨道交通可达性紧密关联，轨道交通支撑是实现多中心的前提条件。

对于多大的城市规模采取多中心策略，国外学者进行了有限探讨。赛维罗（Robert Cervero）[140] 认为城市规模超过 300 万人时，单中心形态的城市虽然中心区保证了就业和商务的繁华，但是更易形成交通拥堵，代价也较大。加拿大多伦多进行了城市形态调整，通过放射形轨道交通建设与基于轨道站点的 TOD 开发，实现了多中心形态。目前，多伦多最著名的两个副中心 North york 和 Scarborough 超过 25% 的工作出行采用公共交通方式，对于小汽车拥有量较高、使用成本较低的北美地区城市而言，这一比例已较高；与此同时，多伦多地区平均出行距离也出现下降，由 1981 年的 9.9km 降低到 1991 年的 6.3km[136]。

巴黎大区在距离巴黎市 25 ～ 35km 的地区建设了 5 座新城，通过都市快轨 RER 实现新城与中心城区联系，经过 50 年左右的发展，郊区新城已初具规模，成为大都市区中心体系的重要构成部分[141]。此外，在中心城区范围内，巴黎大区正规划建设新的轨道环线，以支撑拉德芳斯等能级较高的副中心承担更多的大都市区服务职能。这与东京都市圈依托环线山手线建设了新宿、池袋、涩谷等著名副中心，以及首尔大都市区依托环线地铁 2 号线建成了江南区、永登浦等副中心，且均采用了 TOD 布局策略[142-145]，有异曲同工之妙。

2.4 小结

本章从城乡规划学和社会学视角系统地梳理了 100 多年来城市空间结构基础理论和具有较大影响的大都市区空间规划实践，《大伦敦规划》作为较早的大都市区空间规划范例，提出的“环城绿带、卫星城、环形放射交通组织”三大策略对后续特大城市空间规划产生了深远影响。

从狭义的西方经济学、政治经济学视角总结了城市和大都市区空间演化的机理，集聚发展是城市的本质特征，土地竞租使得不同区位拥有不同的业态分布。而从更大的空间尺度看，非均衡发展是区域发展的常态，循环累积因果导致的路径依赖普遍存在。从政治经济学视角看，政府力、市场力和社会力形成的合力深刻影响城市空间演化，对中国都市而言，政府力起更加重要的作用。

从交通运输尤其轨道交通视角总结了交通对土地空间开发的影响，在不同的交通运输方式支撑条件下土地空间呈现多样化的形态；高运量的轨道交通支撑了中心城区土地的高强度开发和近郊区轴带形态的形成，也为多中心空间结构形成创造了支撑条件。在微观土地开发层面，TOD 理论得到广泛认可，基于轨道站点，国内形成了相对统一的业态布局模式，但是在走廊和线网层面，土地开发和轨道交通的协同发展仍存在众多问题。

3 大都市区与轨道交通同步发展中的问题辨识

3.1 典型案例选择

本命题研究的核心内容是土地空间与轨道交通的要素匹配及协同发展问题，直接体现为交通模式选择、空间结构优化及组织绩效提升[146]。影响交通模式的主要因素包括城市规模、形态及经济发展水平等[147]，对于城市这样的复杂巨系统，归纳演绎是主要研究方法，案例选择的比拟性直接决定研究结论的可靠性。本文选取的案例力求在地形特征、人口规模、空间结构等方面较为接近，从世界发达大都市区空间特征看，绝大多数大都市区选址于平原或浅丘地区，在较大的地域空间尺度上（主要指经济和人口腹地）有一定的“趋中性”，且在某流域范围内；此外，城建史较长，均为历史文化名城，其发展规律存在一定的趋同性。为“对标”国外发达大都市区，甄别当前中国大都市区发展问题，借鉴国外经验，确定本文研究对象为较为普遍的团状大都市区，空间结构基本为圈层形态，对于组团特征明显或山地特征明显的大都市区，如重庆、深圳、兰州等不予考虑。

根据中国城市轨道交通协会发布的《城市轨道交通 2017 年度统计和分析报告》，按照轨道交通运营里程，排名前 15 位的城市主要为直辖市、副省级城市和计划单列市，其中，深圳、昆明为带形城市，重庆为组团城市，不属于本文研究对象；天津在空间规划上滨海新区规模较大，为双组团城市，也不属于本文研究对象；苏州虽然建成里程超过 100km，但由于资料收集不足等原因影响，未作为研究对象；其他城市建成里程均小于 70km，轨道建成年限大都为近 3 年内，轨道对土地空间的影响尚未有效展现，不宜作为研究对象。受制于中国千万级大都市区数量的有限性，结合现状轨网里程指标，本次研究选择轨道网络化程度较高（大于 350km）的北京、上海、广州，初步网络化（200km 左右）的南京、成都、武汉，尚未网络化（小于 100km）的西安、杭州、郑州，共计 9 个大都市区进行系统研究，每个类型的城市均超过 3 个，能保证普遍性特征的归纳。从具体里程指标看，至 2017 年年底，北京、上海、广州轨网里程分别为 608km、666km（包括 30km 的磁悬浮）、366km，南京、成都、武汉轨网里程分别为 347km、179km、234km，西安、杭州、郑州分别为 91km、118km、95km。

不同发展阶段城市呈现的问题存在一定的差异，为较为全面地掌握团状大都市区轨道交通与土地空间同步发展中凸显的主要问题，本节重点选择了中心城区层面轨道交通明显网络化（大于350km）的北京、初步网络化（200km左右）的成都和尚未网络化（小于100km）的西安进行重点分析，归纳其轨道交通规划、建设历程、当前运营特征以及轨道交通与城市空间结构的关系，寻找普遍性问题。

3.1.1 主要社会经济指标

1. 社会经济指标

案例城市的行政面积大都在1万km^2左右（表3.1），受制于票价经济、运能较高的城市轨道交通的发展水平，除北京和上海大都市区现状面积达到7000km^2左右外，其他省会城市形成的大都市区尺度大都在3500km^2左右，也是远期或远景都市密集建设区的范围。

案例城市主要社会经济指标（1） 表3.1

城市	市域面积（万km^2）	市域GDP（亿元）	市域现状人口（万人）	大都市区面积（km^2）	历史文化名城获批年
北京	1.64	24899	2172	9175	1982
上海	0.63	27466	2419	6340	1986
广州	0.74	19610	1404	7434	1982
南京	0.65	10503	827	4388	1982
成都	1.43	12170	1572	3920	1982
武汉	0.84	11912	1060	3261	1986
西安	1.01	6257	870	3900	1982
杭州	1.65	11050	901	3334	1982
郑州	0.74	7315	956	≈4200	1994

备注：①大都市区范围如下：北京为市域面积扣除延庆、密云、怀柔、平谷4区面积，其中平原区面积5549km^2；广州、上海为市域面积；南京包括六城区、雨花、栖霞、江宁、浦口4郊区的全部、六合区的大部分和溧水的柘塘；成都为中心城的5个区+紧邻中心城的6个区+新津县+崇州东部+简阳；武汉为以外环高速附近的乡镇行政边界为界线；西安为中心城区及部分外围组团（2625km^2）、西咸新区（882km^2）、咸阳部分（393km^2）之和；杭州为2001版总规（2016年修订）确定的城市规划区范围，上城、下城、江干、拱墅、西湖、滨江、萧山、余杭等8区，不含富阳区。②市域GDP与人口指标中，除郑州为2015年数据外，其他城市均为2016年统计数据

资料来源：作者根据上述城市统计年鉴整理

上述案例城市大都市区与中心城区面积和人口表 3.2，在相似的空间尺度上，北京、上海、广州和成都为近似的城市规模，其规划人口在 2300 万人左右；其他城市在 3500km^2 的大都市区范围内，规划人口大都在 1000 万人左右。在中心城区层面，北京、上海和广州规划人口规模在 1000 万人左右，其他城市在 600 万人左右。

案例城市主要社会经济指标（2） **表 3.2**

城市	大都市区面积（km^2）	大都市区规划人口（万人）	中心城区面积（km^2）	中心城区规划人口（万人）	数据来源
北京	9175	≈ 2200	667	≈ 900	总规（2016—2035 年）
上海	6340	2500	660	≈ 1100	总规（2016—2040 年）
广州	7434	2500	576	≈ 800	总规（2017—2035 年）（草案公示）
南京	4388	≈ 1150	652	670	总规（2011—2020 年）（2016 年批复）
成都	3920	≈ 1800	598	680	总规（2016—2030 年）
武汉	3261	≈ 1000	678	635	武汉 2049 远景发展战略规划
西安	3900	≈ 1280	490	434	轨网规划（2016）
杭州	3334	≈ 800	430	400	总规（2001—2020 年）（2016 年批复）
郑州	≈ 4200	≈ 1000	583	610	总规（2010—2020 年）（2017 年修订）

备注：中心城区范围根据已批复的城市总体规划整理，北京中心城区为 5 环内范围，人口根据现状与规划估算；规划人口年限为 2030 年或 2035 年

资料来源：作者根据上述城市总规和轨网规划等资料整理

2. 案例比较与结论

上述城市行政面积在 6000 ～ 1.6 万 km^2，当前规划大都市区面积除北京、上海、广州达到 7000km^2 左右外，其他省会城市均在 3500km^2 左右；从远景看，3500km^2 左右的空间尺度也是都市密集建设区范围，随着轨道交通的网络化发展，远景大都市区范围可能超过 1 万 km^2；都市密集建设区规划人口除北京、上海、广州、成都在 2000 万人左右外，其他城市规模在 1000 万人左右；中心城区规模大都为 600km^2 左右，规划人口为 600 万人左右。总体来看，上述城市均有着较大的人口和经济腹地，是省域或更大区域单元的增长极，发展路径接近，在

大都市区层面，无论是城市形态还是城市规模，有较大的类比性，有利于归纳普适性规律。

3.1.2 明显网络化的案例

1. 现状特征

1）轨网现状

至 2018 年年底，北京共建成城市轨道线路 25 条（包括机场线），总长度 636km，轨道站点 329 座，其中换乘站 56 座；线路主要集中在五环范围内，与近郊区新城基本实现了至少一条轨道线路联系。2018 年日均客流 1200 万人次，负荷强度达到 2 万人次 /km·d^{-1}，同等网络规模条件下，负荷强度在世界范围内处于前列。

在建线路除中心城区加密外，近年来开始建设都市快轨，且大都采用了最高的车辆编组，即 8A 编组方式以适应大规模、高强度客流集散特征，如 3 号线、12 号线、17 号线、19 号线一期、22 号线（平谷线），7 号线二期采用 8B 标准，在建线路中仅昌平线南延段采用 6B 标准。

2）运营现状

北京作为轨道发展较早的城市，在轨网规划和单条线路的可研、设计阶段缺少对空间结构和出行规律的深刻认识，加之外部存在复杂的博弈关系，2015 年前建成轨道线路几乎均采用了 B 型车标准，仅 2013 年以来建成的 14 号线与 16 号线分别采用 6A 和 8A 编组，6 号线和 7 号线采用 8B 编组，其他线路基本均为 6B 编组方式，运能整体上严重偏低。在大都市区组织背景下，客流量大都超过预期值，高密度居住区和主要换乘枢纽，高峰小时进站量超过 2 万人，1 号线、2 号线、4 号线、5 号线和 10 号线即使采用了 2 分钟的发车频率，高峰时段仍出现大量客流滞留现象（图 3.1），高峰时段不得不采取极端限流措施，在 2018 年运营的 300 余座车站中有 74 个车站进行早高峰限流，达到总量的 20%。

此外，从轨网服务水平看，连接近郊区新城的部分放射形线路，如八通线、15 号线（至顺义）、昌平线与 13 号线西段、亦庄线和 5 号线等线路，高峰小时单向满载率均超过 100%（图 3.2），拥挤严重，服务水平低下，难以支撑郊区新城的持续发展[149]。

2. 规划历程

1950 年代后期，北京即着手地铁规划建设问题，提出了“一环两线”线网雏

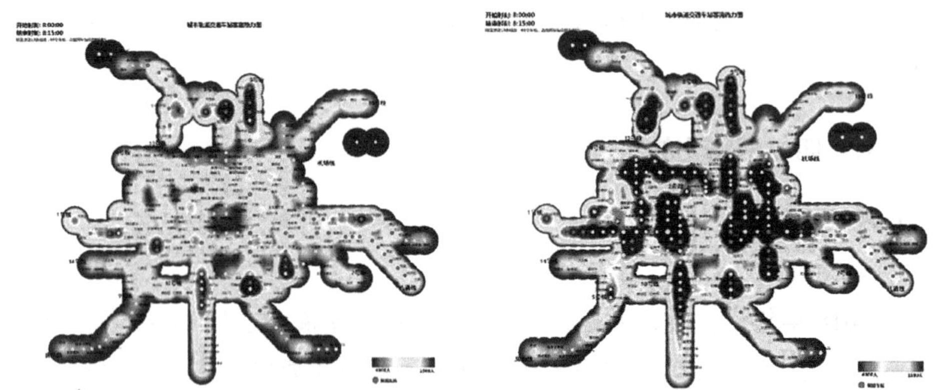

图 3.1　2015 年年初进站（左图）和出站（右图）客流统计

备注：黑色为超过 6000 人 /15 分钟的站点

图片来源：李得伟 . 网络化城市轨道交通客流分析与服务 . 北京交通大学，2016[148]

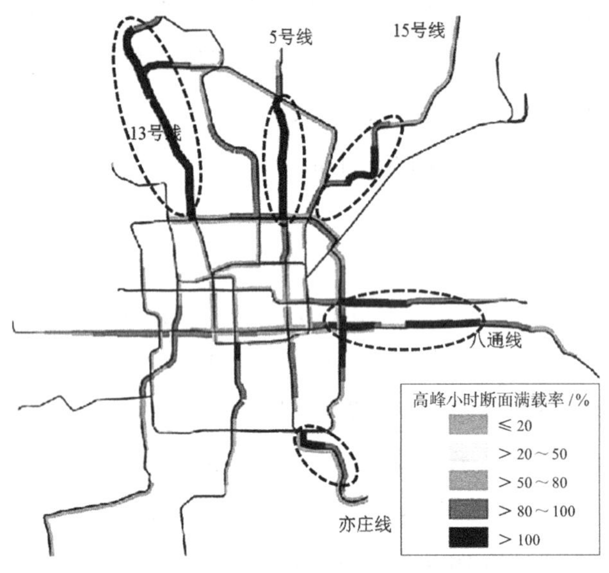

图 3.2　北京地铁高峰小时断面满载率

图片来源：根据刘剑锋等（2014）[149] 相关底图绘制

形；此后，在 1973 年，根据城市发展情况调整为“一环六线”，线网规模由 1957 年的 130km 调整为 212km，限于当时的轨网编制体系，成果没有纳入总体规划；1981 年轨网规划成果首次纳入城市总体规划，线网规模为 236km，与 1973 年的方案相比，形态与规模基本稳定；此后，轨网于 1993 年、1999 年又进行了修编，总体规模略有增长，这一阶段轨网研究年限为 20 年左右，缺少对远景轨网形态和规模的研究。

进入2000年以来，面对市区人口的大幅增长，2004年，对轨网进行了重大修编，开始关注远景目标。在远景规划的基础上，注重远期总体规划，提出远景里程1130km的规模；2009年再次修编，达到近2400km；此后，2011年、2014年、2017年规划规模目标基本接近，基本维持在2200～2500km之间，在严格的人口控制导引下，轨网规划规模进入相对稳定阶段（表3.3）。

北京历版轨网规划确定的规模 **表3.3**

年份	市域规划人口（万人）	中心城区规划人口（万人）	线路数（条）	里程（km）	备注
1957	350	—	3	54	“一环两线”
1973	370	—	7	212	“一环六线”
1982	1000	400	8	236	“一环四横三纵”、线网纳入总规
1993	1250	650	12	312	线网修编
1999	—	—	13	408	线网修编，增加13号线
2004	1800	850	22	1130	16条地铁+6条轻轨，6条市郊铁路
2009	1800	850	—	2361	地铁、快线、轻轨、市郊铁路分别为728km、285km、316km、1030km
2011	2300	850	—	2133	地铁和区域快线（9条）各1020km
2014	2300	—	—	2181	地铁、区域快线各1000km左右
2017	2300	1080	—	2500	—

资料来源：根据《北京轨道交通线网规划实践》以及历版城市总体规划等整理

3. 互动关系

1）建设历程

自1969年第一条线路运营后，较长的时间内轨道交通几乎没有发展，直至1987年，2号线运营，此后1号线进行了延伸，2000年之前线路总长度仅为54km。进入2000年之后，轨道建设开始加速，2003年年底分别开通八通线（四惠—土桥段，18.9km）、13号线（西直门—东直门段，40.7km），至2003年年底，总运营里程首次突破100km。2003年之后，为保障奥运会组织，展现国际形象，北京城市轨道建设进入快速发展期[150]，2008年超过200km，2003—2008年的5年期间年均建成里程约20km，在人类城市轨道建设史上罕见；奥运之后以每年开通里程约50km的增幅高速增长，2017年达到608km（图3.3），地铁运营规模仅次于上海，居世界第二位。

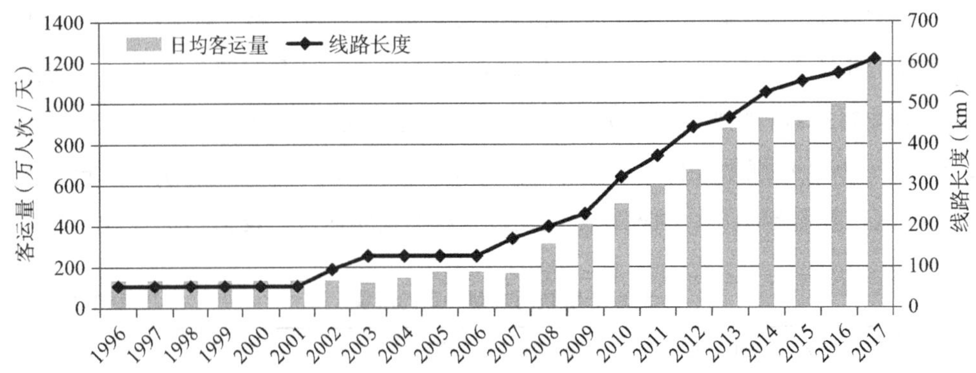

图 3.3　历年来北京城市轨道交通运营线路和日均客运量变化

图片来源：根据历年北京市交通发展年度报告整理而得

2）互动关系

2000 年、2005 年、2010 年、2014 年和 2018 年轨网规模分别为 54km（2 条线路）、94km（3 条线路）、228km（9 条线路）、527km（18 条线）和 636km（25 条线）。从发展历程看，轨网规划与城市空间关系呈现了两个典型阶段，第一阶段为 1969—2008 年，这一阶段轨道建设的主要任务是支撑主要的客流走廊发展（1 号线支撑了长安路客流走廊的发展），以及支撑奥运会交通组织（图 3.4）；第二阶段为 2009 年以来至今，轨道建设的主要任务是通过轨道交通引导和支撑大都市区空间的形成，同时缓解中心城区日益严重的交通拥堵，这一阶段先后建成了连接近郊区的昌平线、大兴线、房山线、亦庄线和 15 号线，有利地支撑了外围新城的发展，降低了旧城区人口密度。

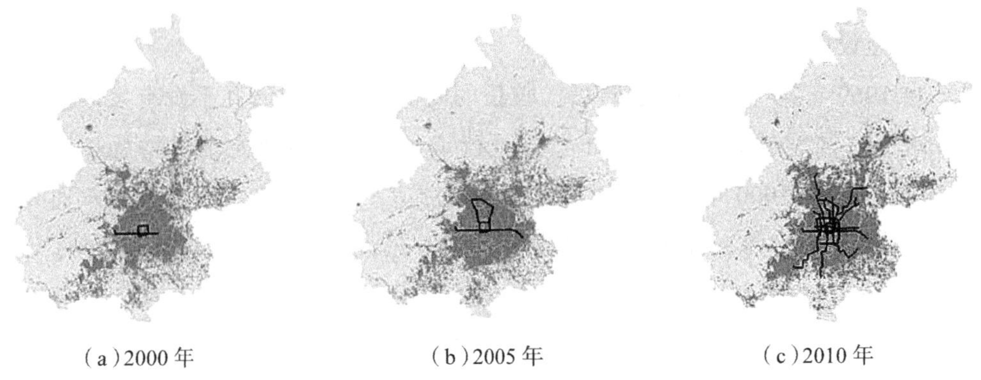

（a）2000 年　　（b）2005 年　　（c）2010 年

图 3.4　北京市轨道运营线路与城市空间关系（2000 ～ 2010 年）

图片来源：郑猛 . 北京轨道交通线网规划实践 . 北京市城市规划设计研究院，2016

具体来看，2000 年建成的 1 号线与 2 号线分别为城市的东西向轴线和串联东城区、西城区的环线，是客流最为集中的区域，在面对高脉冲客流集散问题背景下，城市轨网功能由早期的战备保障转至城市交通运输服务，1 号线的建成也使得传统城市轴线集聚了更多的现代服务业要素和人流，强化了沿轴线发展。2003 年之后，以服务奥运会组织为契机，轨道建设进入快速发展期，建成轨网主要位于 1 号线以北城区，如 2008 年建成的 8 号线直接服务奥林匹克体育中心与奥林匹克公园等地区的开发和后期运营，顺带支撑了沿线居住地块的高强度开发；13 号线连接了望京、回龙观等大型居住区，使得北京空间拓展大幅延展至距离天安门 20km 的地区。轨网建设以优化空间结构和缓解交通拥堵为主要目标，建成了昌平线、房山线、大兴线、亦庄线等线路，使距离天安门 30km 以内的近郊区城市与中心城区有了更加紧密的联系（图 3.5），在高房价等因素影响下，大量居住人口在近郊区新城集聚，旧城区居住人口密度有所降低，但就业岗位数大幅增长，尤其是1号线走廊、国贸CBD等地区高峰时段人流集散困难[151]。2011 年后，轨网建设重新回归至中心城区，不断加密既有轨网，2012 年建成的 6 号线、2014 建成的 7 号线分别位于 1 号线北南两侧，但对 1 号线的疏解效果有限，由于轨网站间距较大，6 号线与 7 号线也没有出现运能浪费现象，负荷强度仍较高，分别达到了 1.7 万人次 /km·d^{-1} 和 1.2 万人次 /km·d^{-1}。2011 年建成的 9

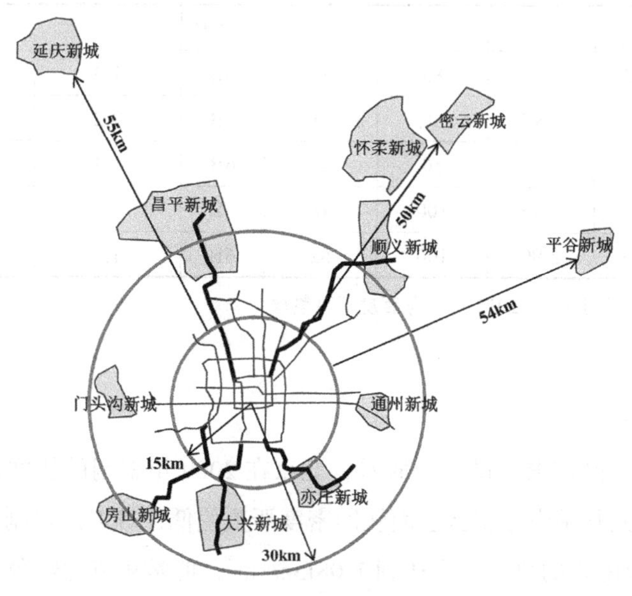

图 3.5　北京市轨网与郊区新城关系分析

图片来源：根据北京市城市轨道交通建设规划（2014—2020）相关底图绘制

号线实现了与 4 号线的顺接，支撑了海淀区发展；2014 年之后，轨网建设重点再次转移至中心城区与外围地区的联系上，建成的 14 号线和 16 号线，强化了房山与门头沟等地区与中心城区的联系。

从轨道技术指标看，2010 年以来建成的放射形轨道线路旅行车速大都达到了 45km/h 以上，例如房山线与昌平线旅行速度达到 50km/h 左右，明显高于常规地铁普线，亦庄线、大兴线、15 号线等线路速度基本在 40km/h 左右（表 3.4）[152]，略高于地铁普线旅行速度。从实际旅行速度看，这些线路虽然称为地铁，但已达到了国外都市快轨的速度值，有力地支撑了旧城区居住人口的疏解和就业岗位的集聚，受市场规律和优质公共服务设施供给缓慢等原因影响，外围新城在承接新增人口和旧城转移人口的同时，新增就业岗位增幅明显偏低，加剧了职住分离和延长了出行距离。北京市交通发展年度报告显示，2015 年，六环内居民基于地铁的平均出行半径亦达到 13.3km。但出行时耗增长有限，快轨交通为居民职住地就业地选择提供了更多的机会，整体了提升了土地空间的使用效率，也有利于社会公平。

与近郊新城联系的轨道线路主要指标（至 2016.12.31）　　表 3.4

名称	长度（km）	站间距（km）	最高速度（km/h）	旅行速度（km/h）	编组	高峰断面（万人次 /h）	负荷强度（万人次 /km·d-1）
八通线	18.9	1.60	70	—	6 准 B	3.6	1.80
亦庄线	23.3	1.66	80	38	6B	1.3	0.77
大兴线	21.7	1.97	80	41	6B	2.2	—
15 号线	40.8	2.14	80	40	6B	1.1	0.45
房山线	24.6	2.46	100	48	6B	1.0	0.30
昌平线	31.9	2.90	100	52	6B	1.9	0.65

资料来源：根据刘迁等（2015）[153] 与百度百科整理

4. 若干反思

从当前的轨网需求和供给矛盾看，北京在 2009 年编制的轨网规划存在大量不合理之处，尤其是中心城区层面轨网密度严重偏低，难以满足刚性需求。虽然环线 10 号线范围内的轨网密度达到 1.08km/km^2，但是轨道运输服务水平仍然较低，主要表现在高峰时段车辆内严重的拥挤，加之旅行速度仅为 35km/h 左右，与小汽车相比没有绝对优势。因此，当前 10 号线范围内轨道线路仍处于大幅加密中，3号线、8号线、12号线、14号线、16号线、19号线均贯穿该区域（图3.6），轨网加密后，密度将达到 1.5km/km^2，局部区域如国贸、金融街等片区密度将达到 2.0km/km^2，以支撑区域高强度客流集散。

图 3.6　北京市轨道 10 号线范围内线网加密分析

图片来源：作者根据高德地图绘制

由于既有规划的前瞻性严重不足，先期轨网密度严重不足、车辆标准偏低，使得轨网加密成为必然，而轨道通道和站点未提前预留，使得当前的工程建设成本大幅升高，正在建设的 8 号线三期、14 号线中段和 16 号线南段的平均成本达到 11.4 亿元 /km。

3.1.3 初步网络化的案例

1. 现状特征

至 2017 年年底，成都已建成城市轨道线路 6 条，总长度 179km，轨道站点 123 座；另有成（都）灌（都江堰）、成（都）彭（州）都市快轨 94.2km，21 个站点，其中成灌铁路与地铁 2 号线在犀浦站实现了同台换乘，是中国大陆地方铁路与城市轨道线路同台换乘的唯一站台，有利地支撑了都江堰与成都市区的联系。建成线路中，除 2016 年以来建成的 10 号和 7 号线采用 6A 编组外，其他线路均采用了 6B 编组方式。

在建线路车辆标准大幅提高，5号线、6号线、9号线、11号线、17号线、18号线均采用了8A编组方式，8号线采用了6A编组方式，运能大幅提升[154]。

在线路长度没有明显增长的情况下，客流量持续增长（图3.7），2017年日均客流达到275万人次，最高客流达到360万人次，负荷强度达到2.0万人次/km·d^{-1}，同等线网规模条件下，在国内处于前列。随着2017年环线7号线的开通，换乘枢纽数量的大幅增加导致网络效应凸显出来，客流出现跳跃式增长，最大客流量达到400万人次/天。从单一线路来看，2010年建成的1号线早高峰最大断面客流已达到3.8万人次/h，高峰日客流强度达到3.5万人次/km·d^{-1}，接近运能上限，随着轨网总量的发展，服务水平将继续恶化[155]。

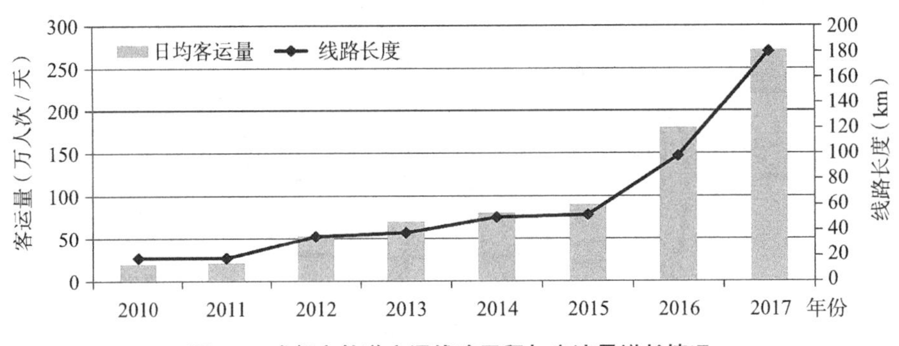

图3.7 成都市轨道交通线路里程与客流量增长情况

图片来源：作者根据相关资料绘制

2. 规划历程

成都于1985年开始规划地铁线网，受当时的认知水平等多因素影响，依据总规规划了远期“十字形”的骨架轨网形态；此后，在1992年，制定了《全域城市捷运地铁系统规划》，并于1995年、1999年进行了修编，但受制于总规确定的城市规模影响，以及轨网规划范型的不成熟性，轨网规划结论依旧以总规远期目标为依据，缺少轨网远景目标的研判。

进入2000年以来，城市人口大幅增长，尤其是自2005年以来，城市交通拥堵日益严重，且国家对地铁建设审批逐步放开，在此背景下，成都编制了新的轨网规划，规划结论大幅调整，但规划范围和重点依旧是中心城区层面。2011年，在大都市区发展初见端倪背景下，轨网被再次修编，首次提出了远景布局方案，中心城区和市域层面统筹考虑，轨网规划范型出现重大创新。2016年，在大都市区规划“双心”结构、行政区划调整和做强轨道产业等大背景变化条件下，轨网规划再次进行了重大修编，总里程规模达到近 2450km，与北京（2500km）、上海（2300km）规模接近（表 3.5）。

成都历版轨网规划确定的规模和密度　　表 3.5

年份	市域规划人口（万人）	中心城区规划人口（万人）	线路数（条）	里程（km）	中心城区线网密度（km/km^2）	备注
1985	—	—	2	≈ 40	—	“十字型”
1992	—	350	3	≈ 70	—	“十字加环线”
2005	1500	500	7	394	0.45	核心区内线网密度达到 1.13km/km^2
2011	2000	620	18	878	0.59	首次提出远景方案，中心城区 8 条线共 357km，市域线 9 条共 521km，此外，远景预留 5 条线路共 168km
2016	2300	620	46	2450	0.76	强化贯通中心城区都市快线，核心区（一环内）密度 1.5km/km^2

资料来源：根据历版轨网规划和城市总体规划整理

从中心城区规划轨网密度指标看，在规划人口规模没有大幅增长的情况下，轨网密度指标显著提升，既有规划对远期需求缺少清晰研判，部分重要交叉口和客流通道由于没有提前控制建设空间，在快速路建设浪潮中，宝贵空间通道被桥梁基础和隧道占据，使得轨网加密成本大幅升高。

3. 互动关系

1）引导城市发展，支撑大源 CBD 兴起

成都轨道交通建设同北京、上海等先发地区发展历程接近，先期运营线路为成都的传统轴线和最重要的客流走廊，即地铁 1 号线所在的南北轴线；后续运营的 2 号线、3 号线、4 号线与 1 号线形成了类“米”形布局形态，支撑中心城区发展。与其他后发地区相比，成都轨网建设中采取了轨道引领城市发展的策略，同时辅助公共服务先期配套、快速路建设等策略，使得新区开发较为成功。例如，在总规确定的高新南区商务中心在发展基础较为薄弱的条件下，在土地整理完毕后，地铁 1 号线即进行了工程建设，带动了沿线土地的大幅升值，支撑了大源 CBD 地区的快速发展；从客流统计指标看，大源站域轨道客流总量与传统的商业中心天府广场基本实现了对等，且近年来客流增幅较大，高新南区早高峰出站量已超过天府广场片区（图 3.8）。

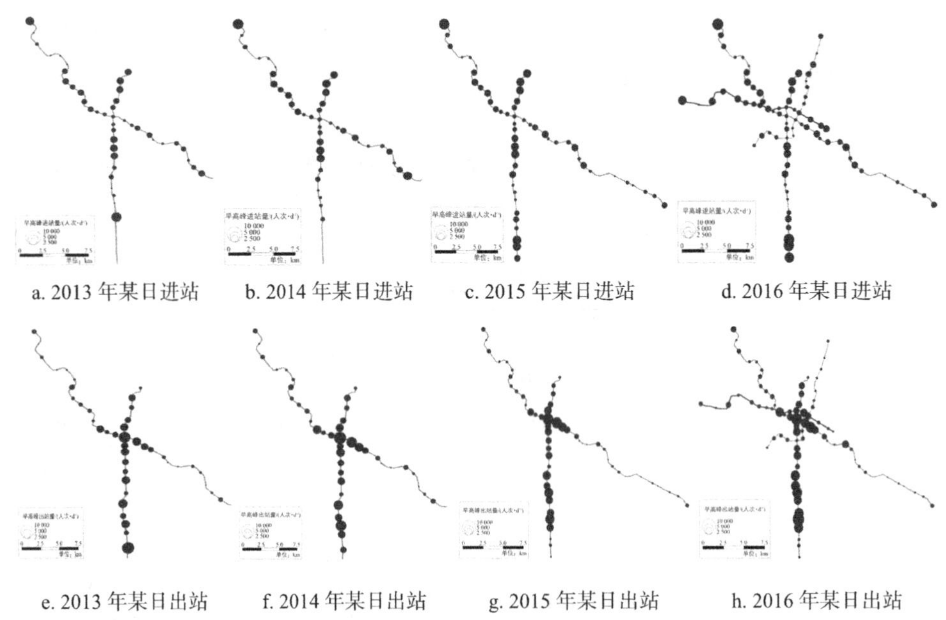
a. 2013 年某日进站　b. 2014 年某日进站　c. 2015 年某日进站　d. 2016 年某日进站

e. 2013 年某日出站　f. 2014 年某日出站　g. 2015 年某日出站　h. 2016 年某日出站

图 3.8　早高峰时段轨道交通进出站客流空间分布

图片来源：根据成都市轨道交通集团提供数据绘制

2）完善骨架网络，支撑大都市区空间结构调整

目前，成都市在建轨道里程约 330km[156]，与先期建设线路相比，除 5 号线、6 号线、8 号线主要布局于中心城区继续完善骨架网络外，其他线路主要集中在都市近郊区（图 3.9），强化轨道对近郊区的支撑作用，促成近郊中心的发展。这与 2003 年以来成都实施城乡统筹战略，始终秉承“全域成都”的规划理念一脉相连。在总规层面，规划关注点始终放在中心城区和近郊区层面（合计面积约 3900km^2），基础设施布局和公共服务设施供给实现了统筹考量。2017 年，新版《成都市城市规划管理技术规定》首次将近郊区纳入管辖范围，先前近郊区各自的地方技术管理规定废止，都市密集建设区资源配置和有序发展有了有力的规划管理抓手，在轨道交通的支撑下和引领下，中心城区与近郊区一体化发展进入新的阶段。

3.1.4　尚未网络化的案例

1. 现状特征

至 2017 年年底，西安已运营地铁线路 3 条，分别为 1 号线（2013 年开通）、2 号线（2011 年开通）、3 号线（2016 年开通），里程共计 91km；共设车站 66 座，

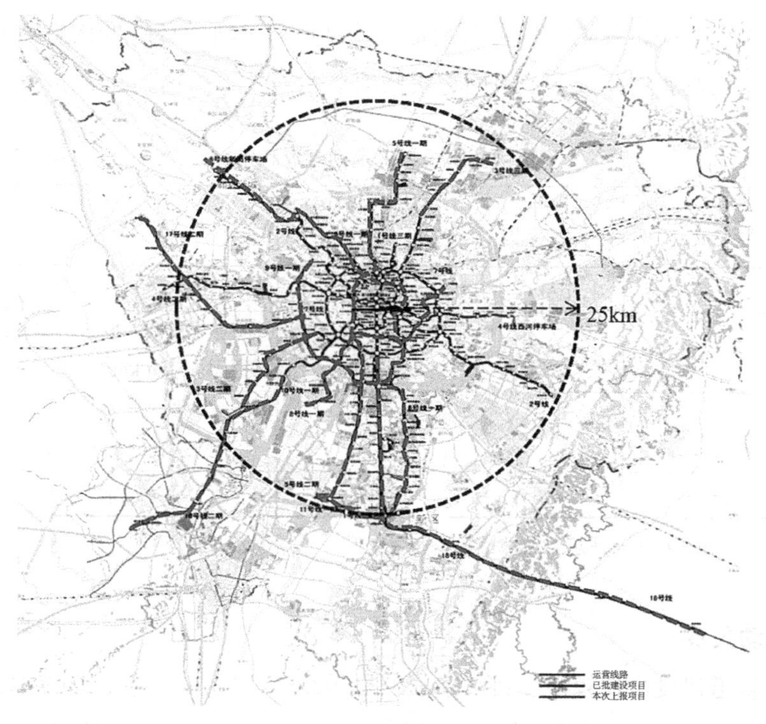

图 3.9　成都市在建轨道线路（至 2017 年 12 月）

图片来源：根据《成都市城市轨道交通第三期建设规划（2016—2020 年）》相关底图绘制

其中换乘车站 3 座。日均客运量 111 万人次，负荷强度为 1.1 万人次 /km·d^{-1}，在同等轨网规模条件下，负荷较低。

在建线路共有 6 条（段），分别是 1 号线二期、4 号线、5 号线、6 号线、9 号线一期、13 号线一期，总里程约 180km，预计 2020 年左右大都能建成运营。目前已运营线路和在建线路均采用 6B 编组，远期网络化效应凸显后，运输服务水平存在偏低的可能。

2. 规划历程

1994 年，在中心城区人口规划规模为 310 万人的背景下，西安编制了较为正式的轨网规划，主要成果纳入 1999 年国务院批复的《西安城市总体规划（1995—2010 年）》；2005 年，在城市人口快速增长的背景下，进行了修编，规划规模大幅增加，线路条数达到 6 条，基本奠定了当前中心城区轨网骨架形态。这一阶段的轨网规划受范型影响，规划年限与总规一致，规划方案注重规划期内的实施性，缺少远景形态和规模研判，与轨道交通百年工程定位不相符。

2013 以来，大都市区空间形态初见端倪，以及受西咸新区的成立等因素影响，轨网再次修编，规划规模再次翻番，并且提出了轨道环线的构想；2016 年，在西咸一体化发展的背景下，轨网再次修编，规划总里程达到 986km（表 3.6）。

西安历版轨网规划确定的规模和密度　　表 3.6

年份	线路数（条）	里程（km）	中心城区线网密度（km/km^2）	备注
1994	4	73	0.26	纳入总规
2005	6	251	0.34	“棋盘 + 放射”形态，明城墙区内密度为 1.15km/km^2
2013	15	667	0.95	“棋盘 + 环 + 放射形”形态，明城墙区内密度为 1.19km/km^2
2016	23	986	1.10	“棋盘 + 环 + 放射”形态

资料来源：根据历版轨网规划和城市总体规划整理

3. 互动关系

西安轨道建设步伐较慢，目前建成的 2 号线为西安市传统轴线和主要的客流走廊，东西向布局的 1 号线与“L”形的 3 号线，客流负荷强度较低，对交通拥堵缓解效果不理想，对大都市区空间结构优化也没有起到明显的支撑作用。在建的 5 号线和 9 号线分别连接沣东新城和临潼区（图 3.10），其对空间优化的引导和支撑作用尚待时间检验。

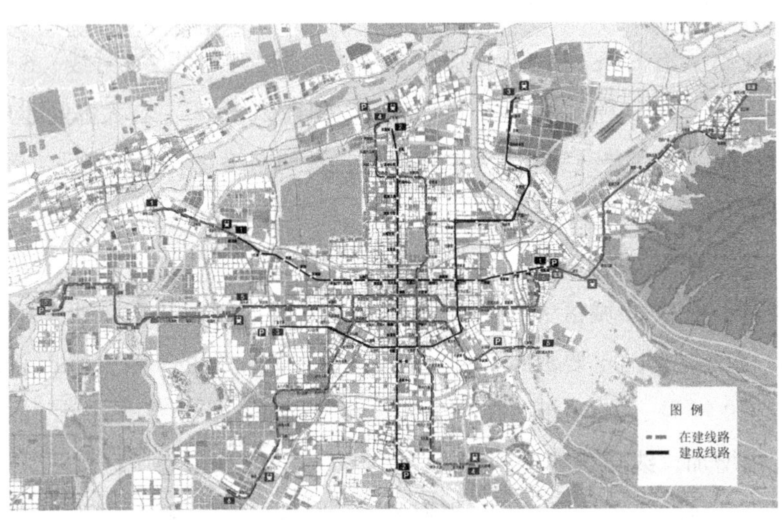

图 3.10　西安大都市区运营与在建轨道线路

图片来源：根据《西安市城市轨道交通第二期建设规划调整方案（2013—2021）》相关底图绘制

3.1.5 规划趋同现象

1. 轨网规划目标趋同，“羊群效应”明显

1980年代之前，受认知水平限制和轨网规划范型刚刚进入起步阶段等因素影响，除北京、上海等城市规划了200km左右的里程外，其他城市规划里程大都在50km左右。进入1990年代，轨网进入范型探讨阶段，所有的特大城市均进行了修编，线网规模有了一定幅度的提升，大都是1980年代规划结论的2倍左右，但受制于城镇化规律认知不到位，总规确定的城市规模明显偏小，使得轨网规划规模明显偏低，且这一时期轨网规划重点仍然是关注规划期内线路实施问题，缺少远景研判和规划控制。进入2000年代，北京和上海将轨网规划范型进行了革新，开始关注远景规划方案，关注范围也由中心城区向市域转变，规划里程也大幅增加（表3.7）。在这一时期，北京与上海轨网规划起到了表率作用，其他城市也对轨网规划进行修编，在近似的城市规模条件下，轨网里程、布局形态、车辆标准等呈现明显的趋同现象[157]。

国内典型案例城市不同阶段轨网规划主要内容　　表3.7

编制年代	项目	北京	成都	西安
1990年代	规划年限	至2010年	至2010年	至2010年
	规划范围	中心城区	中心城区	中心城区
	规模（km）	408	70	73
2000年代	规划年限	开始关注远景	至2020年	至2020年
	规划范围	市域	中心城区＋近郊区	主城区
	规模（km）	1130	394	251
	标准	几乎均为B型车	均为B型车	均为B型车
2010年代	规划年限	更加关注远景年	远景年	远景年
	规划范围	市域与周边	市域与周边	大都市区
	市域规划人口（万）	2300	2300	1250
	规模（km）	2361	2450	883
	标准	以A型车为主	以A型车为主	均为B型车

资料来源：根据历版轨网规划和城市总体规划整理

进入2010年以来，随着轨网规划和建设规划审批权的下放，地方政府对各自城市选择不同的轨道发展水平有了更大的自主选择权。从主要技术指标看，国内特大城市轨网规划出现了明显的梯队和分化特征，即北京、上海、广州、成都为首的第一梯队，其规划人口规模在 2300 万人左右，远景轨网里程在 2300km 左右；第二梯队为武汉、南京、西安、郑州等城市，其规划人口规模在 1200 万人左右，远景规划里程为 1000km 左右（表 3.8）。从其他技术指标看，绝大部分先发城市对既有轨网规划结论和运营情况进行了反思和检讨，针对中国都市高密度的人口分布特征和强烈的轨道交通需求，在新一轮轨网规划中大幅提高了人均轨道里程指标，案例城市中除西安外，其他城市人均轨道里程均达到了 0.9km/ 万人；此外，车辆标准大都采用了 A 型车标准，且大都为 8A 编组，与 6B 编组相比，运能提升约 1.8 倍。

国内大都市区范围内轨网规划主要指标　　　　表 3.8

区域	广州	成都	南京	武汉	郑州	杭州	西安
大都市区规模（km^2）	7434	≈ 4200	4388	3261	≈ 4200	3334	3900
现状人口（万人）	1404	1450	648	827	—	640	987
规划人口（万人）	2500	≈ 1800	≈ 960	≈ 1180	≈ 1000	≈ 800	1500
远景规模（条）	—	34	24	25	21	14	23
远景规模（km）	2000	1662	940	1045	945	642	986
人均里程（km/ 万人）	0.80	0.92	0.93	0.89	0.94	0.80	0.66

资料来源：根据上述城市总体规划和轨网规划整理

2. 轨网建设时序与目的趋同

几乎所有城市的首条运营线路都是传统的轴线和主要的客流走廊，如北京 1 号线、上海 2 号线、成都 1 号线和西安 2 号线，其建设初衷大都是缓解这一走廊严重的交通拥堵，但是在沿线土地开发总量没有严格控制的条件下，由于没有采取交通需求管理政策，不论是高度网络化的北京和上海，还是初步网络化的成都和南京，抑或尚未网络化的西安和郑州，这些走廊的地面交通拥堵没有得到缓解，轨道交通服务水平在整个运营轨网中大都处于较低的水平。在中心城区轨网主骨架初步形成时（一般情况下运营里程超过 120km），在城市新区建设的背景下，轨网建设开始实施至近郊区的部分线路，以支撑新区发展。

3. 轨道供给与空间需求日趋匹配

轨道交通与土地空间协同发展的主要目标是交通供给与需求基本匹配，但是由于交通需求具有典型的诱导性特征，即新建交通设施使得服务水平的提升往往会诱发新的交通需求，既包括源头上的新增量，也包括出行方式和出行时间上的转移量，因此，在不进行交通需求管理的条件下，轨道交通建设新增的供给能力大都低于实际需求，尤其是对中国都市而言，传统的城市轴线沿线乃至整个中心城区土地开发规模近中期仍处于快速增长中，加之职住分离的客观规律，使得先期建设线路服务水平大都较低。针对这一问题，北京、成都、武汉、郑州等城市进行了深刻的反思和深痛的检讨，在当前新建线路中列车标准明显升级，由第二或第三版轨网规划（大都在 2010 年前完成）确定的 6B 向 6A 转变，如武汉的在建线路中的 5 号线、7 号线、8 号线、11 号线、12 号线和 21 号线，除 21 号线采用 4A 标准外，其他线路均为 6A 标准。郑州在建线路中，除 1 号线和 2 号线延伸线必须与先期运营线路 6B 标准统一，6 号线与 11 号线采用 6B 标准外，其他线路如 3 ～ 17 号线均采用 6A 标准；而人口规模更大的城市在建线路大都采用 8A 标准，如北京的 3 号线、12 号线、17 号线、19 号线和 22 号线（平谷线），成都的 5 号线、6 号线、9 号线、11 号线、17 号线和 18 号线。

值得注意的是，在中心城区人口规模和密度基本接近的条件下，不同城市对类似定位的轨道线路却采取了差异较大的标准。通过深入分析与业内访谈，发现上述城市中已运营线路采用较高标准的城市大都有专业的城市交通研究机构，如上海（1 号线、2 号线、3 号线、4 号线、7 号线、9 号线、10 号线、11 号线、12 号线、13 号线和 16 号线）、南京（1 号线、2 号线、3 号线和 10 号线）、广州（1 号线、2 号线和 8 号线）均采用 A 型车标准，其中上海 1 号线、2 号线采用 8A 标准。上述城市分别拥有原上海城市综合交通研究所、南京城市与交通规划设计有限公司、广州市城市交通规划研究所等专业的城市交通规划机构，为地区轨网规划方案的科学性建构提供了充足的智力支撑。此外，不属于本文研究对象的带形城市——深圳，在深圳城市交通规划设计研究中心有限公司等专业机构提供的智力支撑下，已运营的近 300km 线路几乎均采用了 6A 或 8A 标准，体现了深圳规划较强的前瞻性、技巧性与务实性。

可以看出，我国轨道规划设计学界由于对中国都市空间结构缺少深入认知、对大都市区背景和趋势下的交通需求特征缺少正确的研判，在早期规划中提出的车辆标准明显不能满足刚性出行需求，其教训是惨痛的。城市规划学界应该加强大都市区交通需求特征研究，为轨网规划修编提供更有利的依据。

4. 轨网规划范型不断完善

从我国轨道交通规划历程可以看出，轨网规划范型经历了四个主要阶段，自

1980年以来，几乎每10年一个阶段（表3.9）。1980年代轨网规划进入起步阶段，受规划体系不健全影响，这一阶段主要工作是积极借鉴国外范型，关注规划期末布局方案；进入1990年代，开始关注主要客流走廊轨道线路的实施问题，随着总规编制体系的完善，轨网完全依据总规展开规划布局；2000年以来，北京等城市规模急剧扩大，使得轨网关注点开始突破中心城区范围向市域转变，同时开始关注远景方案，在此认知体系下着手远期规划；2010年，大都市区化特征日趋明显，传统总规空间单元主要落脚于中心城区、研究年限为20年等边界条件已不适应大都市区背景下的轨网规划，绝大多数城市开始编制大都市区层面的空间规划，为轨网规划提供依据，轨网规划更加关注大都市区层面的线网布局问题，标志着轨网规划范型进入新的阶段。

国内轨网规划范型与主要编制内容历程分析 **表3.9**

年代	主要特点	与总规关系
1980年代	刚刚起步，借鉴国外经验，关注中心城区，关注规划期末布局方案	依据总规
1990年代	初步探索，关注中心城区，关注近期建设方案和规划期末布局方案	依据总规
2000年代	形成基本编制范型，先发地区关注市域，研究远景方案	依据总规
2010年代	编制范型实现重大突破，关注大都市区层面的远景方案，以及远期实施方案	超越总规

资料来源：作者整理

3.2 主要问题研判

3.2.1 "问题"的认识与界定

对于城市这样的复杂开放巨系统，人类对其认知水平还非常有限，其构成要素的内在关系和演化路径存在较大的模糊性和不确定性，因此在其发展过程中产生的诸多现象，由于缺少判定标准，目前还难以断言为"问题"。作者认为"问题"是一类现象，但现象不一定是"问题"，"问题"是能够通过前期积极干预和调整，使不利影响得到缓解或解决的，若不能通过常规方法和措施进行优化，则这类现象不能称为"问题"。

"问题"的界定存在不同的视角，例如，当前的交通拥堵问题是由诸多原因导致的，对于其致因分析往往是多元的，而致因也是"问题"，但这些"问题"是衍生问题，不是"终极问题"（以人的感知为目标的评价标准）。本文为统一认识，将“问题”锁定在人的使用感知层面，即以是否适合人的需求为主要评价标准，同时考虑环境、经济等边界条件的影响，从这一视角进行“终极问题”的总结，而对于这一“终极问题”的形成原因等则定位为“源头问题”“关联问题”或“致因问题”。

“问题”评判的标尺主要建立在国外先发大都市区当前特征及北京、上海等大都市区现状特征的比较，通过内在机理差异分析，结合中国大都市区自身特色，形成地域化的评定标准。此外，应注意到发达运输水平的形成，是基础设施长期积累和居民不断适应优化的过程，用今天东京等发达都市的水平去衡量北京等发展中大都市区当前运行水平，存在一定的不科学性；而中国都市近年来高运量轨道制式的快速发展又使得同等规模轨网条件下，运能水平差异较大。例如，2015 年的北京轨网规模和 1965 年的东京轨道轨网里程规模可能接近，但是制式差异巨大，可比性亦较差；相对具有可比性的指标应该是中国都市的规模相对稳定的远景指标和发达大都市区相对稳定的当前指标。因此，本文所指的问题主要指规划实施完毕后，轨网形态与大都市区空间基本稳定时，可能出现的轨道运力明显不足、运输服务水平明显偏低等现象，而这些问题通过前期合理的规划和当前政策的适当调整是可以很大程度上避免和改善的。本文即重点研究这类存在较大的优化空间的潜在问题。

3.2.2 “终极问题”的研判

在城市交通主导支撑系统由常规路网向轨网转变、城市空间由中心城区向大都市区转变的背景下，城乡规划学及相关学科对新的交通工具变革带来的空间活动集聚机理研究不够深入，尤其是城市规模急剧扩大、交通运输能力大幅增长、出行活动大幅增长的条件下，大都市区高能级中心的空间选址及规模缺少相对准确的预判，导致对城市总体规划或城市远景规划、大都市区空间规划等没有提出前瞻性和科学性较强的规划建议，使得轨网规划依据不够充分，在规划源头上出现了土地开发强度与交通集散能力不匹配问题，后期逐步演化为都市区中心片区或核心走廊局部片区严重的交通拥挤，主要表现在三个层面。

1. 宏观走廊层面：大都市区主轴线走廊供给与需求不匹配

基于交通干线的轴线空间是我国城市规划的一大特色，几乎所有的城市规划都会提出轴线策略，并给予轴线较高的空间定位。从用地布局性质看，大都以商业类用地为主，例如，西安大都市区规划的沣东新城新轴线、成都大都市区人民路轴线等，部分城市轴线两侧 500m 范围内商业用地比例甚至超过 80%，加之较高的土地开发强度导致了强大的客流需求，通勤高峰时段交通供给能力与需求之间存在明显的不匹配性（图 3.11）。例如，在轨网效应不太明显、换乘站点较少的成都大都市区人民路轴线（1 号线走廊），抑或不成网络、换乘站点仅 3 座的西安大都市区长安路轴线（2 号线走廊），目前高峰时段断面客流已达到 3 万人 /h ；根据轨网运营经验，随着换乘节点的增加，既有线路客流会继续增长，但轨网规划中轴线走廊却大都仅规划 1 条常规地铁线路，远期轨道运营服务水平难以保证。对于网络化程度较高的北京、上海同样面临这一问题，例如，北京大都市区的长安路轴线在地铁 1 号线客流压力持续增长的背景下，在 1 号线走廊的北侧和南侧先后建设了与之基本平行的地铁 6 号线和地铁 7 号线，但与 1 号线相距约 1.7km，分流效果一般，轨道交通运能供给依然严重滞后于实际需求。当前，提出规划建设 R1 快线的方式，试图缓解交通压力，但是由于未提前预留空间通道，R1 建设面临异常复杂的工程技术问题，投资大幅增长，面临搁浅的窘境。

在高强度开发的城市轴线走廊，规划阶段没有预控都市快轨建设空间，将来可能面临大幅增加建设成本的概率。以成都都市快轨 18 号线为例，在早期规划中其起点为火车南站，终点为天府新机场，随着方案研究的更加深入，近期提出

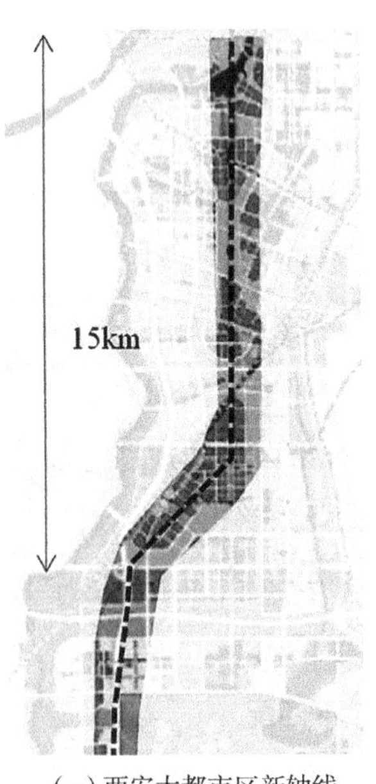

（a）西安大都市区新轴线

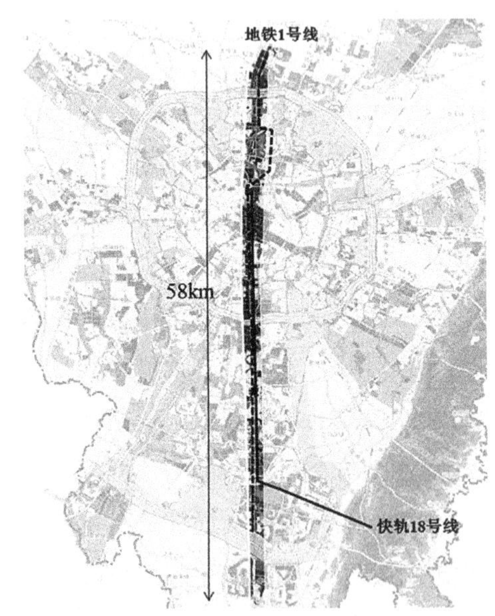

（b）成都大都市区人民路轴线

图 3.11　大都市区轴线轨道沿线用地布局规划

图片来源：根据《大西安新中心中轴线城市设计》《成都市城市总体规划》相关底图绘制

了向北延伸的问题，起点由火车南站延伸至火车北站，由于未提前预留通道，不得不与地铁 1 号线共用通道，而 1 号线目前已建成运营，导致 18 号线北延段埋深将大幅增加，极大地增加了工程造价。

从东京、首尔和巴黎地铁建设的历程看，首期建设的线路往往会成为城市客流主通道；此后，城市发展更加尊重市场规则，在高可达性地区进行空间逐利，在土地开发强度没有得到有效控制的条件下，土地开发会引致更多的客流，即使后期会建设轨道复线，轨道运输服务水平也难以有大幅的提升。以巴黎为例，巴黎地铁首期建成的线路便是沿塞纳河畔的地铁 1 号线，它也是巴黎的传统城市轴线，在强大的客流需求下，1969 年建成与之平行的 RER-A 线，新的轨道线路再次诱发新的交通需求，至 1988 年，RER-A 线高峰小时断面客流达到 5 万人次，1989 年达到 5.5 万人次，客流量快速增长，巴黎运输部门不得不采取改进信号控制系统等措施提升运能，最小运行间隔压缩至 2 分钟。

2. 中观站域层面：都市区中心缺少都市快轨，片区轨道服务水平低

发达都市发展历程证明，都市区极核中心和副中心位置一定在中心城区范围内，且大都邻近几何中心，由于拥有较高的就业密度和较大的人口规模，该区域是大都市区轨道需求最强烈的地区。

由于我国都市对极核中心规模和出行特征没有前瞻性研判，均采用了地铁普线支撑中心发展，线路密度较低，供给能力有限，而又不能大幅增加地铁线路以防止出现运能浪费，导致当前北京、上海等城市的都市区极核中心轨道服务水平低下。以北京为例，国贸、金融街、中关村等都市区中心轨网需求是其他地区的 3 ～ 5 倍，但运力供给却基本接近，导致片区拥挤度明显偏高（图 3.12）。尽管北京等城市在近期修编的轨网规划中，对中心城区尤其是核心区轨网密度再次进行了加密，局部区域达到了 2km/km^2，但是，发展中的都市极核中心在没有对土地开发总量进行总体控制的情况下，轨道新增的供给容量很快被新增的土地开发量诱发的新需求稀释或超越，其重要原因在于与国外极核中心相比，我国传统商业中心和商务中心有着较大的人口规模和较高的人口密度，而轨道运能供给明显滞后于国外大都市区（如通过性轨道线路密度低于国外，没有类似于首末站的轨道端站等原因使得实际运能大幅降低）。

更为严重的是当前绝大多数城市轨网规划结论中都市区能级较高的中心没有规划都市快轨，如西安等城市，而这一刚性需求是客观存在的，如不提前进行空间资源的预留，远期可能面临建设成本大幅增加的可能。例如，北京当前轨网加

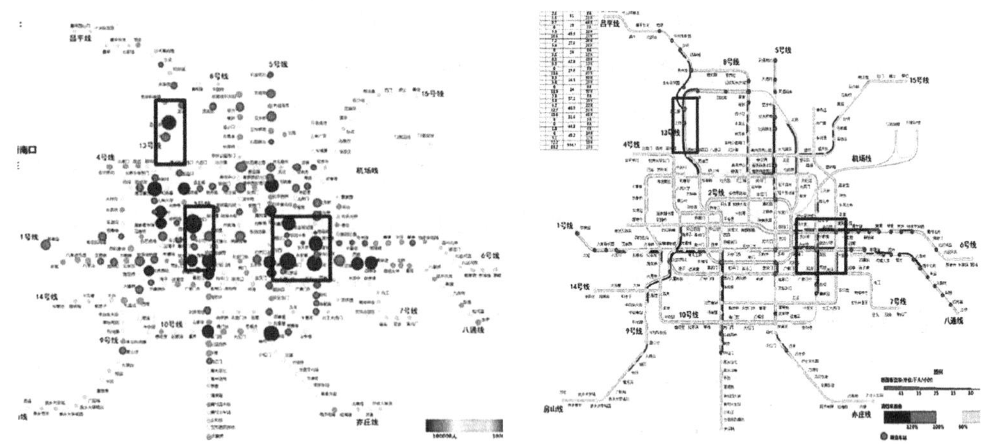

图 3.12　北京中心城区大型客流集散点与轨网拥挤度分析（2016 年）

图片来源：根据李得伟《网络化城市轨道交通客流分析与服务》(2016）相关图片绘制

密线路由于没有提前规划预留空间资源，单位里程建设成本已超过 11 亿 /km[168]。

3. 微观站点层面：局部轨道站点运能供给与实际需求差距较大

以轨网里程超过 500km 的北京和上海为例，由于对高密度都市职住空间分布和客流分布特征缺少深入认识和清晰研判等原因影响，在轨道规划设计中采用了相对保守的规划设计策略（集中体现在线网密度低、人均指标低、列车标准低、站台容量不足等方面），导致现阶段运能供给与实际需求不匹配，轨道服务水平低。例如，上海 1 号线和 2 号线、北京 1 号线、5 号线和 10 号线等诸多线路和站点普遍存在站台容量不足、人行扶梯能力不足、站厅层容量有限等，难以应对高峰短时客流集聚，不得不采取极端的限流措施，而人流量远高于我国的东京新宿（364 万人次 / 天）、池袋（271 万人次 / 天）、涩谷（218 万人次 / 天）等由于采取了站域接驳、分层组织、强化端站等具体策略，使得客流组织井然有序，同等客流集散规模条件下，国内轨道站点几乎难以完成，值得国内轨道设计界深思。

总体来看，由于历史上已建成的轨道线路标准较低，例如国内城市绝大多数采用了 6B 的标准（每列车辆荷载为 1440 人），运输能力比 8A（每列车辆荷载为 2480 人）明显偏低，运力有限且难以扩容。在对土地开发规模不进行控制、交通需求管理政策不到位的情况下，交通需求将继续增长，远期或远景局部站点轨道服务水平较低将持续存在，这是主要问题。

3.3 主要致因分析

上述“终极问题”的出现是由多方面原因导致的，而规划研究和规划编制相关内容不够健全、目标不够科学是重要的原因。本节从空间发展规划、轨道交通线网规划以及两者的协同发展层面进行致因分析。

3.3.1 空间发展规划层面

1. 轨网规划依据不足

1）大都市区居住人口规模变动大

大都市区人口规模特征和分布特征是轨网规划的基本前提，但是受制于政策影响，特大城市普遍采取了总量限制的策略，而实有人口仍在快速增长中。虽然部分学者在理论研究层面敏锐地提出了特大城市进行人口控制无益于城市问题的缓解，且在市场规律作用机制下，不同技能群体人口将持续进入特大城市[67]，但是，受选择性认知和实践障碍影响，这一科学性诊断和相关意见并未纳入城市总体规划，对于拥有广阔人口腹地的特大城市而言，轨网规划只能被动地按偏小的人口规模预留空间设置，加剧了轨网规划结论的不科学性。

2）大都市区中心体系研究不深入

通过对2016年以来获批的或即将上报国务院审批的典型特大城市总规以及大都市区空间规划相关成果的梳理分析，可以将中心体系规划分为以下三种类型（表3.10）：

第一种类型——总规对中心体系没有专题研究，以市域城镇空间结构表征中心体系。由于总规划分为市域和中心城区两个层级，在区域一体化和城乡统筹发展背景下，中心体系大都被表征为市域城镇空间结构，如北京、广州、西安等，其对中心城区范围内中心体系关注少，中心城区大都被看作一个核心（如北京、西安）或两个核心（如广州）予以定位，缺少对中心城区范围内中心体系选址、功能、规模等的深入研究。

第二种类型——对中心体系规划有相对深入的专题研究。这种类型在国内还较少出现，根据调研情况，特大城市中仅上海和杭州等少数城市为此类型。上海对公共活动中心体系进行了专题研究，提出了“中央活动区－城市副中心－地区中心－社区中心”四级体系，其中中央活动区和城市副中心大都位于中心城区

典型大都市区中心体系规划结论梳理　　表 3.10

类型	城市	空间结构	内容概述	规划图
第一类	北京	“一核一主一副、两轴多点一区”（3 级）	“一核”指首都功能核心区，“一主”指中心城区（城六区），“一副”是北京城市副中心，“多点”是顺义等近郊 5 个新城	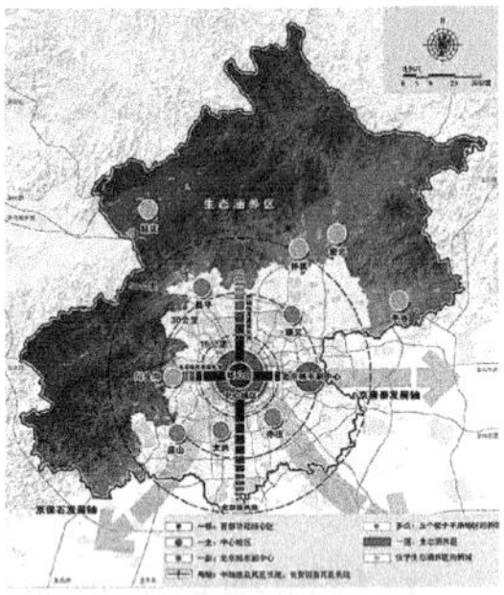
	广州	“两主、六次、多地区”（3 级）	“两主”指北京路传统主中心、珠江新城主中心，“六次”指白云新城、白鹅潭、广州南站、黄埔临港、东部山水新城、南沙明珠湾区。“多地区”包括花都新华、从化街口、增城荔城、萝岗中心区、番禺市桥等	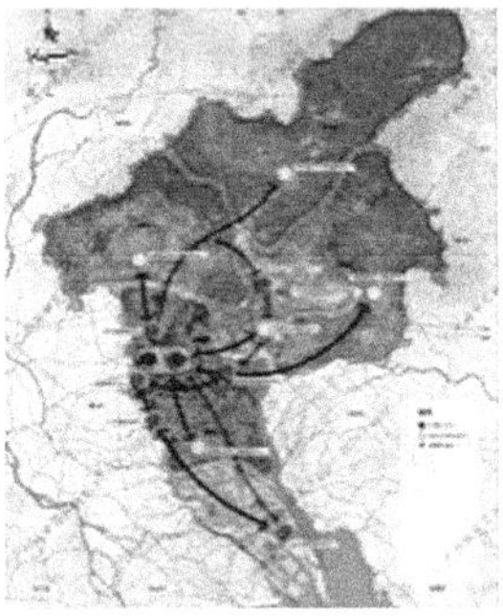
	西安	“一城三副”（2 级）	“一城”是指中心城区，“三副”为阎良－高陵、临潼－蓝田及户县－周至	
第二类	上海	“中央活动区—城市副中心—地区中心—社区中心”（4 级）	规划 9 个主城副中心（江湾—五角场、真如、花木—龙阳路、金桥、张江、宝山、虹桥、闵行、川沙片区），地区中心由 5 个新城中心（嘉定等郊区中心）和 2 个核心镇中心（金山滨海地区、崇明城桥地区）构成	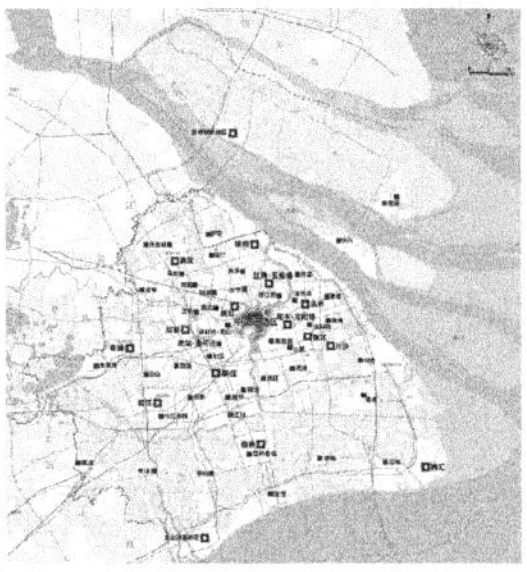
	杭州	“一主、三副、六组团中心”（3 级）	“一主”为主城中心，“三副”为江南城、临平城和下沙城副中心，“六大组团”为余杭组团、良渚组团、瓶窑组团、义蓬组团（大江东新城）、瓜沥组团和临浦组团	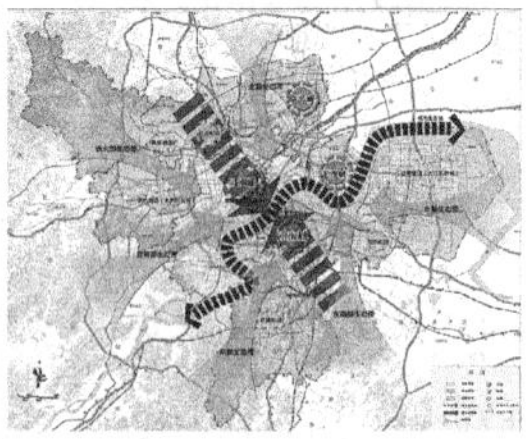

续表

类型	城市	空间结构	内容概述	规划图
第三类	成都	“市级中心—市级综合副中心—市级专业副中心—片区中心”（4级）	2个市级中心是老城中心和天府新中心，3个市级综合副中心分别是大源中心、龙泉驿皇冠湖中心、双流杨柳湖中心，8个市级专业副中心分别是温江等近郊区中心、中心城区武兴、东部新城中心和北部新城中心	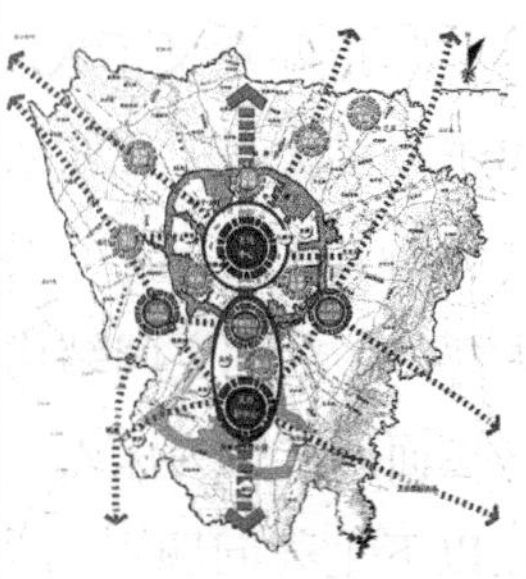
	武汉	“2主3副6组团”（3级）	“2主”：江南主中心、江北主中心，“3副”：四新、鲁巷、杨春湖，“6组团”：近郊区6个组团中心	
	西安＊	“五主、四副、八组团中心”（3级）	“五主”为西安老城主中心、经开区西安新中心、丝路能源经贸主中心、沣东新城中央商务区中心和咸阳中心，“四副”为临潼—蓝田、阎良—高陵、户县—周至、泾河新城副中心，另在近郊区形成若干组团中心	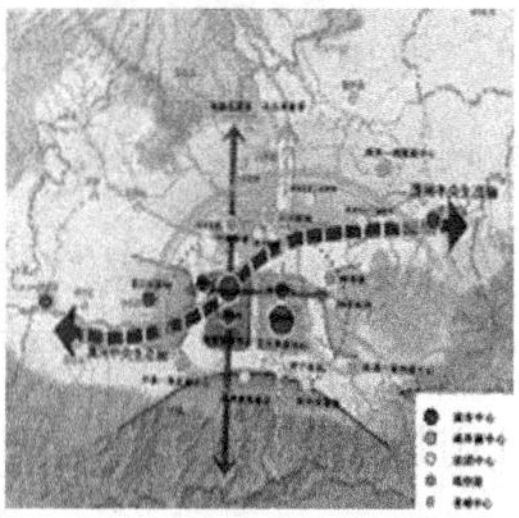
	郑州	“区域—城市—片区”（3级）	4个区域级中心：郑东新区CBD、新郑州站枢纽中心、二七广场商业中心、郑州航空港枢纽中心，7个城市级中心（碧沙岗、紫荆山、龙湖、中原西路市级行政文化中心、航空港片区3个城市级中心，多个片区级中心	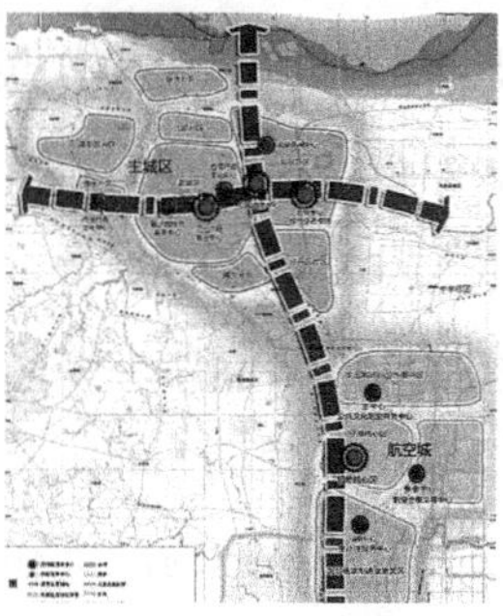

备注：西安＊空间结构基于3900km^{2}的都市密集建设区范围，在中心城区范围内仅确定了两处主中心，上述空间结构提法由作者根据图示提出，与原规划称呼不同

资料来源：根据2016年以来相关城市总规正式成果或阶段性成果、大都市区空间规划等资料整理

范围内，为轨网规划提供了有力的依据。

第三种类型——在都市密集建设区范围内建构了“看似详细”的中心体系，但实际指导意义不大。如成都、西安、郑州等分别在 3900km^2 左右的范围内提出了多层次的中心体系，但存在研究深度不足、划分标准混乱等问题。以成都为例分析其主要问题，成都总规在约 3900km^2 范围内确定的中心体系综合考虑了大都市区远期空间结构，承担了明显的引导城市空间拓展与优化职能，在天府新区层面研究较为深入，但在绕城高速围合的中心城区层面研究深度明显不足，存在以下主要问题：第一，规划的武兴、东部新城中心和北部新城 3 处市级专业副中心，在空间分布上相对均衡，但距离老城核心区距离较远，位于中心城区边缘，交通可达性无明显的优势，自身存在劳动力和市场腹地不足问题，不符合平原城市经过实证验证的“中心地”理论；第二，在中心城区近 600km^2 的范围内仅规划 5 处片区中心，片区中心数量偏少，每处片区中心服务约 150 万人，存在数量偏少的可能；第三，上述各级中心，在规划中对其具体空间位置与范围、开发体量规模等均没有深入研究，职能定位缺少其他支撑要素的关联研究。

城市中心是大都市区空间结构的核心构成，起重要的锚固城市职能作用，是轨网规划考虑的核心节点。当前国内城市主要在总规层面对中心体系进行规划研究，总规城镇体系确定的中心体系大都以行政区、单独的经济单元如经济开发区、高新技术区或设有管委会的产业园区等为落脚单元，与现状格局基本接近，且市域范围与大都市区范围相比大都偏大，对轨网规划指导意义不大；在中心城区层面，对不同等级中心形成的外部条件，尤其是可达性条件研究不深入，规划提出的中心体系基本也是常规路网条件下中心体系的扩大版，没有研判轨网条件下中心体系的变革和演化问题，而中心体系的分布特征、功能构成直接决定了就业人口和访客的出行行为，是轨网规划考虑的核心因素，当前的城市规划为轨网规划提供的依据不够充分，亟待补充。

3）大都市区职住空间分布规律研究不深入

幅员辽阔的国土和各具特色的地域文化，使得中国都市有着明显而有独特的出行特征，受发展阶段影响，科研力量和经费相对充足的东部地区城市，尤其是北京和上海，人文地理和城乡规划学者对其职住空间分布特征、交通出行行为特征等进行了富有成效的研究，为当前轨网规划修编提供了重要的依据。但是绝大多数中西部地区城市并没有展开针对性研究，各自出行行为机理主要依靠定性判断，而定性判断的主体往往不是多学科人员，部分个人观点可能左右了整个规划结论和整体决策。

受多种原因影响，为“取悦于”地方领导和顺利通过规划评审，大量的规划实践报告提出职住平衡策略，且平衡单元范围较小，并依此为规划的前提条件，导致轨网规划里程、站点密度等指标明显偏低，其根本原因在于在较小的空间范围内实现较大比例的职住平衡与城市发展规律是矛盾的。以东京都市圈为例，自1990年代以来，轨道交通里程几乎没有大幅增长，但轨道互联互通等运营管理方面的优化使得单位时耗内出行距离持续增大，在轨道交通的支撑下，东京都市圈职住分离现象仍在加剧，外围地区至区部通勤交通量稳步增长（表3.11），尤其是至都心40km以上的通勤交通量明显增长，而居住和工作均在区部内的比例有所下降[158]。此外，荣朝和与闫星祎（2015）也系统地回顾了1970—2010年东京都市圈的平均通勤时间，发现40年间通勤时耗整体上处于增长态势，近10年来增幅较小，但仍在增长中[159]。

东京都市圈至区部通勤人数比例变化 **表3.11**

年份	1970	1980	1990	2000
＜20km	63.7%	57.3%	51.3%	49.3%
20—30km	21.6%	26.1%	31.8%	34.0%
30—40km	12.2%	11.3%	10.5%	9.9%
40—50km	1.5%	3.2%	3.6%	3.6%
＞50km	1.0%	2.1%	2.8%	3.2%

资料来源：根据《1990年代の東京大都市圏における通勤流動の変化に関するコーホート分析》整理

再以首尔大都市区为例，随着交通网络运能的不断提升，尤其是快捷轨道交通的网络化运营，大都市区居民平均通勤距离明显增长，由1980年的9.1km增长至2012年的10.5km。首尔市就业岗位的增幅明显高于人口增长，就业岗位数与劳动力比值由1980年的1.03增长至1997年的1.15，加之首尔外围地区人口的快速增长，京畿道就业岗位数与劳动力比值由0.92降低为0.84，使得首尔市与京畿道地区之间的交通量大幅增长，首尔市与周边地区交通量占比由1980年的9.8%上升至2012年的16.7%（表3.12），每天从仁川和京畿道至首尔市的通勤人数约50万人[160]。

首尔大都市区不同地域间通勤出行特征分析　　表 3.12

年份	1980	1990	1995	2012
平均通勤距离（km）	9.1	9.8	10.3	10.5
首尔↔首尔（%）	65.3	55.2	45.8	42.0
首尔→仁川、京畿道（%）	3.9	4.6	4.8	16.7
仁川、京畿道→首尔（%）	5.9	10.1	11.1	
仁川、京畿道↔仁川、京畿道（%）	24.9	30.1	38.3	41.3

资料来源：根据首尔市相关统计资料整理

2. 大都市区规划体系不完备

大都市区空间范围开始呈现出突破行政边界的特征，且日趋明显，如北京大都市区之燕郊地区、上海大都市区之昆山地区、广佛大都市区之佛山地区、西安大都市区之咸阳地区，大都市区范围均超过了特大城市自身行政边界，根据国外发达大都市区演化历程，在中心城区地租不断升高、边际负效应日趋明显的背景下，以及快捷轨道交通支撑下，企业和个人在厂址选择、居住地及就业地选址方面向大都市区外围转移是必然趋势，且难以逆转。但当前我国缺少这一层级的规划类型，尤其是缺少跨行政区的大都市区规划类型，受行政壁垒及利益分配等多重因素影响，特大城市在轨网规划阶段缺少行政区之外地区方案的深入研究，这不符合城市经济发展规律，在大都市区进入中后期发展阶段后，"自食苦果"难以避免，如进入中心城区通道不足或建设成本高昂、中心城区轨道站点接驳不便等问题[161]。

3.3.2 轨道交通规划层面

1. 轨网规划技术范型粗糙

对于开放的社会经济系统而言，由于具有难以有效试验仿真，因此对其优化大都采用案例比较、归纳演绎的方式，这要求选择的案例对象与中国都市有较大的类似性，同时还需深入明晰各自差异。对轨网规划而言，当前中国都市规划范型大都忽视了案例城市与中国都市的共性与差异，采用了较为粗糙的类比方法，研究结论科学性令人质疑[162]。主要体现在 4 个方面：

1）忽视了国内外行政区划的差异

中国城市有着更大的行政管辖单元，与国外的"市"范围差异较大，如首尔市面积仅为 605km^2，仅与我国城市总体规划确定的中心城区范围接近；巴黎市仅有 105km^2，行政面积接近我国中心城区的一个区。而我国大量的规划研究，采用了国外市级统计指标与我国行政市相比，由于口径差异巨大，比较结论丧失了科学性。

2）忽视了人口规模和密度分布特征

与国外著名的大都市空间结构相比，我国大都市区在核心区、中心城区及整个大都市区层面，居住人口密度大都高于国外大都市区。从具体数据看，在 25km^2 左右的核心区层面，中国大都市区居住人口密度为 2.5 万～ 3 万人 /km^2，而东京与伦敦分别为 0.8 万人 /km^2 及 0.7 万人 /km^2，巴黎为 2.2 万人 /km^2 左右（表 3.13）；在 600km^2 左右的中心城区层面，中国大都市区居住人口密度为 1.5 万人 /km^2 左右，世界级大都市区除东京为 1.46 万人 /km^2 外，其他大都市区人口密度均为 1 万人 /km^2 左右（表 3.14）；在整个大都市区层面，由于人口分布特征差异较大，因此难以用人均指标等进行横向比较，但是，国内都市轨网密度和人均里程同铁路网络极为发达的东京较为接近，值得反思（表 3.15）。从就业密度看，所选案例中的大都市区除东京部分 CBD 地区就业密度高于我国外，其他地区几乎均低于同等地域单元的我国大都市区。

3）忽视了轨道制式的技术标准

部分城市在类似的空间单元上进行对比分析，但忽视了国外轨道交通的功能定位。例如，部分区域虽然轨网密度较高、人均轨道里程较大，但轨道交通客流

典型大都市区核心区居住人口及轨道线网密度统计分析 [163-166]　　表 3.13

名称	东京	伦敦	巴黎	北京	上海	成都
面积（km^2）	42	27	105	63	28	29
居住人口（万人）	33（2012）	19（2006）	224（2014）	148（2014）	90（2014）	90（2014）
居住密度（万人 /km^2）	0.79	0.7	2.13	2.35	3.21	3.04
出行强度（次 / 天）	—	—	3.61	2.75	2.37	2.65
轨道长度（km）	151（2011）	109（2013）	365（2013）	48（2014）	64（2010）	44.4
线网密度（km/km^2）	3.60	4.04	3.48	1.08	2.28	1.50
万人拥有率（km）	4.56	5.73	1.63	0.32	0.71	0.49

备注：括号内数字为年份，北京为二环内范围，上海为人民广场 3km 范围，成都为一环内范围，成都轨道长度为 2020 年值

资料来源：根据上述城市交通调查及规划等资料整理

典型大都市区中心城区居住人口及轨道线网密度统计分析 [167-169] **表 3.14**

名称	东京	首尔	巴黎	北京	上海	成都
面积（km^2）	622	605	762	667	664	600
居住人口（万人）	906（2013）	990（2015）	650（2014）	1098（2014）	1100（2014）	800（2030）
居住密度（万人 /km^2）	1.46	1.63	0.86	1.65	1.66	1.33
出行强度（次 / 天）	2.87	2.58	3.58	2.75（2014）	2.37（2014）	2.56（2016）
轨道长度（km）	807（2011）	465（2014）	870（2013）	346（2014）	340（2013）	738（2030）
线网密度（km/km^2）	1.30	0.76	1.14	0.32	0.51	1.23
万人拥有率（km）	0.89	0.47	1.32	0.34	0.31	0.95

备注：北京为五环范围内；上海为外环范围内；成都为绕城高速范围内，成都绕城内若按照建设用地面积计算其 2030 年人口密度为 1.86 万人 /km^2；括号内数字为年份

资料来源：根据上述城市交通调查及规划等资料整理

典型大都市区居住人口及轨道线网密度统计分析 [170-180] **表 3.15**

名称	东京	首尔	巴黎	北京	上海	成都
面积（km^2）	13386	11699	12011	10000	10000	12000
居住人口（万人）	3500	2475	1149	2150（2035）	3000（2040）	2500（2050）
居住密度（万人 /km^2）	0.27	0.21	0.10	0.22	0.30	0.21
出行强度（次 / 天）	2.26	2.22	3.51	2.75（2014）	2.37（2014）	2.56（2016）
轨道长度（km）	3200	975	1602	2500	2400	2300
线网密度（km/km^2）	0.25	0.08	0.13	0.25	0.24	0.20
万人拥有率（km/ 万人）	0.91	0.39	1.39	0.86	0.80	0.92

备注：北京大都市区为市域范围中平原地区，上海大都市区为上海市域与太仓、昆山等，成都市域扣除西部部分龙门山地区；国内城市的轨道长度均为远景年，上海大都市区轨网长度在市域总量的基础上增加了近 100km；括号内数字为年份

资料来源：根据上述城市交通调查及规划等资料整理

分担率较低，每日或高峰时段发车频率较低，更多的功能属性类似于我国的对外交通职能，而非城市交通。例如，巴黎大区的市郊铁路（Transilien），拥有里程约 500km，承担的客流仅占巴黎大区轨道客流总量的不足 20%，但却大幅增高了轨网密度 [161]。这一点国内轨道规划设计界大都没有给予重视，将其纳入都市

快轨制式进行粗糙对比，致使部分城市规划的都市快轨线路规模偏大。

4）忽视了内在致因等影响因素

国外发达大都市区拥有较大规模的轨网里程，与其较长的工业化历程和拥有较大规模的铁路网络有较大关系，这一点我国都市几乎难以比拟；此外，这些工业化历程较长的都市在空间组织中形成了依托轨道出行的习惯，而我国轨道发展刚刚进入起步阶段，民意决策基础和社会氛围也差异较大；在出行需求特征上，欧洲国家拥有更多的闲暇时间和出行意愿，例如，巴黎和伦敦等欧洲城市，日均出行次数分别为2.8次/天、3.2次/天，而亚太地区都市这一值大都为2.5次/天左右，出行强度差距较大，但轨网规划大都没有考虑这一需求特征差异。以上诸多原因共同影响了我国都市与国外发达大都市区轨网供给规模和形态布局。对内在逻辑的分析不足是当前轨道规划界的主要问题之一。

2. 审查程序加剧了不科学性

轨道交通系统具有投资高、建设风险大等特征，因此，我国对于轨网规划建设实施严格的中央审批制度，所有城市的轨网规划均需通过国务院审查，2015年之前线网建设规划也均需通过国家发改委审查，2015年之后下放至省市发改委，对已实施首轮建设规划的城市，其后续建设规划不再报国务院审批，但仍由国家发改委会同住建部审批并报国务院备案，而初次申报的城市首轮建设规划仍需报国务院审批。在此过程中，加剧了线网和部分线路方案的非科学性。例如，在线网评审中呈现明显的“羊群效应”特征，中西部地区城市过分地参照了北京和上海的规划结论，京沪在先期发展中的确积累了不少适合中国城市特征的经验，但是对建设运营中出现的教训总结不够，导致其固有认识“大行其道”。例如，对于轨网规模及指标问题，部分学者从遵循大都市区发展规律的角度提出采用万人拥有里程等进行横向比较、中心城区预留都市快轨建设通道等战略性建议，但是受制于多方利益博弈，在规划评审中大都“搁浅”，或快轨线路降低为普通线路，这一“贻害”在后发的中西部地区被广泛地“推广”，将给城市建设带来巨大的工程投资损失；再如，对中国都市高密度特征认知不到位，先期建设的重大客流走廊通道大都采用了6B编组方式，在轨网运营规模不足规划规模1/5的情况下，高峰时段实际服务水平已远超设计定位，如成都1号线、西安2号线等，随着轨网规模的不断增长和城市更新的有序推进，服务水平会继续下降。

轨道交通自下而上严格的审批制有利于国家控制投资风险，但是在具体技术参数和指标上，强大的“标尺效应”却加剧了规划结论的不科学性。例如，轨网总体规模的确定、拟建设线路的工程标准等，部分专家会自觉地与“北京指标”比较，且以“北京指标”为上限，殊不知亦不想实践证明部分“北京指标”是明显偏低的，难以满足中国高密度都市出行需求。但是，受制于当前的审查程序，部分城市提出的科学建议却难以通过上层审查。

3. 都市快轨制式普遍缺失

1）地铁普线承担都市快轨职能效率较低

国内城市大都采用地铁制式联系距离中心区 25km 左右的近郊新城，如北京、上海（图 3.13）等，由于站间距较小，旅行速度在 35km/h 左右，加之不够便捷的起讫点接驳，使得近郊至中心区单程出行时耗大都超过 1.2 小时。大量的城市采取了先期建设地铁线路向两端延伸的方式联系郊区新城，超过 50km 的超长线路大幅出现。由于都市快轨制式的缺失，中心城区两端的近郊之间联系超过 2 小时，与快捷出行目标不相符合。如果说当前基于地铁延伸的方式联系近郊新城是在财力约束条件下的被动选择，是大都市区发展初期采取的最经济高效手段，在规划阶段，没有预留旅行速度超过 45km/h 的都市快轨通道与站点空间条件，则是不够科学的。

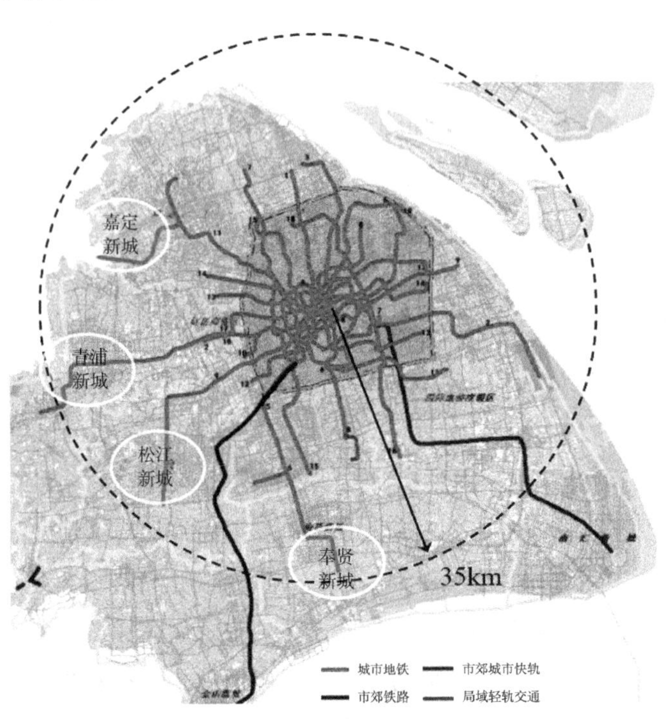

图 3.13 上海通过地铁普线联系近郊新城（2017 年）

图片来源：根据上海市城乡建设和交通发展研究院提供相关底图绘制

2）现阶段都市快轨发展滞后的原因

我国平原型城市空间拓展基本呈现连绵开发的形态，城市建设用地连续紧凑，组团型空间结构较少，使得轨道站间距设置不能大于3km，根据相关规范，真正意义上的都市快轨难以形成[162]；当前，除少数大都市区局部走廊达到30～50km，外围组团与中心城联系较为紧密，具备发展都市快轨条件外，现阶段大部分获批的轨道建设城市，城区最大出行半径一般在20km以内，基于地铁的轨道制式基本满足出行需求。当前出行链整体出行时耗偏长，与两端接驳不方便有较大关系，通过压缩两端接驳时间，可基本满足出行需求，客观上也制约了都市快轨发展。

3）远期发展都市快轨的必要性

在新型城镇化背景下，部分大都市空间结构开始跳出既有的“摊大饼”拓展模式，做大外围新城的规模，既保证了规模效应，又考虑了经济投资效率的可行性，为都市快轨发展提供了空间条件；此外，中心区传统的商业中心和新兴商务中心均面临较为严重的交通拥堵，上述节点与高铁站、机场等快捷联系也需要都市快轨，远期都市快轨的规划建设有较强的必要性。

4）当前都市快轨规划存在的主要问题

当前制约都市快轨发展的最大问题是功能定位不够清晰，地方政府总是期望以最小的投入产出最大的效益。在轨道制式选择上，既希望线路承担地铁普线职能，又希望其旅行速度较快，分离不同出行目的交通流。因此，在绝大多数轨网规划中，大都采取了地铁线路不断延伸的方式连接近郊组团，为提高覆盖率，平均站间距大都在2km以下，不具备都市快轨运营条件。此外，我国部分特大城市规划了较大规模的都市快轨，但形态大都为断点式的放射形形态，基本没有贯穿市区的都市快轨线路，大都市区外围地区至核心区交通组织基本通过地铁系统换乘实现。除少量的大型对外铁路枢纽规划预留都市快轨空间资源外，绝大多数轨道站点基本没有考虑与都市快轨的换乘问题，随着中心城区地铁网络的不断实施，通道缺失制约都市快轨发展的现象将日趋突出，远期都市快轨建设和运营将面临“无地可用”和换乘效率低下等问题。

各界普遍认为我国大都市区需要都市快轨系统，但是对于其功能定位、制式构成、形态布局等均缺少深入研究[173][179][181]，规划学界对其技术指标适应性认识不到位，加之行政干预等因素影响，在法定规划体系中基本没有预留相应空间。从世界轨道发展经验看，都市快轨与城市大型轨道枢纽，如大型铁路站、机场等进行高效衔接是必然趋势，在轨网规划中如不提前科学谋划、预留建设通道，后期将因无通道及场地或建设成本过高而难以实施，影响轨道网络效能的发挥。

3.3.3 两者协同发展层面

1）总规频繁修编导致轨道线路功能定位大幅调整

对城市人口规模增长规律、人口及产业空间分布规律等没有清晰认识，是总规频繁修编的重要原因之一；轨网规划方案也急剧调整，两者协调发展的本底条件不稳定，中微观层面定位及规划策略面临重大不确定性。我国特大城市由于对城市发展规律缺少深入认识，同时受人口调控政策等因素影响，使得绝大多数城市总规确定的人口规模增长率远低于实际情况，总量规模在短期内持续被突破；新增人口大量分布于用地指标相对富足的近郊，出行距离日益延长，使得原轨网规划中构想的通过地铁线路延伸，使其同时具有城市轨道交通和市域快轨双重职能的目标大幅落空。

以上海为例，1999 年总规确定 2020 年外环以内（即中心城区范围）人口为 800 万人、全市 1600 万人，而实际情况是，至 2015 年常住人口规模大幅超过人口预测值，中心城区人口超过 1000 万人、市域人口达到 2400 万；总规确定的外围新城人口规模也急剧增长，人口规模普遍超过预期，是规划值的 2 ～ 3 倍，轨网规划设想目标大都被突破[181]。由于城市规模和空间结构与原总体规划差距较大，原规划同时兼顾市区和市郊双重职能的市域快轨转变地铁普线。例如，原规划的快线 R2 线转变为地铁普线 2 号线，快线 R4 线转变为地铁普线 9 号线，长距离出行的乘客（主要为市中心与郊区之间通行）与市区中短距离出行乘客相互产生影响，使服务品质急剧恶化，运能难以适应不同需求的快速增长。

2）均质化轨网供给与城市空间结构不协调

轨网规划中近似均质的网格化布局形态，没有实现空间组织意图，当前在中心城区范围内，绝大多数城市采用和仿照了 2004 年北京轨网规划策略，在较大的空间尺度上，轨网密度指标级差不明显，近似均质化的轨网与就业空间人口分布规模和密度不匹配，尤其是大都市区中心片区缺少都市快轨，轨网支撑能力与规划中心体系不匹配。网格化的轨网布局形态形成了更多的换乘节点，覆盖了更多的区域，但是在高密度客流集散地带，看似较高的轨网密度与人均需求仍然有较大差距，高峰时段轨道服务水平仍然较低。

以北京为例，在2015年，2004年轨网规划基本实施完毕时，国贸、金融街和中关村轨网供给能力严重滞后于实际需求，根据北京城市规划设计研究院的统计资料，国贸、金融街、中关村三个中心用地面积分别为3.86km^2、1.16km^{2}和0.96km^2，就业岗位分别为60万、16万和9万个，就业密度15.5万个/km^2、13.7万个/km^{2}和9.3万个/km^2（表3.16），无论是就业岗位规模还是密度均处于较高的水平。而周边轨道线路分别为4条（1、6、10、14号线）、3条（1、2、6号线）和2条（4、10号线）（图3.14），根据车辆标准和编组形式，即使发车频率均达到2分钟，假定每个站点轨道冗余供给占运能的50%，每个中心均有50%的就业人口通过轨道集散，则在高峰时段国贸轨道供给缺口仍有11万人/h，至少仍需要两条轨道线路通过。

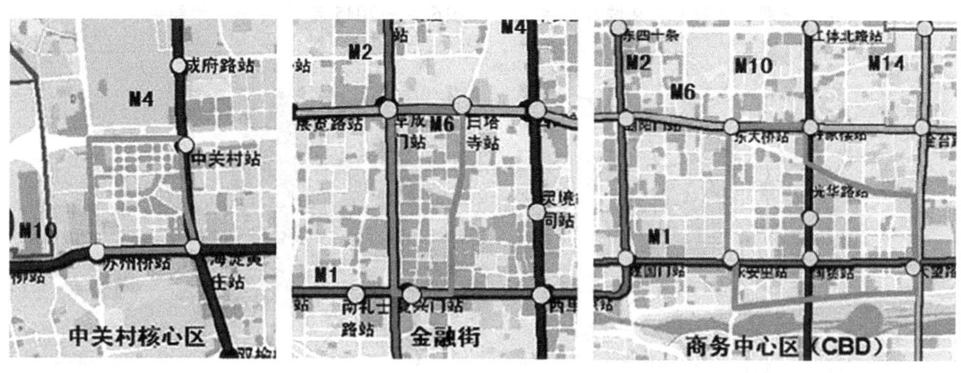

图3.14　北京三个商务中心轨网布局

图片来源：北京市城市规划设计研究院

北京三个大都市区中心主要参数　　　　**表3.16**

名称	规模（km^2）	建筑面积（万m^2）	毛容积率	就业人口（万人）	就业密度（万个/km^2）	轨道线路（条）	车站数量（座）	站点密度（座/km^2）
国贸	3.86	1074	2.8	60	15.5	4	5	1.3
金融街	1.16	268	2.3	16	13.7	3	3	1.2
中关村	0.96	153	1.6	9	9.3	2	3	1.5

资料来源：根据北京市城市规划设计研究院相关资料与高德地图整理

面对较大的刚性需求缺口，北京在2015年以来的轨网修编中不得不大幅增加中心城区尤其是上述核心区轨网密度（图3.15和图3.16），以支撑中心体系可持续发展[184]。与中国都市中心城区轨网规划密度级差不明显相比，东京区部（图3.17）、首尔市（图3.18）则呈现了明显的级差特征，尤其是在都心片区、汉

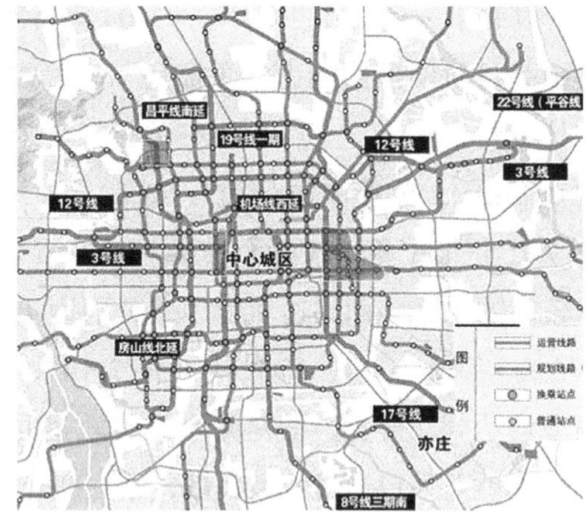

图 3.15　2015 年北京轨道运营图　　**图 3.16　北京规划开通线路图（至 2022 年）**

图片来源：根据《北京城市总体规划（2016 年—2035 年）》相关图纸绘制

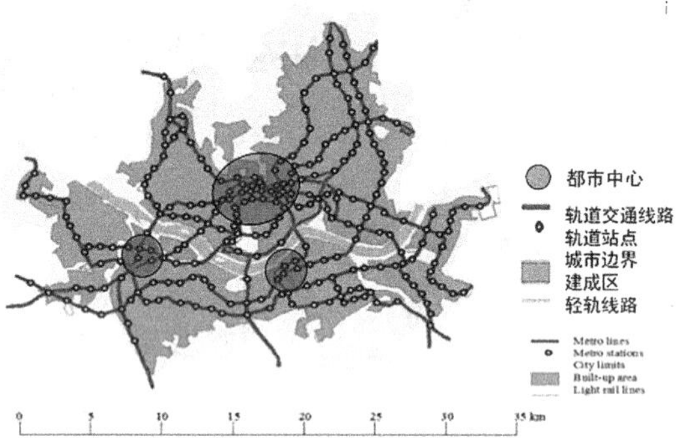

图 3.17　东京都市圈中心与轨网密度分析　　**图 3.18　首尔大都市区中心与轨网密度分析**

图片来源：图 3.17 根据百度图片绘制，图 3.18 根据 *Labor markets，Urban Structures and Transport*[185]（*2012*）绘制

阳都城片区形成了高密度的轨网格局，其轨道站点密度分别为 3.6 座 /km^2 和 3.9 座 /km^2，且均有轨道端站和邻近端站，在同等线网规模条件下，可为中心片区提供更充分的运能，有力地支撑了中心体系发展，实现了与大都市区空间的协同发展[115]。

3.4 小结

通过对国内典型团状大都市区轨道交通规划历程、发展历程和当前运营特征的梳理，发现在近似的年限内，人口规模接近的城市在轨网规划目标、建设时序、轨道交通与土地空间不协同等方面呈现出高度趋同的现象，存在典型的“羊群效应”特征，本文归纳普遍性问题和探求普适性模式有较强的必要性。

社会经济系统“问题”的研判是较为困难的，本章从人的出行感知视角出发，将远期或远景城市轨道交通线网规划方案实施完毕后，局部地段轨道服务水平仍大幅超过正常接受值，定义为“终极问题”。以国外发达大都市区轨道交通与土地空间演进历程中呈现的普遍规律为判定标杆，将可能存在的“终极问题”归纳为三个方面：宏观层面为传统城市轴线走廊交通需求旺盛，在对土地开发强度不进行有效控制的条件下，远期（景）面临轨道供给与需求严重不匹配的可能；中观层面为都市区中心片区，尤其是都市区极核中心和部分高等级副中心，当前若不进行轨道建设路由空间的预留，远期也面临轨道服务水平偏低的可能；微观层面主要体现在局部轨道站点客流集散能力不足等方面。

重点从空间发展规划、轨网规划以及两类规划的不协同三个视角分析了导致“终极问题”产生的核心致因：第一个层面主要体现在空间发展规划主要结论研究不到位导致轨网规划依据不充分，如大都市区人口规模、中心体系分布与规模特征、职住空间演化趋势等；第二个层面主要体现在轨网规划自身存在的编制不够科学、审批程序过分“死板”、都市快轨制式普遍缺失等问题；第三个层面主要体现在总规频繁修编导致轨网急剧调整，部分轨道线路功能大幅调整，与规划初衷不一致、不匹配现象加剧；此外，轨网规划形态过分的均质化，与空间结构和实际需求不匹配等问题也较为明显。

4

国外典型大都市区空间结构演进规律与模式解析

对于复杂开放的城市系统，在系统运行机理及致因识别方面，类比分析是重要的方法，针对具有类似属性的系统进行全面而又准确地类比分析，总结发达城市演化历程和改进对策，是后发地区城市系统功效提升的主要方法和手段[166-168]。本章即采用类似案例比较的方法，归纳发达大都市区——东京都市圈、首尔大都市区和巴黎大区的职住空间演进历程及主要特征，同时加强关联分析，在特定时空范围内，对采用的土地空间、轨道交通优化策略进行立体多维分析，以期找到适合中国大都市区的空间优化策略。

4.1 类似大都市区案例的选择

世界上不同地区的城市受不同的地形地貌条件、土地制度、政府与市场体制、交通运输技术等因素影响，在不同历史条件下选择了不同类型的交通发展模式，公共交通特征明显的大都市区其轨道制式构成和里程规模也存在较大差异。为更好地总结发达大都市区轨道交通与土地空间相互影响的关系，选择与中国都市空间结构较为接近的东京都市圈、首尔大都市区与巴黎大区三个案例进行深入分析，三个大都市区均为发达的经济体，在交通模式和组织绩效方面存在明显的出行优势，是我国团状大都市区借鉴的主要案例对象。

4.1.1 案例的典型性

1. 社会经济的先发性

选择的案例与研究对象的近似程度很大程度上影响着研究结论，从方法论角度看，对于大都市区运行组织特征的总结、机理的研判和经验的借鉴，应选择先发地区而非发展中地区和后发地区，同时考虑其复杂性、大尺度、系统性等典型特征，从这些角度看，中国香港、新加坡等城市虽然较为发达，但是其人口规模、空间尺度、地形地貌等与中国内地大多数团状大都市区相差甚远，而不同规模等级的城市系统资源配置、运行机理大相径庭，在宏观层面可借鉴性意义不大。作为先发地区的东京都市圈、首尔大都市区、巴黎大区与中国内地团状大都市区空间结构较为接近，且社会经济发展水平较高，可作为案例分析的主要对象；同时，考虑三个大都市区的规模差异、地理区位、地形地貌、产业结构、政府管治等差异性。具体来看，2014 年，东京都市圈、首尔大都市区和巴黎大区人均 GDP 分别为 3.8 万美元、2.8 万美元和 4.8 万美元，处于较高的水平；此外，三个大都市区城镇化率均在 85% 左右，也处于较高的发展阶段。

2. 交通模式的接近性

本文研究的核心内容是轨道交通与大都市区空间的协同发展问题，涉及土地和交通两个层面，而交通模式是各个大都市区综合考虑城市规模、经济发展水平、地形地貌、城市形态、公共政策等因素，政府引导和社会自我选择的结果。中国都市普遍拥有人口规模大、密度高的特征，研究这类都市空间演化规律和优化策略，要求案例城市交通模式必须以公共交通为主导，东京、首尔和巴黎三个大都市区在中心城区和都市密集建设区层面均拥有较高的公交分担率，交通模式同我国城市较为接近。具体来看，在 600km^2 左右的中心城区范围内，在不计步行的前提下，首尔市公交出行比例为 63%（按照全方式计算，该值在 55% 左右）；在全方式交通结构中，东京都区部和巴黎近郊分别为 51%（2008 年）、33%（2010 年），处于较高的水平（表 4.1）。整体来看，人口密度越高，公共交通分担率越高，出行方式越集约 [145]。

中心城区交通出行结构（%） 　　　　**表 4.1**

城市	人口（万人）	面积（km^2）	年份	公共交通	私家车	步行	非机动车	合计
东京区部	880	622	2009	51	12	23	14	100
首尔市	990	605	2014	66+（7）	23	—	4	100
巴黎近郊	650	762	2010	33	35	25	7	100
伦敦大区	780	1579	2011	27	41	30	2	100

备注：首尔市出行方式中不包括步行，若将步行计入，各方式分担率略有下降

资料来源：根据上述大都市区交通调查资料整理

3. 组织绩效的优越性

中心城区（一般在 600km^2 左右）范围内的出行总量占大都市区出行量的比例尽量高，中心城区与郊区之间的交通量尽量低，郊区内部出行比例尽量高，这种“区内高、跨区低”的出行模式是职住均衡的直接体现形式。

由于三个大都市区有着不同的人口规模，因此，单一的划定 600km^2 左右的

中心城区进行出行量比较有一定的不科学性（表 4.2），应根据不同层次人口系数进行修订。以东京为标准，中心城区占大都市区人口比例为 1/4，按此比例划定巴黎中心城面积应该在 300km^2 左右。根据 2001 年巴黎大区的调查结论，巴黎市（105km^2）内部交通比例为 13%，巴黎市与近郊区交通比例为 12%，巴黎市与远郊区交通比例为 4.9%，根据近郊区（657km^2）人口分布特征，按照最不利原则，估计近郊 200km^2 范围内内部出行比例占近郊总量的 50%；在 300km^2 范围内，内部出行比例则为 21.5% 左右。采用类似原理，以首尔大都市区人口与东京都市圈人口比例对首尔市内部出行比例进行修订，可得首尔市内部出行比例为 30% 左右。由此可以看出，首尔大都市区在中心城区层面，职住均衡程度较高，远高于同等地域规模的东京和巴黎（表 4.3），这与首尔市对外轨道交通线路明显低于东京和巴黎有较大关系。

三个大都市区不同地域间交通量比例统计　　表 4.2

名称	中心城区↔中心城区	中心城区↔郊区	郊区↔郊区
东京都市圈	22.2%	16.7%	61.1%
首尔大都市区	42.0%	16.7%	41.2%
巴黎大区	48.7%	13.4%	37.8%

备注：上述中心城区，东京都市圈指区部范围（622km^2），首尔大都市区为首尔市（605km^2），巴黎大区为巴黎市（105km^2）

资料来源：根据上述大都市区交通调查资料整理

三个大都市区类似中国中心城区空间尺度交通量比例统计（按照人口比例折算）　表 4.3

名称	中心城区↔中心城区	中心城区↔郊区	郊区↔郊区
东京都市圈	22.2%	16.7%	61.1%
首尔大都市区	30.0%	70.0%	
巴黎大区	21.5%	78.5%	

备注：上述中心城区范围，东京都市圈指区部范围；首尔大都市区为首尔市 70% 范围；巴黎大区为巴黎市与外围三省的少部分区域，约 300km^2

资料来源：根据上述大都市区交通调查资料整理

4. 主要指标分析

三个大都市区在城市规模方面有着明显的差别，巴黎大区同我国的大多数省会形成的大都市区规划人口规模接近，如西安、郑州、武汉、南京等，首尔大都市区同我国北京、上海、广州、成都等大都市区规划人口规模接近。此外，三个大都市区在城市形态外在特征以及较强的中央集权特征等方面与我国大都市区有着高度接近性（表 4.4）。以这三个大都市区为例，展开大都市区空间结构演化规律及动力机制、优化策略研究，有利于归纳都市发展的普遍规律，也有利于归纳差异特征，提出针对性建议。

选择案例主要指标分析 **表 4.4**

项目	东京都市圈	首尔大都市区	巴黎大区
地形特征	区部与横滨市、埼玉县南部等以平原为主，多摩片区为山地	首尔市区以平原为主，其他区域为山地或浅丘	巴黎市基本为平原，近郊区和远郊区为平原和浅丘
城市规模（万人）	3500	2500	1200
经济水平（万美元 / 人）	3.8	2.8	4.8
城市形态	团状 + 走廊	团状 + 组团	团状 + 走廊
交通模式	轨道主导，区部公共交通分担率为 51%（2009 年）	轨道主导，首尔市公共交通分担率为 63%（2014 年）	轨道与小汽车并重，巴黎近郊公共交通分担率为 35%（2010 年）
行政组织	集权 + 自治	集权 + 自治	集权 + 自治
组织绩效	次优，主要表现为跨区交通量大，公共交通分担率高	最优，主要表现为跨区交通量低，公共交通分担率高	最优，主要表现为跨区交通量低，公共交通分担率中等

备注：东京都市圈经济水平为东京都统计值。交通模式主要针对中心城区分析，东京、首尔、巴黎小汽车分担率分别为 12%、23% 和 35%。

资料来源：作者根据相关资料整理

4.1.2 人口规模特征

1. 东京都市圈

1）地域构成与地形地貌特征

东京都市圈（不同于首都都市圈）以东京站为中心，建成区主要集中在半径 50 ～ 70km 的范围内，行政区主要包括东京都、埼玉县、千叶县、神奈川县以及茨城县南部的部分地区，总面积约 1.3 万 km^2，占全国面积的 3.5%；2015 年，东京都市圈拥有人口 3562 万人，占全国人口的 27.8%；从地形地貌特征看，东京区部与神奈川县东部、埼玉县南部等以平原为主，多摩片区、千叶县东部等地区为山地，大都市区建设用地布局受东京湾影响较大，建设用地主要集中布局在距离东京站约 30km 的范围内。

2）居住人口现状分布特征

东京都市圈一般划分为都心三区、区部、东京都和 50km 通勤圈 4 个空间层次（表 4.5），其中，都心三区由中央区、千代田区和港区构成，虽然居住人口密度低于整个区部，但是商业、商务类用地比例高且开发强度大，致使这一区域白天人流密度最高；区部范围同我国特大城市中心城区范围接近，居住人口密度为 1.5 万人 /km^2；东京都为行政区概念，主要由区部 23 个区和多摩地区构成；各个分区主要范围与人口指标如表 4.5 所示。

东京都市圈空间地域划分 **表 4.5**

区域	长轴半径（km）	范围	面积（km^2）	人口（万人）	居住人口密度（万人 /km^2）
都心三区	–	中央区、千代田区、港区	42	37	0.89
区部	15	23 区	622	906	1.46
东京都	30	23 区、多摩	2189	1329	0.61
都市圈	50	东京都及神奈川县、埼玉县、千叶县、茨城南部区域	13368	3562	0.27

备注：上述人口数据均为 2015 年统计值

资料来源：根据 Tokyo’s history，geography，and population 等资料整理

东京都市圈居住人口密度同其他团状大都市区类似，呈现明显的圈层特征（图 4.1）。区部人口密度最高，达到 1.46 万人 /km^2，随着距离东京站距离的增长，人口密度逐渐下降，但下降幅度较小，在 50km 的通勤圈范围内，建成区居住人口密度大都在 5000 人 /km^2 以上。

东京都区部 23 个区中，山手线附近地区居住人口密度大都在 1.5 万～2 万人 /km^2 之间，是整个东京都市圈人口密度最高的区域，这一区间范围约 235km^2，占区部范围的 37.8%[169]；区部居住人口密度分布如图 4.2 所示，可以看出居住人口密度呈现自内向外先升后降的特征，其主要原因在于核心区受级差地租影响，用地业态以商业、商务、行政办公等为主[170]，导致居住类用地比例偏低，人口规模和密度降低。

2. 首尔大都市区

1）地域构成与地形地貌特征

首尔大都市区，又称之为首都圈（The Seoul Capital Area），包含首尔特别市（605km^2）、京畿道（10136km^2）、仁川广域市（958km^2）及相应的周边地区，行

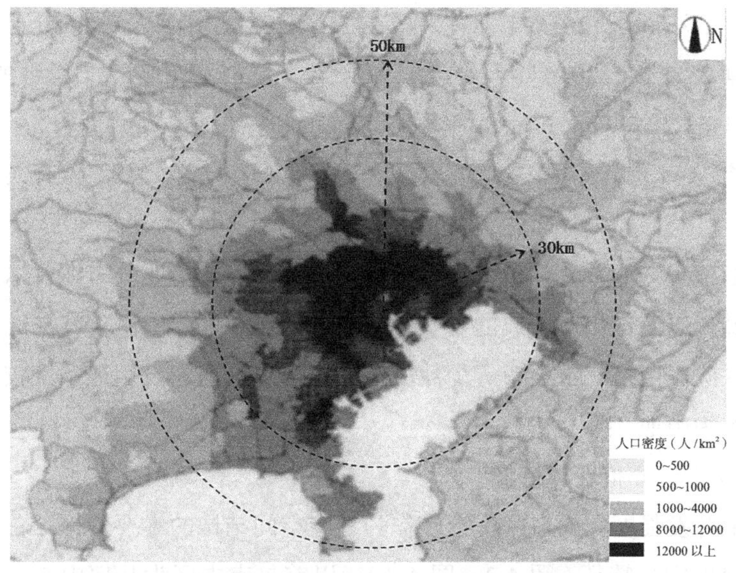

图 4.1　东京都市圈居住人口密度分布图

图片来源：作者根据《2012 年东京大都市圈交通统计调查结果》绘制

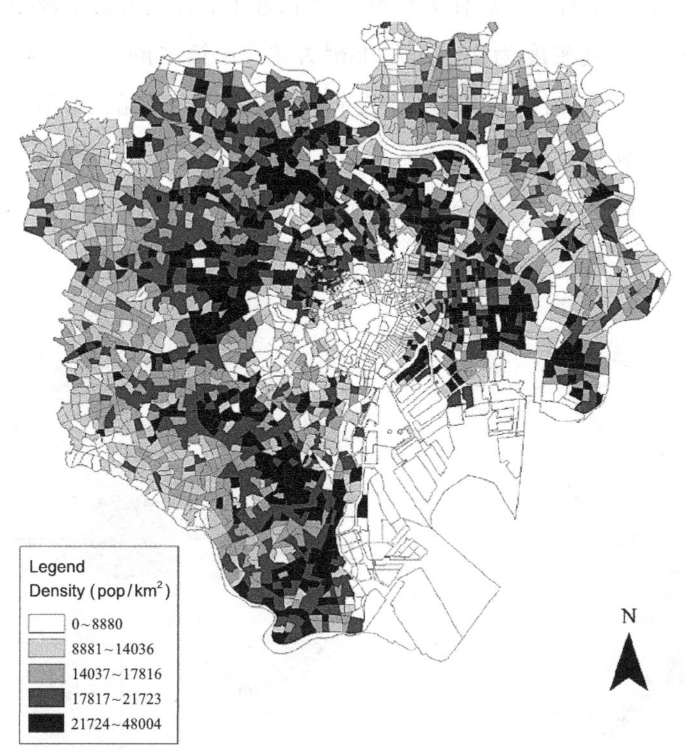

图 4.2　东京都 23 区居住人口密度分布图（2011 年）

图片来源：Calimente J. Rail integrated communities in Tokyo. Journal of Transport & Land Use，2012，5（1）：19-32

政总面积 1.1 万 km^2，2016 年拥有人口 2475 万人，占韩国人口的 50.8%。其中，首尔市下辖 25 个区，2016 年人口数为 990 万人，占大都市区人口总数的近一半，人口密度 1.63 万人 /km^2；京畿道环绕首尔市和仁川市，由 27 个市、4 个郡组成，2016 年人口为 1297 万人；仁川市由 2 郡、8 区构成，2016 年有人口 285 万人 [171-175]。

从地形地貌特征看，首尔大都市区平原和浅丘用地主要分布在首尔市汉江南北两岸区域，以及仁川市下属的各个区，如东区、中区、南区、富平区等，整个京畿道地区除城南市、水原市等少数城市和部分走廊内建设用地条件较好外，其他区域基本为山地（图 5.3）。

2）居住人口分布现状特征

以土地开发强度和人口密度指标作为划定空间结构的主要依据，首尔大都市区呈现明显的圈层特征（图 4.3、图 4.4）。以首尔市中区为几何中心，第一圈层为等效半径 15km 左右的高密度开发区，基本与首尔市区面积吻合，这一区域内可建设用地基本开发殆尽，居住人口密度达到近 1.7 万人 /km^2（若扣除山体、河流等非建设用地，其密度为 2.5 万人 /km^2 左右）；第二圈层为半径 16 ～ 35km 的中高密度开发区，以仁川市下属的 8 个区、京畿道下属的 20 余个市（几乎包括了除涟川郡、抱川市、加平郡、杨平郡、骊州郡、平泽市和安城市之外的所有区域）为主要构成部分，与第一圈层明显的连绵开发特征差别较大，第二圈层内

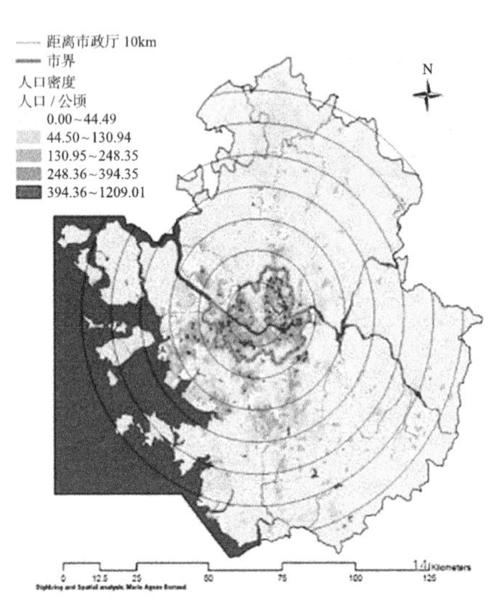

图 4.3　首尔大都市区居住人口密度分布

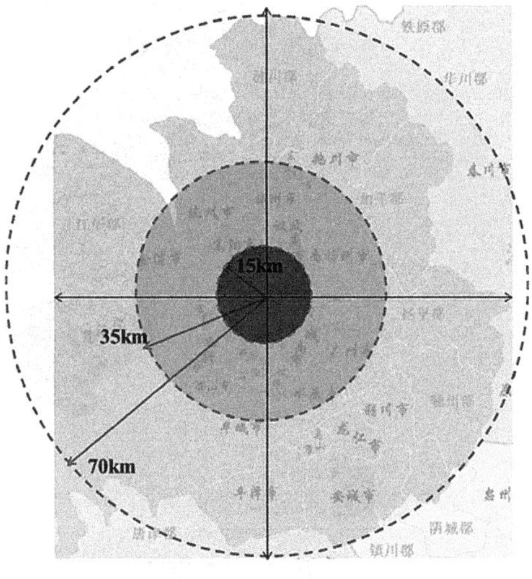

图 4.4　首尔大都市区圈层结构划分

图片来源：图 4.3 来自 Bertaud（2012）[165]，图 4.4 作者根据首尔大都市区行政底图绘制

用地受地形限制和国土开发计划影响，建设用地分布呈现明显的走廊或组团特征，在这一圈层范围内，若以建设用地面积计算居住人口密度，其值在 1.2 万人 /km^2 左右（图 4.5）；第三圈层为京畿道和仁川市外围地区，距离首尔市几何中心约 36 ～ 70km，该区域绝大部分区域为限制开发区域 [176-179]。

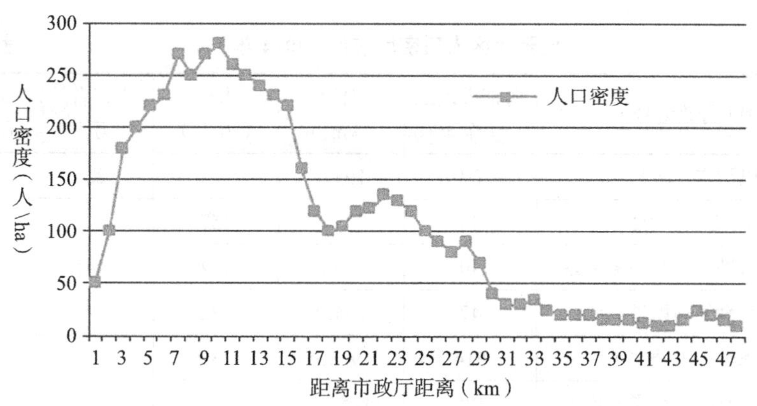

图 4.5　首尔大都市区人口密度分布特征

图片来源：作者基于文献 [165] 绘制

由于首尔大都市区由三个行政等级相同的市、道构成，居住人口密度形成了以首尔和仁川为中心的“双高”特征，这与中国大都市区有较大差别，中国大都市区地域构成大都以单一行政市为构成主体，少量大都市区如西安—咸阳、广州—佛山等跨界两个较高级别的行政城市，但是大都市区核心载体人口（如西安、广州）密度明显高于“副载体”（如咸阳、佛山）与其他区域，密度分布存在典型的“内高外低”特征。

3. 巴黎大区

1）地域构成与地形地貌特征

巴黎大区（又称法兰西岛）位于法国北部，是法国 22 个大区之一，由巴黎市和近郊区的上塞纳、塞纳—圣但尼、瓦尔德马恩以及远郊区的埃松、塞纳—马恩、瓦尔德瓦兹和伊夫林等 7 省组成，总面积达 1.2 万 km^2，2015 年人口约为 1200 万人 [180-182]。巴黎大区范围内水域、城市化区域、林地和自然地区、农地占比分别为 1%、21%、28%、50%，其中，建成区范围主要在离市中心 30km 的半径范围内。

2）居住人口分布现状特征

巴黎大区居住人口分布呈现明显的圈层特征，自巴黎市区由内向外，居住人口密度大幅降低（表 4.6、图 4.6），其中，巴黎市区人口密度达到 2.1 万人 /km^2，近郊区密度为 0.67 万人 /km^2，远郊区为 0.05 万人 /km^2。

若按照建成区面积进行计算，不同行政区居住人口密度均有所提升，具体来看，在巴黎市区范围内（半径约 5km）居住人口密度大都超过了 2.5 万人 /km^2，

巴黎大区人口密度统计（2014 年） **表 4.6**

范围（行政编号）		所辖市镇区（个）	面积（km^2）	人口（万人）	人口合计（万人）	人口密度（人 /km^2）
中心区	巴黎市（75）	22	105.3	224	224	21333
近郊三省	上塞纳省（92）	36	175.6	157	441	6732
	塞纳—圣但尼省（93）	40	236.8	152		
	瓦勒德马恩省（94）	47	244.9	132		
远郊四省	塞纳—马恩省（77）	514	5928.0	132	510	451
	瓦勒德瓦兹省（95）	185	1253.1	117		
	伊夫林省（78）	282	2306.1	140		
	埃松省（91）	196	1822.6	121		
巴黎大区		1322	12072.4	1175	1175	973

资料来源：根据法国国家经济研究统计局（INSEE）、Recensement de la population 2010 - Limites territoriales au 1er janvier 2012 等资料整理

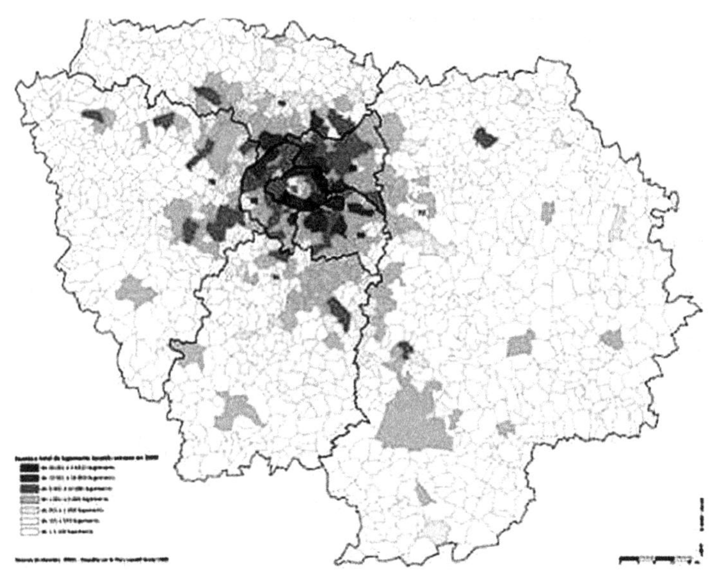

图 4.6 巴黎大区人口密度分布图

图片来源：法国国土开发与城市规划研究院

随着离核心区距离的增加，人口密度急剧下降，至 8km 处，人口密度下降至 1 万人 /km^2，10～22km 范围内人口密度基本维持在 0.5～0.8 万人 /km^2 之间（图 4.7）。

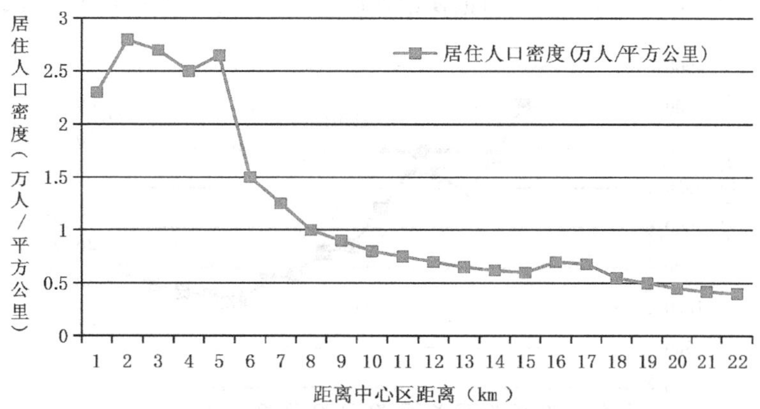

图 4.7　巴黎大区建成区不同地域居住人口密度分布（2014 年）

图片来源：根据 http：//alainbertaud.com/ 绘制

4.2 大都市区职住空间演进规律

大都市区交通组织难度较大，主要原因在于人口总体规模大和局部地区密度高，两者形成叠加效应；而在中微观层面，交通组织难度最大的区域主要集中在高等级中心片区。因此，研究国外大都市区人口规模与分布特征、就业岗位与分布特征以及中心体系分布规律显得尤为重要，本节对上述内容进行深入分析。

4.2.1 居住人口

1. 人口规模演进规律

三个国外大都市区均采取了较为严格的人口控制措施，但是大都市区人口总量始终处于不断增长中。以首尔大都市区为例，尽管在 1960 年韩国即明确了国土均衡发展的目标，认识到有必要将城市化地区引导至区域进行均衡发展，并在 1963 年颁布的《国土建设综合规划法》中予以明确，在后续的多轮《国土综合开发规划》和《首都圈整备规划》中也予以贯穿和强化，但是，首尔大都市区极化发展的趋势并没有发生改变，大都市区人口占全国的比重持续升高，当前在韩国城镇化率达到 90% 的背景下，首尔大都市区人口仍在增长。

东京与巴黎城镇化历程较长，自 1900 年起，大都市区人口总量即超过 300 万人，在 100 多年的发展历程中，除第二次世界大战导致人口下降外，其他时间段人口均处于增长阶段，尤其是在 1950—1980 年期间，人口均有大幅增长 [183]、[184]，进入 21 世纪以来，大都市区人口增速虽然放缓，但总量仍在增长中（图 4.8）。由

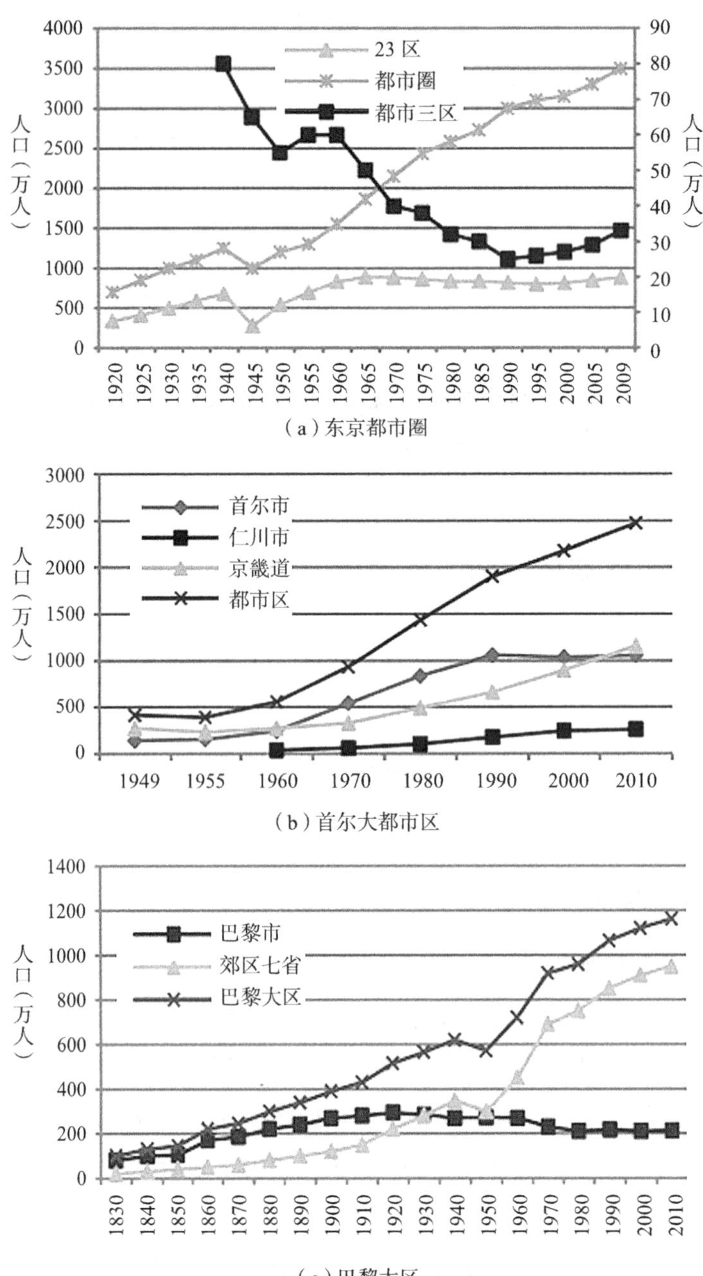

（a）东京都市圈

（b）首尔大都市区

（c）巴黎大区

图 4.8　三个大都市区不同地域人口变化情况统计分析

图片来源：根据东京都统计年鉴、首尔市政府人口统计资料与维基百科等资料绘制

此可以看出，在大都市区发展初期和中期，集聚带来的正效应远远大于负效应，人口集聚趋势是难以逆转的，这一时期试图采取均衡发展策略往往是徒劳的、低效的。

2. 人口密度分布演进规律

从三个大都市区不同地域人口变化情况看，居住人口密度曲线由之前的“负指数型”逐步向非规则的“倒U型”转变，随着距离核心区距离的增长，人口密度值先升后降，在距离核心区 d_2 位置处达到最高值（图 4.9），在核心区至 d_2 范围内，人口密度由 3 万～ 10 万人 /km^2 逐步调整为 1 万～ 2 万人 /km^2，在居住人口密度下降的同时，就业岗位密度大幅增长，且密度值增幅远高于居住。自 d_2 处至近郊区，人口密度基本呈现连续下降特征。

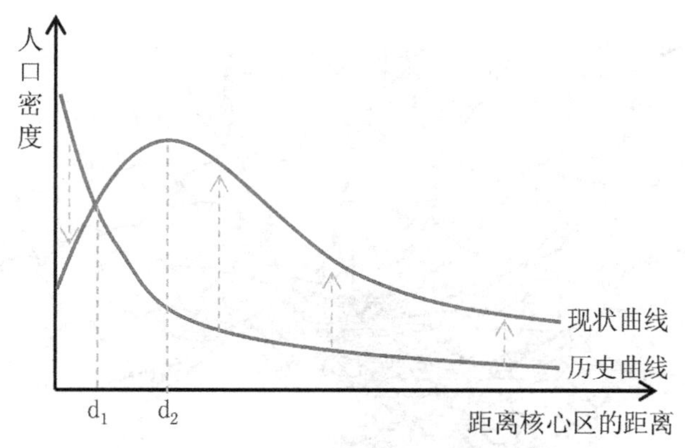

图 4.9　大都市区不同地域人口密度变化情况

图片来源：作者绘制

3. 人口分布与轨道形态高度契合

自第二次世界大战结束后，东京都市圈和巴黎大区人口快速增长，首尔大都市区自 20 世纪 60 年代以来，也开始快速增长，从近 60 年的建成区与轨道网络布局形态看，自 20 世纪 60 年代郊区化特征更加明显后，建成区依托轨道线路发展的特征也更加明显，尤其是对于拥有较大里程规模的东京都市圈和巴黎大区而言，其新增人口集聚状态与都市快轨关系密切[185-187]。以东京都市圈为例，自 1950 年以来，在区部外围不断形成轴带空间形态，随着内部圈层不断连绵外延，依托轨道线路的轴带形态也逐步外延（图 4.10）[188-192]。

从具体的统计资料看，以广义的轨道交通站点 1.5km 范围内的站域为统计单元，在 1995—2005 年期间，东京都市圈 50km 地域范围内，拥有轨道站点的

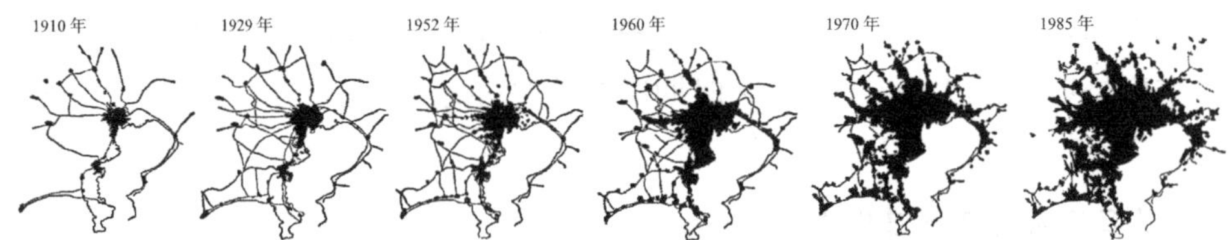

图 4.10　东京都市圈轨道网络与建成区形态关系

图片来源：都市计画教育研究会（1994）

地域人口增长率大幅超过没有轨道站点的地域（图 4.11），在拥有轨道站点的地域范围内，大都增长了 1000 人以上，都市圈西南侧的神奈川地域，尤其是川崎市至厚木市交通走廊及周边地区，由于拥有更高的轨网密度，其人口增幅明显超过其他地区。

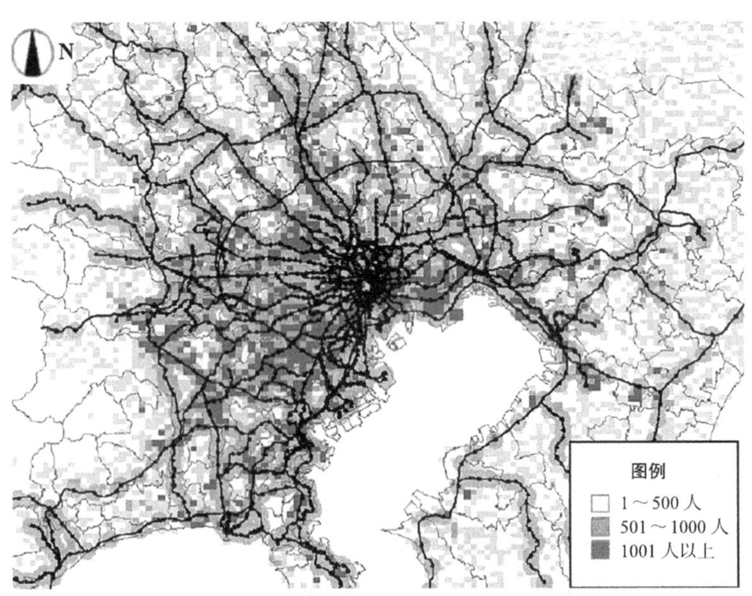

图 4.11　东京都市圈 1995—2005 年人口增长区域统计

图片来源：东京都市圈第五次居民出行调查（2008/H20）

4.2.2 就业岗位

1. 东京都市圈就业岗位特征

东京都市圈现状就业岗位分布呈现明显的圈层特征（图 4.12），山手线围合的区域是就业密度最高的区域，从行政范围看，2012 年，都心三区（指千代田、中央区、港区，面积约 $42km^2$）拥有就业岗位 242 万个，就业岗位密度超过 5 万

个 /km^2；整个区部拥有岗位 669 万个，就业岗位密度达到 10848 个 /km^2，若扣除都心三区，其他 20 个区有岗位数 505 万个，岗位密度 8760 个 /km^2[191]。

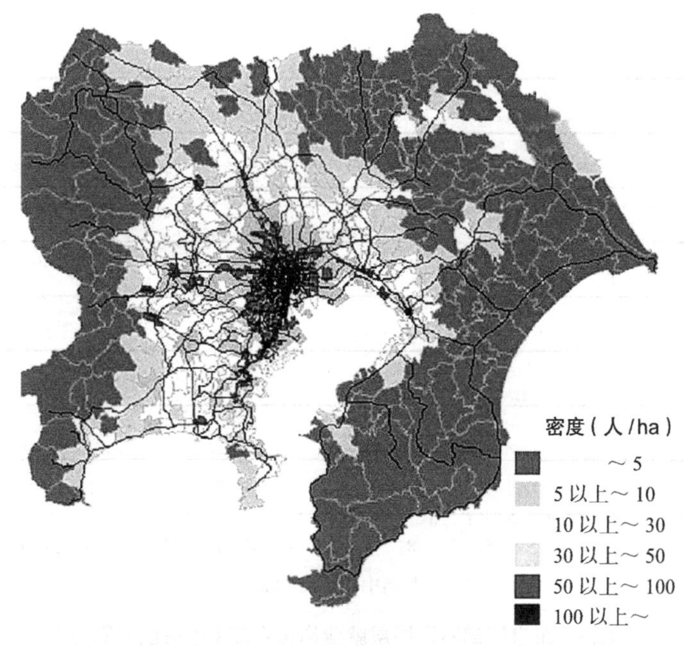

图 4.12　东京都市圈就业岗位密度图

图片来源：东京都市圈第五次居民出行调查（2008/H20）

从就业岗位数与劳动力人口数值差异看，都心三区岗位数与劳动力差额达到 228 万个；在整个区部层面，依旧没有实现理论上的职住平衡，区部 20 个区范围内，岗位数比劳动力多 95 万个；在整个大都市圈范围，岗位数仍超过劳动力人口数，说明了就业岗位的趋中性以及东京都市圈明显的单中心性（表 4.7）。

从具体的就业岗位分布密度特征看，都市圈高密度就业区主要集中在以都心

东京都市圈不同地域人口和岗位分布　　表 4.7

圈层	面积（km^2）	居住人口（万人）	劳动力人口（万个）	岗位数（万个）	岗位与劳动力差（万人）	岗位密度（个 /km^2）	占都市圈岗位比例（%）
都心三区	42	35	15	242	+228	57857	11.35
区部 20 区	580	804	410	505	+95	8760	27.10
多摩地区	1565	405	184	149	−37	952	8.02
都市圈	16382	3760	1760	1859	+99	1135	100

资料来源：根据总务省统计研修所《第五十八回日本统计年鉴（2009）》等资料整理

为圆心半径 4km 左右的范围内（图 4.13），主要包括中央区、港区、千代田区、文京区、新宿区、涩谷区、台东区等区域，在距离 5km 以外的区域，就业岗位密度大幅降低[192]。

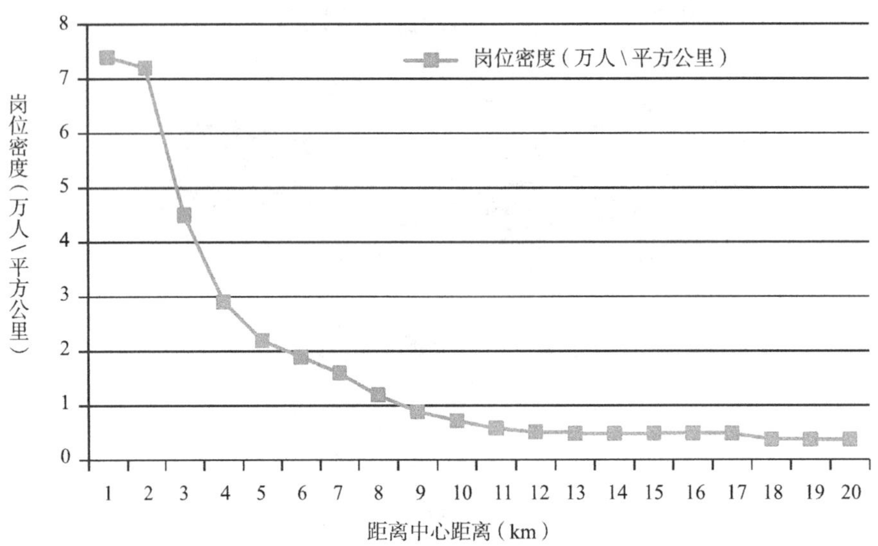

图 4.13　东京区部不同圈层就业岗位密度（中央区为圆心）

图片来源：根据《2012 年东京大都市圈交通调查结果》等资料绘制

2. 首尔大都市区就业岗位特征

在 605km² 的首尔市范围内，其拥有的就业岗位数略高于劳动力人口数，没有吸引大量的大都市区其他地域居民至市区就业。从就业岗位和劳动力人口差值演化特征看，1990 年、2000 年和 2010 年首尔市劳动力人口数分别为 503 万人、524 万人和 493 万人，对应的就业岗位数分别为 536 万个、574 万个和 536 万个，岗位数比劳动力人口数多 33 万个、40 万个和 43 万个[172]、[173]。可以看出，不论首尔市区人口总量呈现如何变化的特征，就业岗位数量始终多于劳动力人口数，由此吸引首尔市区外的部分人口至市区就业，但受益于不太发达的对外放射形轨道线路，市区并没有出现类似东京的“潮汐式”长距离、大规模通勤交通。

从具体的就业岗位密度分布特征看，首尔大都市区就业岗位密度也呈现明显的“内高外低”特征，且高密度地区主要集中在首尔市市政厅广场周边区域，随着距离增长，岗位密度急剧下降，在 3 ～ 13km 范围内岗位密度大都在 1 万个 / km² 左右，这一范围与首尔市范围基本一致（图 4.14），首尔市之外地区就业岗位密度明显低于首尔市。

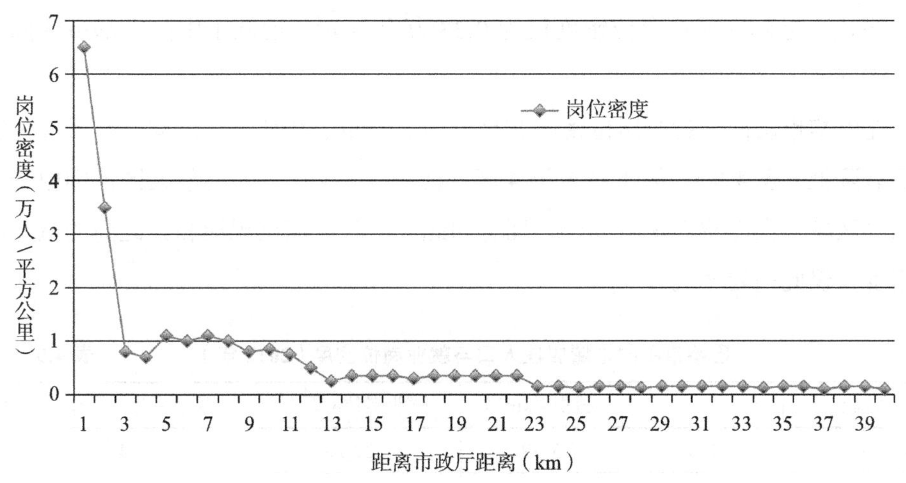

图 4.14　首尔大都市区就业岗位密度分布特征（2009）

图片来源：根据 http：//alainbertaud.com/ 绘制

3. 巴黎大区就业岗位特征

同东京都市圈和首尔大都市区，在巴黎市和近郊区构成的中心城区层面，就业岗位数达到 385 万个，而该范围拥有的劳动力人口约 339 万个，就业岗位数也高于劳动力人口数（表 4.8），但幅度不大，主要原因在于巴黎市施行严格的建筑限高，使得总体开发强度得到严格限制，巴黎市集聚效应受到大幅抑制。

巴黎空间单元人口统计分析（2012 年）　　表 4.8

区域	面积（km^2）	人口（万人）	人口密度（万人/km^2）	岗位（万个）	岗位密度（万个/km^2）
巴黎市区	105	224	2.13	177	1.686
近郊区	621	454	0.73	208	0.335
城镇密集区	2012	332	0.17	132	0.065
合计	2738	1002	0.37	517	0.189
其他地区	9274	138	0.01	42.7	0.005
大巴黎地区	12012	1140	0.09	559.7	0.047

资料来源：根据 https：//en.wikipedia.org/ 整理

根据就业岗位密度可将巴黎大区划分为巴黎市、近郊区、城镇密集区（远郊区邻近巴黎市的地域，距离巴黎市中心半径约 20 ～ 30km 的范围）和其他地区。从就业岗位密度特征看，巴黎市区就业岗位密度达到 1.68 万个 /km^2，就业集聚特征明显，近郊区就业岗位密度仅为 0.33 万个 /km²，远低于中国大都市区同等区位密度值。

在巴黎市层面，就业岗位密度亦呈现明显的圈层特征，自内向外就业岗位密度显著降低（表 4.9）。第 1 区至第 4 区，面积 5.59km²，是巴黎大区范围内密度最高的区域，在巴黎大区范围内，拥有如此大的就业岗位规模和如此高的就业岗位密度，仅此一处 [201]。

巴黎市不同地域居住人口与就业岗位密度（2012 年）　　表 4.9

区域	编号	面积（km²）	就业岗位（万个）	就业密度（万个 /km²）
中心 4 区	1-4	5.59	27.28	4.88
内环 7 区	5-11	21.40	40.02	1.87
外环 9 区	12-20	59.93	52.74	0.88
合计	—	86.92	120.04	1.38

资料来源：根据 https：//en.wikipedia.org/ 等相关数据整理

4. 大都市区就业岗位与密度分布规律

从三个大都市区就业岗位增长历程和分布特征看，中心城区拥有的就业岗位始终多余劳动力人口数。自核心区向外，按照就业岗位密度大小，自内向外依次降低，核心区就业岗位密度最高，且明显高于其他地区。例如，东京都市圈东京站片区和首尔大都市区汉阳都城片区分别达到 7.5 万个 /km²、6.5 万个 /km²，巴黎市受开发强度受限影响，1 ～ 4 区亦达到 4.8 万个 /km²。根据就业岗位空间集聚特征，将大都市区发展划分为三个阶段，在第一阶段内就业岗位增加值主要在核心区范围内；第二阶段在中心城区范围内，以副中心为主要贡献点；第三阶段为近郊区新城。

4.2.3 中心体系

同时考虑片区就业岗位密度和高峰时段人流规模，将中心体系划分为都市区极核中心、都市区副中心和郊区中心，由于都市区极核中心拥有最高的人流密度和最大的人口规模，其交通集散难度远高于都市区中心，因此，称之为“极核中心”，有极点之意。

1. 东京都市圈中心体系现状特征

东京都市圈形成了“都市区极核中心—都市区副中心—近郊区业务核心城

市—远郊区业务次核心城市”四级中心体系（表 4.10），都市区极核为中央区、千代田区、港区组成的传统商业、商务、行政中心，都市区副中心为山手线串联的新宿、池袋、涩谷等 7 个副中心；近郊区业务核心城市指筑波地区、埼玉县、立川市、川崎市、横滨市、千叶县，位于东京站 30km 左右；远郊区业务次核心城市包括熊谷市、八王子市、青梅市、厚木市、木更津市、成田市，距离东京站 50km 左右。从空间分布特征看，都市核心存在典型的“趋中性”特征，几乎均位于都市圈主要建成区范围的几何中心处；业务核心城市中除川崎外，其他城市大都距离都心 30km 左右，在靠近地理几何中心的同时，呈现出分布相对均匀的特征（图 4.15）。

首都圈中心体系现状 **表 4.10**

等级	中心定位	主要节点	空间区位	主导产业
一级	极核中心	由港区、千代田区和中央区组成	距离东京站 3km 范围内	国际政治、金融、文化、信息交往、商务、研发等
二级	副中心	新宿、池袋、涩谷、上野—浅草、大崎、锦糸町—龟户、临海	距离东京站 5 ～ 10km	金融、文化、信息交往、商务、研发等
三级	业务核心城市	（前桥市）、（宇都宫市）、筑波地区、埼玉县、立川市、川崎市、横滨市、千叶县	距离东京站 30km 左右	科研、国际港湾、高端制造业等
四级	次核心城市	（水户市）、（甲府市）、熊谷市、八王子市、青梅市、厚木市、木更津市、成田市	距离东京站 50km 左右	商业、大学、基础工业等

备注：括号内城市不在“一都三县”范围内

资料来源：作者根据相关资料整理

2. 首尔大都市区中心体系现状特征

首尔大都市区形成了“都市区极核中心—都市区副中心—近郊区首府城市和新城中心—远郊区新城中心”四级中心体系（图 4.16）。都市区极核中心为首尔市汉阳都城片区；都市区副中心为首尔市永登浦和江南；近郊区首府城市和新城中心，分别为仁川市行政驻地南洞区和京畿道行政驻地水原市，以及高阳市、富川市、安养市、城南市等；远郊区新城中心包括乌山市、平泽市等。

首尔大都市区的核心载体是首尔市，在首尔市内形成了汉阳都城、永登浦、江南三个商务、商业中心，提供岗位数总计约 80 万个，三个中心就业岗位密度分别为 8.85 万个 /km^2、4.96 万个 /km^2、3.67 万个 /km^2，明显高于现阶段我国省会城市 CBD 地区岗位密度（表 4.11）。

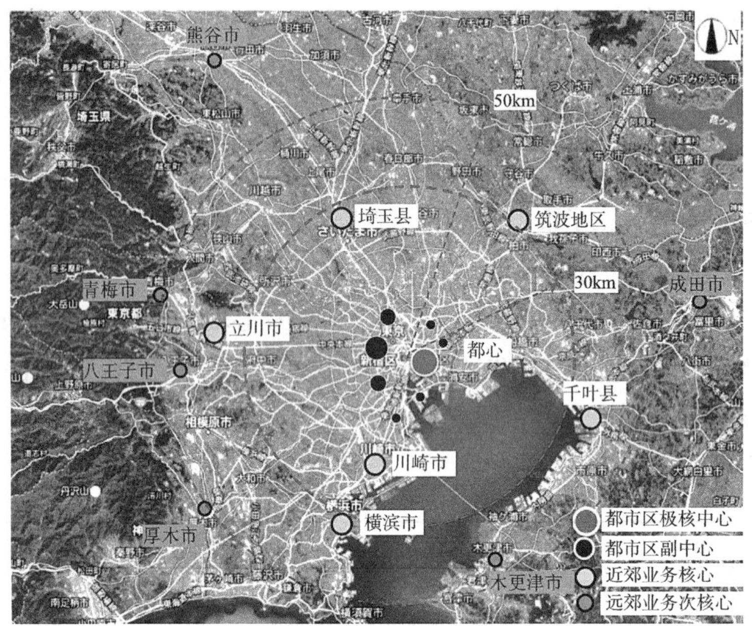

图 4.15　东京都市圈现状 3 级功能中心

图片来源：基于 Google 地图绘制

图 4.16　首尔大都市区中心体系现状图

图片来源：根据 Alain Bertaud（2012）底图绘制

首尔大都市区三个中心主要指标统计 表 4.11

名称	面积（km^2）	就业密度（万个 /km^2）	岗位（万个）
汉阳都城	6.3	8.85	55.8
永登浦	2.9	4.96	14.4
江南	2.8	3.67	10.3
合计	12.0	—	80.4

资料来源：根据2009年美国人口统计调查与史北祥《亚洲城市中心区极核结构现象的定量研究》（2015）等资料整理而得

值得注意的是在首尔大都市区范围内，仁川作为广域市、京畿道首府所在地水原市人口分别为260万人和106万人，拥有较高的行政管辖权，加之韩国在国家层面关注区域均衡发展，有着发展“多中心”的良好政策条件。但大都市区级别的功能中心仍高度集聚在首尔市，一定程度上说明以单中心的路网（主要指高快速路）和轨网形态（主要指都市快轨和地铁）为支撑的大都市区难以建立势能级差较小的多中心网络格局。

3. 巴黎大区中心体系现状特征

巴黎大区现状形成了“1个极核中心+9个副中心+5个新城中心”的多中心空间结构（图4.17），极核中心处于巴黎市区，主要由第1、2、8、9区构成（或1～4区构成），面积4.7km^2，就业岗位21万个，就业岗位密度4.5万个/km^2，主要发展金融、贸易、保险、文化创意等高端服务业。

9个副中心大都距离巴黎圣母院8～15km左右，即拉德芳斯、圣但尼、博比尼（赛纳圣但尼省首府）、勒布尔歇心、罗士尼、克雷特伊（瓦勒德马恩省首府）、翰吉斯、韦利济、凡尔赛（伊夫林省首府），每个副中心服务片区数十万人[193]。其中，重点发展了拉德芳斯等4个城镇[194]，主要发展商务办公、商业娱乐、高教科研、文化旅游等业态，这其中，土地开发强度最大的是拉德芳斯副中心，它以1.6km^2的土地承载着15万个就业岗位，是典型的商务型中心，虽然就业岗位密度大，但就业岗位规模明显小于1～4区。

在距离市中心25～35km左右的远郊形成赛日蓬图瓦斯（瓦勒德瓦兹省首府）、马恩拉瓦莱、默伦塞纳尔（塞纳—马恩省首府）、圣康坦昂伊芙琳、埃夫里（埃松省首府）5个新城中心，规划总人口约130万人，现有人口约90万人，规模较小。

近郊与远郊7个省份中，有6个省份首府定位为都市区副中心或新城中心，

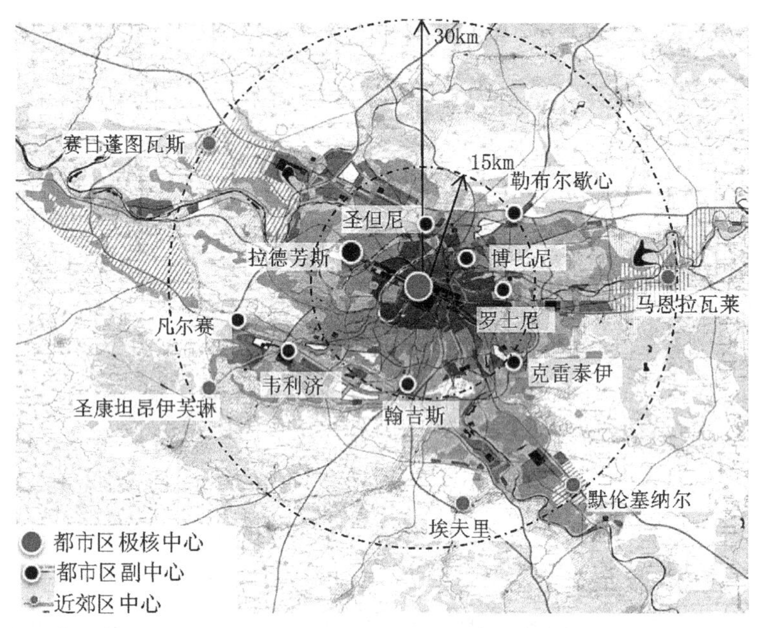

图 4.17　巴黎大区中心体系现状图

图片来源：根据《法兰西岛大区国土开发与城市规划指导纲要（SDAU）》相关底图绘制

形成了行政中心和经济中心重合发展的局面。

4. 大都市区中心体系分布规律

就业岗位密度分布呈现明显的圈层特征，在 d_1、d_2、d_3 对应的核心区、中心城区外围和近郊区相应地区一般会呈现岗位密度依次下降的特征，三个区域内分别形成了都市区极核中心、都市区副中心和郊区中心三个层级的中心体系（图 4.18）。按照离核心区几何中心的距离计算，d_1 一般在 3km 内，d_2 在 6 ～ 9km

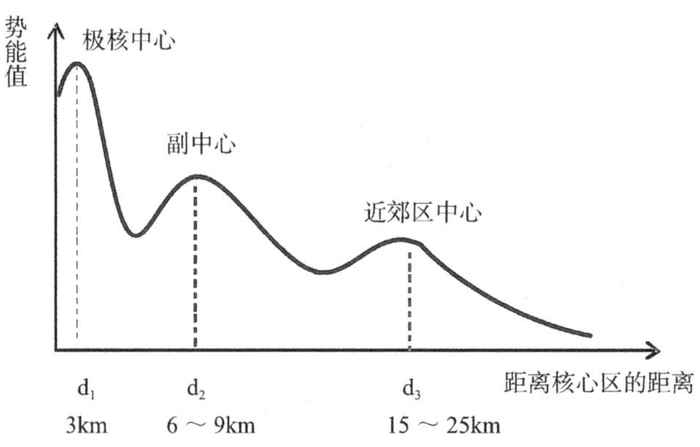

图 4.18　不同等级中心体系空间分布特征

图片来源：作者绘制

内（表 4.12），d_3 在 15 ～ 25km 内，三处中心有不同的能级和服务腹地。总体来看，各级中心具有明显的“趋中型”特征，空间选址基本符合克里斯泰勒（Christalle）提出的“中心地”理论，在同等外部成本条件下，位于近似人口重心的中心能够获得最大的劳动力池和市场需求。

国外大都市区核心区与副中心 CBD 空间距离　　表 4.12

核心区名称	东京站			首尔汉阳都城		巴黎 1 区、2 区
副中心 CBD 名称	新宿 CBD	池袋 CBD	涩谷 CBD	永登浦 CBD	江南 CBD	拉德芳斯 CBD
空间距离（km）	6.0	7.8	6.3	8.6	8.7	7.0

备注：上述空间距离为轨道站点之间的直线距离

资料来源：根据三个都市区中心现状资料与 Google 地图整理

4.3 三个都市空间结构模式解析

总体来看，东京、首尔和巴黎三个大都市区由于快速城镇化阶段的历史背景差异较大，加之不同的自然地理条件、社会管理制度和经济发展过程，三个大都市区空间结构呈现了不同的模式形态，既存在普遍共性也存在细微差异，本节着重从静态的空间形态的视角总结模式的典型特征和形成该模式的历史过程。

4.3.1 东京模式

1. 典型特征

东京都市圈作为世界上人口规模最大的大都市区，拥有 3500 万人口，在约 3500km^2 的范围内拥有近 3000 万人，连绵开发的空间尺度和土地集约效率全球罕见。从具体的空间形态看，东京都市圈在 40km 的范围内，除东南侧的东京湾不能进行城市建设外，其他地区几乎均为平原或浅丘，持续增长的人口规模对土地有强烈的需求，在不受地形条件限制的都市密集建设区，几乎呈现连绵开发的特征，仅东南侧千叶地区呈现带形走廊形态，其根本原因在于建设用地走廊东南侧为山地，难以进行开发（图 4.19）；在距离东京站 50km 以外的埼玉县北部地区、神奈川县东南地区，建设用地形态呈现走廊形态，这与走廊内拥有发达的带形轨道交通网络紧密相关，而轨道交通的路径选择也与周边地形地貌条件和土地开发条件紧密相关。

从土地开发强度特征看，东京都市圈整体上呈现了“自内向外”依次降低的

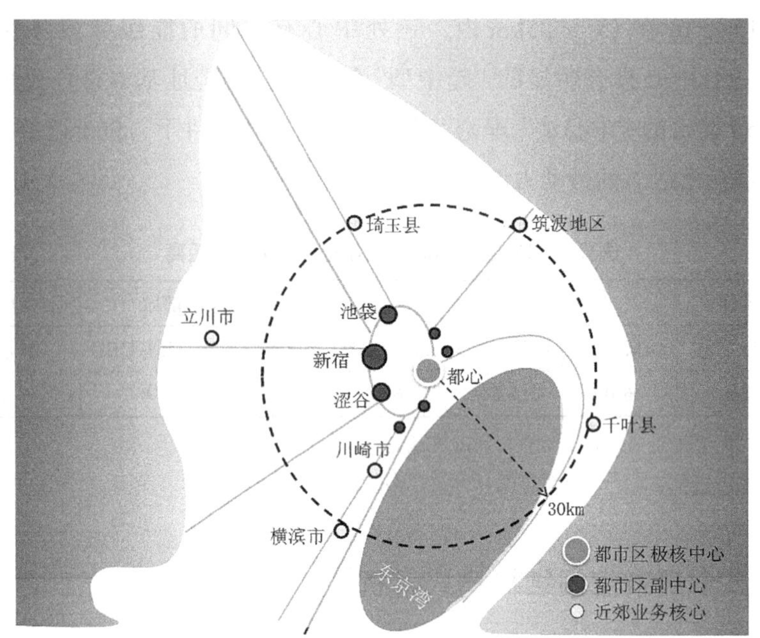

图 4.19　东京都市圈空间结构模式图

图片来源：作者绘制

布局特征，土地开发强度与轨道站点密度呈现高度正相关关系，以轨道站点密度表征土地开发强度，都心片区轨道站点密度达到了 3.3 座 /km^2，区部范围内轨道站点密度达到 1.1 座 /km^2，区部之外都市密集建设区轨道站点密度也在 0.8 座 /km^2 左右，都市片区拥有最高的开发强度，同时拥有丰富的历史文化遗产和现代服务设施，成为大都市区最有活力的地区。以东京站为类似几何中心，形成了多层级的中心体系，距离东京站越远，中心所在片区建设用地规模越小、开发强度越低，总体上形成了极核中心 – 副中心 – 郊区中心的体系布局特征；此外，东京区部范围内的都心、池袋、新宿和涩谷等高等级中心均位于轨道环线上——山手线，且均有放射形的轨道快线通过，而这些高等级中心与东京站、成田机场、羽田机场均有便捷的轨道交通连接。

2. 形成过程

从大的时空观视角看，东京都心地区自 1615 年起，在德川政权将首府由京都迁至江户（即今天的东京）起，这一区域便一直是幕府或皇室起居地（1868 年，德川政权崩溃后，日本皇室得以恢复，起居地即是当前的位于千代田区的皇宫）。100 多年来，东京都市圈空间演化几乎是以皇宫为几何中心向四周拓展，在此过程中，受日本政府对铁路的关注，以及铁路建设时序和时机等多重因素影响，东京都市圈形成了以都心为中心、以山手线为核心骨架、放射形轨道联系外围城市与都市中心的轨道主导型大都市区空间结构。

自明治政府以来，日本高度关注铁路基础设施建设，1872 年便建成了第一条蒸汽机车铁路，迫于当时的财政危机，铁路建设转向寻求民间资本，铁路建设迎来第一次高峰，至 1890 年山手线形态基本形成（仅东半环的上野至新桥段未贯通），但当时铁路仅承担货运职能，不具备客运组织能力，铁路通道的先期建设为后期的轨道交通建设提供了路由条件，这是东京都市圈拥有较大规模轨道交通里程的重要原因。1892 年通过的《铁路建设法》使得国有铁路建设大幅增长，1911 年颁布了《轻便铁道补助法》对私铁建设进行补助，使得私营铁路在城区和郊区之间大量建设，受益于铁路技术升级，此时建设的铁路大部分为电气化牵引方式，铁路客运职能日趋明显，但此时东京都市圈人口虽然已达到 300 万人，但基本均居住在区部范围内，长距离通勤交通需求基本没有，机动化客运组织方式以有轨电车为主[43]。至 1930 年左右，东京至横滨走廊客运量已较大，加之货运需求明显，已建成三线运营的铁路通道。至 1935 年，东京都市圈区部放射形铁路干线通道形态已初步形成（图 4.20），国铁 JR 和私营铁路总长度达到 1200km，两者几乎各占一半比例；这一时期，在田园城市规划理念的影响下，连接郊区与东京市区的私营铁路快速发展，尤其是自 1923 年关东大地震之后，由于郊外便利的交通条件、市中心区的拥堵和较高的房价，一些中产阶级开始主动搬迁至郊外生活，至 1945 年，东京都市圈人口数达到 1000 万人，轨道支撑的大都市区空间形态已较为明显。

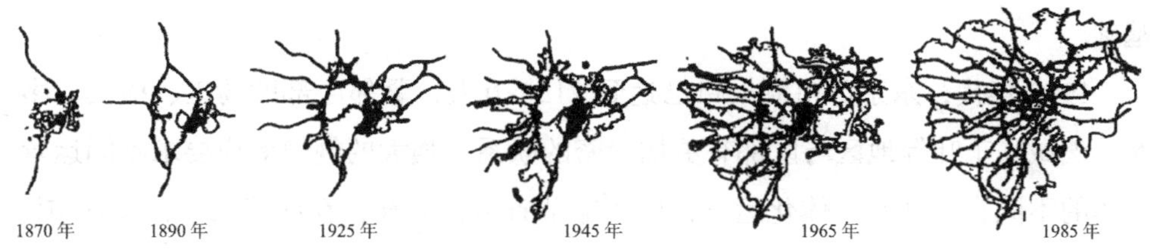

图 4.20　东京都市圈轨道交通演化形态（1870-1985）

图片来源：作者基于 Hirooka（2000）绘制

临近第二次世界大战结束，东京及周边地区遭遇了大轰炸，虽然遭受巨大损失，但大轰炸也为东京都市圈后期形成更加科学的规划方案提供了条件。1945 年以后，东京人口快速增长，城市空间进入快速扩张阶段，受可达性影响，城市空间主要沿早期建成的铁路线拓展，如东海道线、中央线、东北线、总武线等，这些铁路逐步承担东京都市圈通勤交通出行职能，城市空间形态呈现走廊特征。在JR、私铁等郊区铁路支撑下，都市圈半径大幅增长，在1950年左右，东京至横滨经济带上，城市建成区长轴半径达到40km左右，都市圈人口总量也达到1200万人左右，至1960年，人口总数达到1552万人，强大的人口规模效应极大地促进了轨道交通的发展，也对轨道交通提出了更高的要求。

1960年之前，在区部等高密度城区范围内，城市客运组织主要由有轨电车承担。有轨电车由于运量较低，不适合线路的大幅延伸，因此，主要网络均布局于区部范围内，且主要布局在山手线西半环以东区域，它以东京站为圆心，辐射范围在半径8km左右，较高的网络密度支撑了东京站片区高强度的开发和长期作为东京都市圈的核心。1960年，仅东京都即拥有人口986万人，且主要分布在区部范围内，居住人口密度达到近2万人/km^2，加之大量的区部之外的通勤、商务、探亲等客流，运能有限的有轨电车不能满足高强度的需求，在地铁制式快速发展背景下，有轨电车线路逐步被拆除，原有轨电车主要客流走廊敷设地铁，交通组织由地面转入地下。与此同时，在人口大幅增长背景条件下，第二次首都圈规划对第一次规划提出的绿环模式进行了修订，提出建立多中心城市复合体设想，在交通方面确定了“通勤五方面作战计划”，提升铁路运能，私铁再次快速发展，铁路与土地及城市融合发展态势更加明显，站城一体开发模式更加成熟。从大历史观视角看，虽然有轨电车在目前东京区部机动化交通中分担的客流较少，但自1900年至1960年总计60多年的有轨电车发展史培养了东京基于轨道的出行习惯，对后期地铁建设、私铁建设以及不同制式的一体化运营，提供了良好的决策基础。

1970年代，东京都市圈人口已达到2150万人，紧邻区部的埼玉、横滨、多摩、茨城、千叶等地区与区部有更加紧密的联系，强大的规模效应要求不同运营主体的不同类型铁路一体化运营，以压缩节省出行时耗，在此背景下，国铁JR、私营铁路开始着手与山手线范围内的轨道线路一体化运营，此举极大地提高了组织效率，在支撑都市圈空间半径延伸的同时，也提高了中心城区轨道可达性，中心城区与郊区联系更加紧密，产业要素配置效率大幅提升，使得中心城区既有的城市中心拥有更好的客流条件和市场腹地。

从中心体系的演化进程看，池袋、新宿和涩谷之所以能成为重要的都市副中心，与铁路发展历程有较大关系，例如，虽然东京都市圈在1880—1920年期间，郊区铁路快速发展，但在 1921 年之前，这类铁路主要承担货运和短途客运职能，不允许进入山手线以内范围，大部分私铁线路在山手线上池袋、新宿、涩谷等地设端站（图 4.20），始发站提供了大量的客流，后期郊区铁路与地铁的贯通运营以及都市圈人口的大幅增长，为山手线上的铁路换乘枢纽带来了更大的客流。自 20 世纪 50 年代以来，东京都市圈即确定了池袋、新宿、涩谷等地区的副中心地位，在空间规划政策上予以更好的支撑其发展，加之在私营铁路参与物业开发的技术背景下，新宿、池袋和涩谷等逐步成为能级较高的都市圈副中心。

东京都市圈空间结构演进历程中主要历史节点及交通政策等内容如下（图 4.21）。

	1900年	1920年	1950年	1960年	1970年	1990年	2015年
都市圈人口	250万	370万	1200万	1552万	2147万	3052万	3495万
东京都人口	200万	369万	627万	986万	1140万	1185万	1305万
重大事件	第一次世界大战爆发，对外扩张	第二次世界大战爆发，东京大轰炸	朝鲜战争，军事接管	东京奥运会，新干线运营	石油危机，广场协定	"失去的20年"	
人口变化	人口主要集中在山手线区域内	区部人口大幅增长，1944年达到677万人	第二次世界大战后人口快速增长	区部人口基本不增长，近郊区人口大幅增长，纠正"绿环"构想		人口增幅变缓	
空间治理	无具体的空间治理规划或措施	东京特别都市计划（1925）	首都圈建设规划（1958），规划建设新宿等副中心	第二次首都圈规划，建立多中心城市复合体	近郊整治，中心区开发（1986）	分散型都市圈网络结构，提升都心服务职能	
交通政策	大力发展蒸汽机车铁路、电气化铁路和有轨电车		铁路国营化，汽车交通快速发展	"通勤五方面作战计划"，提升铁路运能		提升公交服务水平，建设现代有轨电车	
轨道发展	《铁路建设法》（1892），国有铁路大幅增长	1911年出台《轻便铁道补助法》，私营郊区铁路快速发展	1940年，东京都范围内建成14.3km地铁,1960年建成30km	1970年，地铁城市融合发展；1980地铁建设基本完毕	国铁改革，铁路共联共运，轨道一体化运营，站城一体化发展		

图 4.21　东京都市圈空间结构演进历程分析

图片来源：作者绘制

4.3.2 首尔模式

1. 典型特征

韩国自 20 世纪 60 年代快速发展以来，面对人多地少的人地关系，在开发初期即采取了依托首尔市进行极化发展的思路，此后，在循环累计因果链条机制作用下，形成了 2500 万人的首尔大都市区，同东京都市圈空间模式接近，首尔模式也是一种高度紧凑型的空间布局模式和相对高效的空间组织模式。具体来看，受自然地形条件影响，大都市区范围内适宜建设用地的规模较小，例如，首尔市行政区面积 605km^2，但除去汉江、南山等非建设用地外，可供开发的建设用地规模仅 400km^2 左右，其居住人口密度高达 2.5 万人 /km^2；在整个大都市区层面，除首尔市至仁川市走廊建设条件较好外，其他建设用地大都规模较小，与首尔市呈现飞地型组团布局特征，在强大的人口压力下，首尔大都市区建设开发较为集约，距离首尔市空间距离越近，适宜开发的土地存量越少，土地开发强度也普遍越高。从具体的空间形态看，首尔大都市区空间结构为典型的“团状＋组团”模式，以首尔市为核心依托，形成了“团状”布局，外围地区的仁川、安养、松岛、水原、乌山、城南、议政府、高阳等形成了“组团”布局，首尔至议政府、首尔至乌山分别依托京元线和京釜线形成了两条建设走廊（图 4.22）。

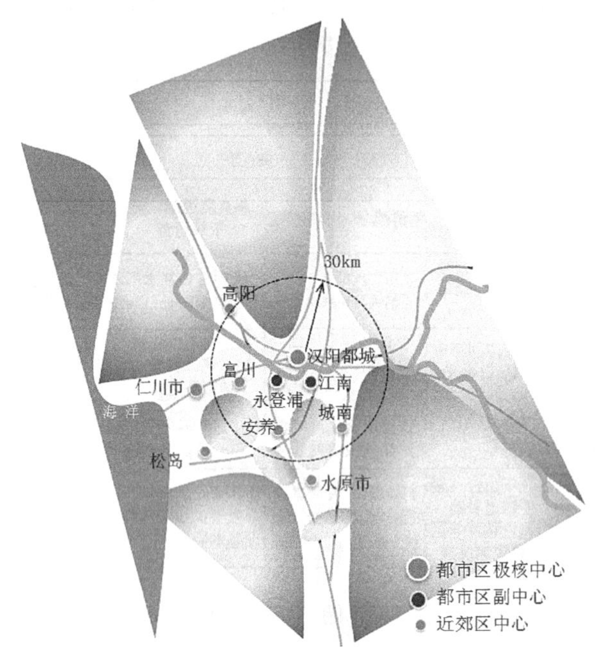

图 4.22　首尔大都市区空间结构模式图

图片来源：作者绘制

在轨道交通方面，首尔大都市区拥有的轨道线路条数和里程明显低于同等比例人口条件下的东京都市圈，但轨网布局形态与东京都市圈接近，也为放射形布局形态，在首尔市范围内，同样设置有大容量的轨道环线，轨网站点密度呈现自内向外依次降低的布局特征，受可达性影响，中心体系空间布局自内向外依次形成了都市区极核中心、都市区副中心、近郊区中心三级体系（如果将乌山等远郊城市列入，也可划分为四级体系，即增加远郊区中心）。此外，首尔大都市区有相对更加发达的高（快）速路体系，与东京模式相比，其高速公路车道数普遍偏多、通行能力偏高，尤其是在距离首尔市中心 30km 范围内的都市密集建设区范围内，已形成了两条高速公路环线，分别是围绕首尔市江北岸的内环和都市密集建设区边缘的外环，其长度分别为 40km 和 121km。

2. 形成过程

首尔大都市区空间模式的形成与其独特的发展历程高度相关，在 1945 年之前的日本殖民时期，其交通网络的发展重点是建设有利于资源掠夺的传统铁路线路，铁路在空间组织中承担客运职能较少，铁路路由通道也明显低于同期东京都市圈数量。进入 20 世纪 60 年代以来，韩国政府对汽车产业实施扶持政策，加速了小汽车的普及和道路建设步伐，例如 1968 年即建成了 30km 长的京仁高速公路（首尔至仁川），奠定了仁川融入首尔大都市区的基础，由此可以看出，对于后发地区而言，在社会经济发展初期，往往以最为经济的道路交通方式支撑沿线发展。进入 20 世纪 70 年代后，仅首尔市人口即超过 500 万人，城市交通拥堵严重，依靠传统的道路交通组织模式已难以提高空间组织效率，在此背景下，首尔市范围内着手地铁建设计划，且极富远见地采用了类似我国 8A 的车辆标准，为后期大都市区空间组织提供了较高的运能储备。在快速交通的支撑下，第一次首都圈整备计划（1982—1996）提出的首尔市绿带已明显限制了大都市区发展，在第二和第三次首都圈整备计划中，逐步放开管控，变相说明了城市连绵开发方式是资源配置效率最高的方式。2000 年以来，在距离首尔市 20 ～ 30km 范围内进行了第二轮新城建设，传统的地铁线路难以有效的支撑新城与首尔市的快捷联系，在此背景下，都市电铁线路快速发展，如京元线（首尔至元山，2006 年开通）、中央线（首尔至砥平，2010 年开通）、京春线（首尔至春川，2010 年开通）、京义线（首尔至文山，2009 年开通）等，此外方便外围新城接驳都市电铁，在北部的议政府市、南部的龙仁市等地区建设了轻轨线路，轨道网络总体上形成了都市电铁、地铁、轻轨等制式一体化的运营格局，极大地提高了首尔市对外可达性和外围地区交通便捷性，加速了外围地区与首尔市的联系，但由于首尔市对外轨道线路总体规模明显偏低，使得首尔大都市区职住分离现象明显好于东京都市圈。当前，随着首尔至釜山交通走廊出行时耗的不断压缩和出行便捷化水平的不断提高，该走廊内人口仍然处于快速增长中，从远景来看，必将诱导该走廊承担更多的社会经济活动，大都市区沿核心走廊发展趋势将更加明显且难以逆转（图 4.23）。

	1940年	1950年	1960年	1970年	1980年	1990年	2010年	2015年
大都市区人口	150万	375万	570万	893万	1329万	1858万	2355万	2572
首尔市人口	100万	140万	244万	543万	836万	1061万	979万	990万
时代背景	日本殖民统治	南北战争与重建	汉江奇迹，城镇化和工业化快速推进	汉城奥运会（1988）	人口增幅变缓，2002年世界杯	新首都世宗建设		
人口变化	脱离殖民统治后，快速增长	受战争影响，人口锐减	人口高度集中在江北地区	首尔市江南地区、京畿道和仁川等紧邻地区人口快速增长	京釜轴线人口增长明显			
空间治理	城市有序建设	城市建设大破坏	依托首尔市，韩国层面进行极化发展	制定绿带政策，试图限制首尔市空间蔓延现象	第二、三次首都圈整备规划，新城建设			
交通政策	非机动化特征明显	加快传统铁路改造和升级，核心走廊建设高速公路	第一期地铁建设计划实施	提升公交服务水平，鼓励绿色出行，大力建设都市快轨				
轨道建设	建设殖民铁路	传统铁路建设，基本没有建设城市轨道交通系统	1974年第一条地铁建成，至1984建成里程117km	1985~1995地铁建设基本停滞，1996~2000快速发展	2000年以来，地铁骨架网络基本稳定，都市电铁快速发展			

图 4.23　首尔大都市区空间结构演进历程分析

图片来源：作者绘制

4.3.3 巴黎模式

1. 典型特征

与东京都市圈、首尔大都市区相比，巴黎大区人口规模明显偏低，而其建设用地条件明显优于首尔，在距离巴黎圣母院 20km 的范围内，建设用地基本上呈连绵的团状布局。20km 之外，建设用地走廊特征日趋明显，且走廊与走廊之间有大量的农田、林地等非建设用地，形成了明显的绿楔模式（图 4.24）。此外，从外围建设用地布局区位看，大都沿塞纳河畔发展，说明了美丽宜居城市建设总是倾向于沿地形条件较好的河谷地带发展。土地开发强度呈现更加明显的“内高外低”特征，高强度开发区域主要集中在巴黎市范围内，巴黎市 1 ～ 4 区或 1 ～ 8 区是巴黎大区最有活力的地区之一，承担大量的都市区公共服务和公共旅游休憩职能，与伦敦提出的中央活动区内涵接近；紧邻巴黎市中心 8 ～ 15km 左右的 9 个副中心中，仅拉德芳斯开发面积较大、开发强度较高，其他 8 处副中心整体开发强度均较低且规模较小。

2. 形成过程

巴黎于 1855 年即提出了“地铁系统”的概念，但由于多种原因影响，第一条线路直至 1900 年才开通，而当时巴黎市人口已达到 280 万人左右，出行强度较大，地铁建设速度明显滞后。此后，在迫切的需求下，轨道交通建设逐步进入正轨，至 1939 年巴黎市区地铁网线路长度近 160km，共 332 座车站。这一时期建成的巴黎地铁站间距较小，平均值在 550m 左右，其运力如同当前较大编组的有

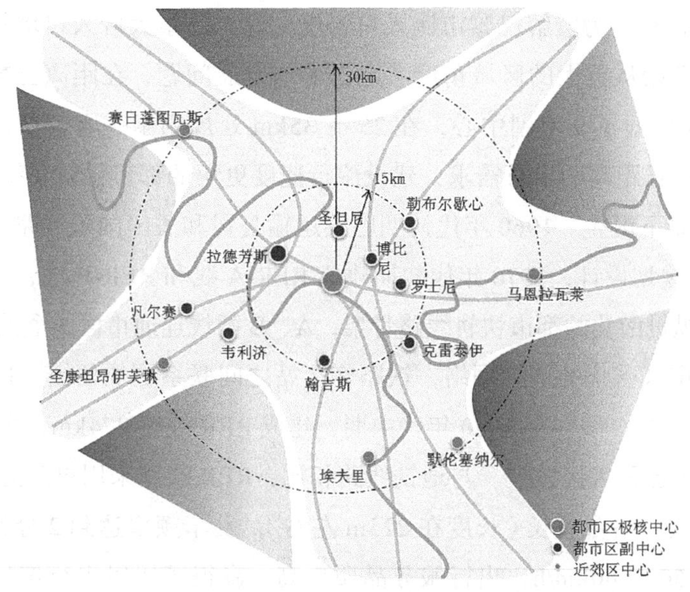

图 4.24　巴黎大区空间结构模式图

图片来源：作者绘制

轨电车，但在当时，已成为运力最高的城市交通工具。1946 年，地铁客流量达到 16 亿人次 / 年，日均客运量 438 万人次，客流强度达到 2.5 万人次 /km·d^{-1}[152]。

从巴黎地铁发展历程看，地铁线路基本布局于距离巴黎圣母院 10km 的范围内，其建设年代主要集中在 1940 年之前，而当时整个巴黎大区的人口不足 600 万人，仅巴黎市即承担了一半以上的人口，建设用地高度紧凑。这一时期，巴黎地铁建设的初衷是缓解市区交通拥堵，远没有考虑到 1950 年后巴黎大区人口大幅增长问题，因此，在技术标准上选择了间距小、密度高的地铁制式，在地下空间开发时，没有考虑服务更长距离的都市快轨线路敷设与站点接驳问题。

进入 1970 年代后，巴黎大区开始发展都市快轨 RER 系统，在巴黎市范围内，由于主要客流走廊的浅层地下空间大都被地铁所占据，RER 不得不加大埋深或紧邻地铁线路进行建设，地下空间开发深度也大幅增加，工程建设成本大幅增高。从历史反思的眼光看，早期建成的巴黎地铁对大都市区空间组织有一定的消极影响，它明显制约了 RER 路由选择，使得 RER 与地铁接驳不够便捷，在巴黎市的非核心区，RER 与地铁站点一体化接驳更少；在巴黎大区当前追求建设更高运行速度轨道交通的今天，轨道路由的选择已成为核心制约条件。由此可以看出，轨道交通作为典型的百年工程，其对城市空间结构的影响是极其深远的，应该以百年的眼光进行规划设计。

1960年代初，为缓解巴黎市区人口密度偏高、巴黎大区人口增长压力大等问题，法国开始从更大的区域角度考虑巴黎市发展问题，在距离巴黎市区中心10km左右处规划了9个副中心，在25～35km处规划了5座新城，新的空间结构诱发了更长距离的出行需求，建设旅行速度更快的都市快轨系统迫在眉睫，RER在此背景下诞生。1960年代初期巴黎运输公司和法国国营铁路公司开始着手RER线路规划设计，1970年代初期建成RER-A线和RER-B线，分别形成了横贯东西和纵贯南北的都市快轨线路骨架，A、B两线连通市区5个铁路客运站，受益于巴黎市区密集的地铁网络，铁路客运站之间联系更加便捷。1970年代中期开始建设RER-C线，至1980年代中期，建成RER线路274km，车站133座，有力地支撑了巴黎大区发展。与地铁线路相比，RER线路采用更高的技术标准，如站间距更大、站台更长（长度在225m左右），发车频率达到2分钟左右，旅行速度达到50～60km/h，出行服务品质更高，赢得了居民出行偏好，1985年日客运量达到115万人次，部分线路高峰断面客流达到5万人次[152]。在RER支撑下，巴黎大区空间由主要服务于距离核心区25～35km的近郊新城逐步延伸至远郊50km，强化了大都市区空间形态。此外，RER-A线的建设也支撑了拉德芳斯副中心的快速发展，其他RER线路与既有地铁线路共同支撑条件下，形成了中心城区多个副中心（图4.25）。

	1850年	1900年	1940年	1960年	1980年	2000年	2015年
巴黎大区人口	150万	375万	570万	720万	920万	1130万	1230万
巴黎市人口	110万	270万	280万	280万	220万	205万	225万
时代背景	人口高度集中在巴黎市区范围内	建成区由巴黎市向近郊区过渡		进入“光辉30年”，人口快速增长，降低巴黎中心区密度，提高郊区密度		人口增幅变缓	
空间治理	奥斯曼空间改造	1932年出台首部巴黎地区国土开发计划		1965年巴黎大区成立，着手统筹发展	1976年法兰西岛大区成立，范围大幅增长，更加关注区域统筹发展		
交通政策	慢行主导	早期有轨电车系统快速发展		1960年小汽车导向的交通政策	1976年，提出公交优先发展政策	提升公交服务水平，建设现代有轨电车	
轨道建设	公共马车时代	1900年，建成第一条地铁	1939年，巴黎市区范围内建成160km地铁	1970~2000年总计建设39km地铁，地铁建设基本完毕；1969年第一条RER运营，当前已建成598km，仍在规划建设中			

图4.25　巴黎大区空间结构研究历程分析

图片来源：作者绘制

4.4 大都市区空间演进机制分析

4.4.1 总体机制

对大都市区空间结构演进机制的分析，国内外学者多集中在单一因素层面，如交通运输技术、虚拟网络、空间消费等，少量文献进行了初步的系统性分析[195-199]，但缺少轨道交通线网层面的深入分析；在此背景下，结合三个国外案例发展历程和特征，从自然环境与城市发展基础、经济与产业发展、运输与通信技术升级、规划管理等制度或政策管控、社会发展与进步五个角度，对大都市区空间结构演进机制进行系统分析（图 4.26），着重探讨轨道交通在其中发挥的作用。

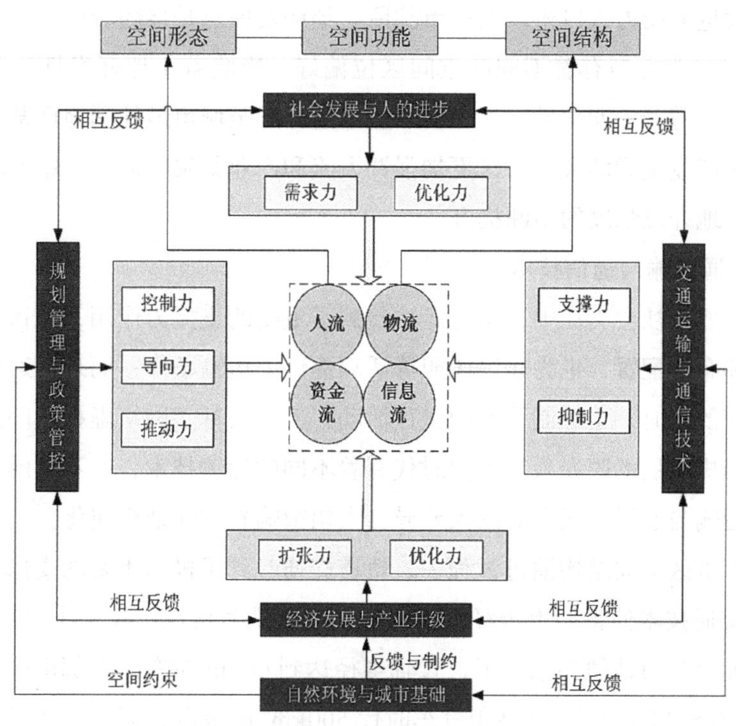

图 4.26 大都市区空间结构演进机制分析

图片来源：作者绘制

（1）自然环境与城市基础

自然环境对空间演进起重要的约束作用，尤其是地形地貌条件直接决定了城市形态，在建设用地条件较好的平原或浅丘地区，建成区基本为连绵状发展。此外，自然资源禀赋决定了产业发展类型，进而影响了产业空间布局和空间结构，例如，临近海港的东京都市圈在神奈川、千叶等沿海地区发展了较大规模的临港产业，首尔大都市区亦在仁川和京畿道临海区域发展了大规模的临港产业，这些地区货运需求较大，促成了拥有较为发达的高（快）速路和货运铁路系统，进而影响了城市功能分区和空间演进。此外，城市发展基础对后期空间演化起重要的约束作用或支撑作用，例如，巴黎市历史建筑抑制了土地开发强度的提升，而较大规模的传统铁路路由为都市快轨发展提供了通道或站点条件，支撑了东京、巴黎等都市形成了较大规模的区域轨道网络。

（2）经济发展与产业升级

经济发展为城市空间拓展提供了扩张力，为建成区更新提供了优化力，居民在城市得以生存和生活的前提条件是拥有稳定的收入，而经济发展提供了岗位需求，使得大量劳动力人口得以在城市驻留。经济发展总是伴随着产业结构的不断升级，不同产业类型有着不同的空间区位偏好，影响着土地开发性质和空间布局，例如，伴随着工业化升级演化，工业不断外迁至城市最外围地区甚至远离城市，而第三产业主导的大都市区更加强调人流和产业集聚，促成了中心城区尤其是核心区土地开发强度的不断提升。

（3）交通运输与通信技术

经济发展和社会交往中，交通运输起到了重要的支撑力作用，使得经济要素得以流动和有效配置，也为居民休憩等活动提供了运输条件；而现代通信技术在拥有支撑力的同时，也抑制了空间交往活动，例如，基于网络虚拟空间的生产和休憩。从历史发展的眼光看，不同时代有着不同的运输技术，在不同的技术条件支撑下，运输与通讯方式有着巨大差异，大幅影响着空间结构演化。

在大都市区空间结构演进过程中，轨道交通起到了极为重要的支撑和引导作用，轨道交通技术使得城市半径大幅增长，在地铁时代城市长轴半径达到 30km 左右，在拥有都市快轨的条件下，长轴半径达到 60km 左右，大都市区建成区面积达到 1000～2000km^2，远高于汽车时代 500km^2 的范围；同时，轨道交通有着更高的客流集散能力，支撑了土地开发强度的大幅提高，土地使用效率大幅提升；轨道交通建设使得大都市区范围内可达性大幅提升，空间交易成本有所下降，不同产业类型再次集聚，引导了城市空间集聚发展。从人流交往视角看，在 3500km^2 左右的都市密集建设区范围内，大都市区产业结构以第三产业为主，人流交往密切，高运量、快速度的轨道交通正好适应了这一出行需求，使得城市居民有更多的就业和休憩选择机会。

（4）规划管理与政策管控

在城市空间演进过程中，规划管理、公共政策等制度设计起到了重要的保障和约束作用，同时拥有控制、引导和促进作用。不论是集权特征明显的亚太国家还是自治特征明显的大部分欧美国家，在土地开发过程中均拥有不同类型的土地管控措施，对中国城市而言，城市规划和其他公共政策有着更强的导向力和控制力作用，而在城市新区开发过程中，规划则有较强的促动力作用。

（5）社会发展与人的进步

空间结构演进的最终目标是服务于人的需求和发展，人是空间演化的根本动力和最终决策主体，社会发展起到了统领全局的作用，在空间演化的影响因素中起到了重要的价值引领和目标导向作用。

在多因素影响框架下，不同行为主体如政府、企业和社会提供的人流、物流、资金流、信息流共同承载于城市空间，在多元影响力作用机制下促成了不同的城市形态、城市功能和城市结构。

4.4.2 交通机制

轨道交通与城市空间存在互动的影响关系，上文主要分析了不同制式轨道交通对城市空间的影响，本节做系统性梳理，从定性分析的视角研究轨道交通与土地空间的互动机制问题。

从国外大都市区空间结构演进和轨道交通发展历程看，不同制式的轨道交通由于建设年代不同，其在空间演进中的作用也不一样，按照轨道交通的出现顺序及在当前轨网中的重要性，重点分析地铁和都市快轨如何影响空间结构演化，由于地铁建设历程较长，早期建成线路与20世纪70年代建成线路建设重点不同，因此，分别对其分析。都市快轨主要由基于传统铁路改造和新建两种类型，其对空间演化的影响机理也存在较大差异，因此，也分为两个类型进行分析。

（1）早期地铁促使城市空间更加集聚，后期地铁逐步引导空间拓展

先期建设的城市轨道交通线路总是滞后于实际需求，例如，东京都市圈虽然轨道交通网络发达，但是，在20世纪20年代之前，其轨道网络构成中，蒸汽机车和电力机车占较大比例，不足以承担城市交通职能，第一条高运量地铁于1927年建成，当时，东京都人口已达到448万人，区部范围内人口为410万人，有较大的客流需求，但由于地铁造价较高，区部范围内城市客运组织一直以有轨电车为主，直至1939年地铁运营里程仅有14km，第二次世界大战结束后，东京

都市圈地铁建设速度才大幅增快，地铁建设具有明显的滞后性；巴黎和首尔也有近似的发展历程，巴黎第一条地铁线路在 1900 年开通，而当时巴黎市人口已达到 280 万人，首尔第一条地铁线路在 1974 年开通，首尔市当时的人口规模达到约 650 万人，亦有巨大的交通需求。

由此可见，早期建成的地铁，建设初衷大都是缓解中心城区交通拥堵，既包括有轨电车内部客流拥堵也包括基于道路设施的小汽车拥堵，在建设之初并没有引导城市发展的意图。在地铁线路建成后，地铁沿线区域尤其是轨道站点交通可达性大幅提高，促成了土地开发的大幅提升，提供了更大规模的居住面积和就业岗位数量，由于早期建设线路均在建成区范围内，因此，城市空间结构呈现更加集聚的特征，人口与产业要素沿地铁线路集聚的特征也非常明显，点轴空间特征明显。

受地铁技术参数约束，最长里程一般不超过 50km，因此，在地铁里程超过 200km，中心城区基本实现了网络化运营后，地铁线路建设转向更大的城市区域阶段，此时，方有轨道交通引导城市发展的觉悟，但是，地铁末端站距离中心城区几何中心距离一般在 30km 内[160]，因此，地铁对空间拓展的影响较小，但是，其高运量的运能特征促使高端产业要素更加倾向于向中心城区集聚，使得中心城区核心区人流密度再次大幅提升，极化效应更加明显（图 4.27）。

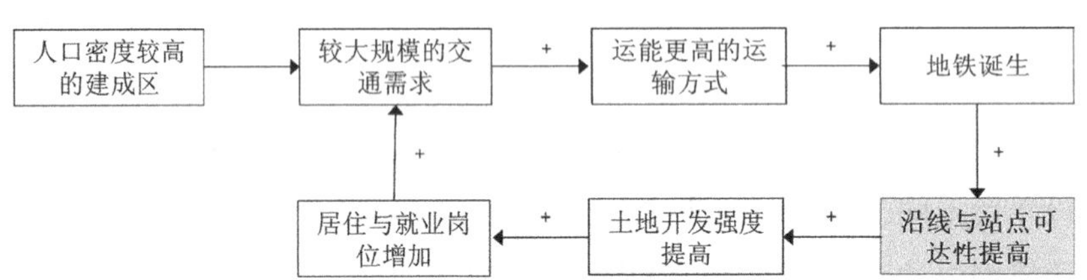

图 4.27　地铁对城市空间结构影响机制分析

图片来源：作者绘制

（2）都市快轨大幅延展了城市空间范围，支撑了更大尺度的网络化中心体系

西方发达国家首都城市，如伦敦、巴黎、柏林等，以及东京、首尔等在城市发展初期均建设了较大规模的铁路系统，受技术性能影响，在运营初期主要承担 10km 以上的中长途客运职能，而当时的城市空间半径大都在 10km 以下，因此，传统铁路在城市尚未进入大都市区发展阶段时，对空间演化影响较小。

伦敦、东京、巴黎和首尔在 20 世纪 50 年代以来面对城市人口的大幅增长、急切的居住需求，亟需在城市外围地租成本较低的地区建设大量居住区，而基于小汽车的组织模式在城市规模急剧增大背景下，交通出行速度大幅降低，亟需新的交通组织方式支撑 15km 以上的长距离出行。这一时期内，由于地铁建设占据了良好的路由通道，加之轨道交通建设成本日益升高，因此，上述城市均对传统铁路进行了技术升级，使其具备城市交通职能。改造后的传统铁路形成了规范意义上的都市快轨，拥有旅行速度快、启动和制动距离短等城市轨道交通制式技术性能，能够适应城市交通组织需求，对核心区和城市外围地区有最明显的影响。由于既有铁路修建年代较久，因此，客运站大都位于中心城区范围内且紧邻核心区，如巴黎的蒙帕那斯车站、萨拉扎尔车站、里昂车站、北站、东站、奥斯德利兹车站距离巴黎圣母院均在 3km 左右，东京站、首尔站等也均在中心城区类似几何中心处，依托传统铁路改造而成的都市快轨由于前期路由通道与土地空间联系不够紧密，在改造为都市快轨后，中心城区范围内设置的站点也较少，仅在大型客运集散地设置站点，其对核心区支撑的作用更加明显，使得核心区可达性明显高于周边仅有地铁网络支撑的站域，促成了核心区土地开发强度和人流密度的提升。

此外，由于都市快轨拥有更高的速度，使得在同等时耗条件下，可以到达更大的区域范围，加之较低的经济票价和外围地区较低的居住成本、优良的居住环境等，共同支撑了大都市区空间拓展，同时，也为中低附加值产业的转移提供了运输条件，在多种政策组合效应下，郊区提供的就业岗位同时增长，郊区新城独立性更强（图 4.28）。

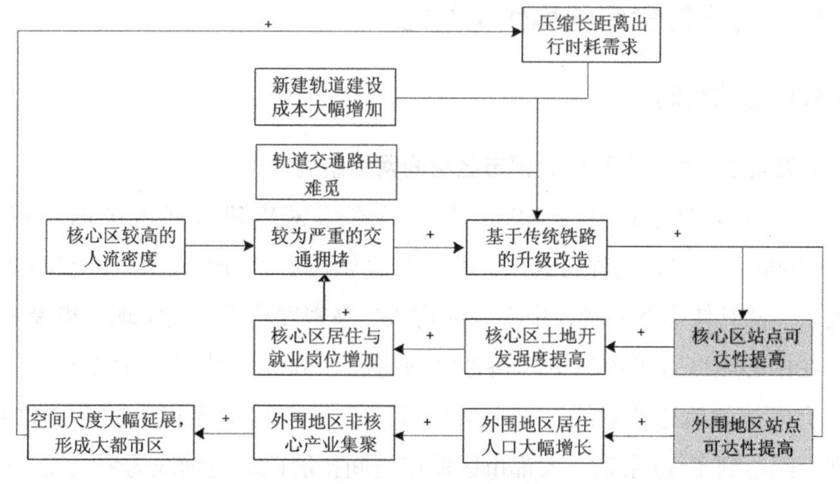

图 4.28　都市快轨对大都市区土地空间结构影响机制分析

图片来源：作者绘制

西方发达国家大都市除基于国铁路由通过改造升级建设了大量都市快轨外，也新建了少量技术标准较高的都市快轨，如东京都市圈的部分私铁线路、首尔大都市区的空港快线等，这些新建都市快轨线路有着更强烈的建设紧迫性，且轨道起始站大都为大型客运枢纽或都市区中心，在对核心区的影响机制上，同基于传统铁路改造而成的都市快轨有较强的类似性。这类新建都市快轨往往在都市化后期建设，其对大都市区空间拓展的支撑作用不太明显，由于新建线路一般有更高的运营标准和更高的服务水平，因此，这类线路在承接中上层居住人口转移方面有着更明显的优势，对大都市区外围新城的支撑作用更加明显。

在都市快轨支撑下，核心区极化发展效应更加明显，而大都市区外围的郊区新城在生态城市等规划理念影响下，大都围绕站点采取了低强度开发方式，使得大都市区土地开发强度呈现自内向外以此降低且更加明显的圈层分布特征。

（3）地铁、都市快轨对空间结构演化影响的共性与差异性分析

地铁和都市快轨作为高运量轨道交通，均支撑土地开发强度的大幅提升，且在部分区域促成了轴带形态。由于地铁站间距大都在 1.5km 左右，而都市快轨站间距在中心城区范围内一般超过 3km，在郊区超过 2km，因此，地铁和都市快轨在中心城区范围内，对土地开发的影响有差异，都市快轨更加关注对都市区中心、大型客运枢纽的支撑；而地铁由于站间距较小，使得轨道站域范围内土地开发强度基本趋同。

4.5 大都市区空间结构优化策略

4.5.1 土地空间

1. 构建轨道交通主导型的大都市区空间网络结构

上述三个大都市区在 3000km^2 左右的都市密集建成区范围内承载着约 1000 ~ 2000 万人口，仍保持高效运行，与其轨道主导型的大都市区空间结构有直接关系。从具体形态来看，中心城区均依托高密度轨道站点实现了集聚的团状发展，在中心城区范围内轨道线路密度均超过 1.3km/km^2[200]；中心城区至外围郊区拥有发达的轨道放射线，三个大都市区均拥有 10 余条以上的轨道放射线，东京都市圈达到了 30 余条，大都市区城市空间拓展以轨道轴线为依托逐步外延，在空间组织层面，由此形成了“团状 + 走廊”的空间网络结构。东京都市圈形成了区部至埼玉、区部至多摩、区部至横滨、区部至千叶、区部至筑波等多条轨道交通走廊，首尔大都市区也形成了首尔市至仁川、首尔市至乌山两条重要走廊，巴黎大区形成沿塞纳河畔、RER-A、RER-C 等多条走廊（图 4.29）[201-203]。

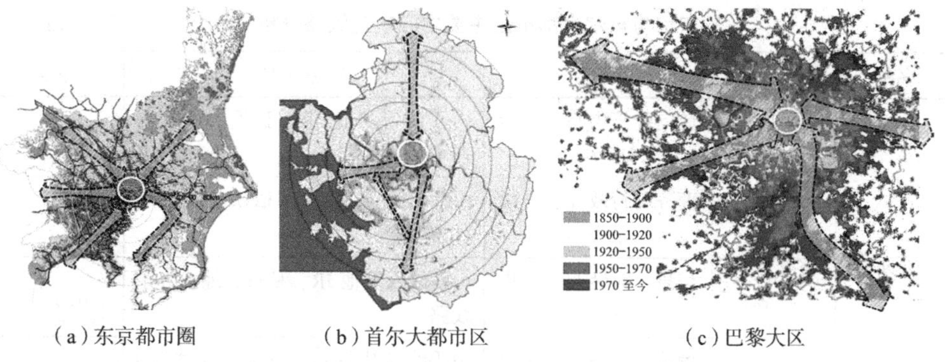

（a）东京都市圈　　（b）首尔大都市区　　（c）巴黎大区

图 4.29　三个大都市区“团状＋走廊”形态

图片来源：根据日本国土交通省、首尔发展研究院、法国国土开发与城市规划研究院等相关资料绘制

大都市空间拓展采用沿轨道轴线展开的模式较好地处理了外围地区与中心城区交通快捷联系问题，符合城市开发的集聚与效率原则，具有较强的经济性（基础设施供给的可行性）、生态性（轴带两侧为农用地或绿地）、便捷性（有利于轨道交通组织方式）。此外，这种走廊模式，类似于通道的流空间组织机理，有利于人员、资本、信息等生产要素的有序流动，在走廊内实现交通组织平衡，也有利于形成规制的交通活动路径，有利于职住空间组织。

2. 形成基于轨道环线的都市区中心体系

三个大都市区极核中心、都市区副中心大都有高运量的轨道环线支撑其发展。如轨道环线山手线串联了东京都心、新宿、池袋、涩谷等极核中心和都市区副中心，首尔地铁 2 号线串联了汉阳都城极核中心、江南副中心和永登浦副中心（表 4.13），山手线和地铁 2 号线长度分别为 34.5km 和 48.8km，分别拥有换乘车站 24 座和 16 座，占环线上总车站比例分别为 82.7% 和 37.2%，可以看出轨道环线在中心城区几乎与所有线路均能相交形成换乘站，能够便捷换乘。对于距离巴黎市中心 10km 左右的 8 个副中心而言，目前，尚无快捷轨道环线串联，在新版轨道线网规划中，提出了规划环线串联都市区副中心的设想（图 4.30），这与东京、首尔等团状大都市区副中心交通组织方式接近。

3. 依托轨道站点进行“站城一体”式土地高强度开发

三个大都市区在中心城区范围内普遍拥有较高的轨网密度，交通集散能力较强，因此，支撑了土地开发强度的提高[221]。尤其是对东京都市圈而言，在“一核七心”核心区域范围内，土地开发毛容积率除临海为 0.8 外，其他均超过 1.4

东京与首尔大都市区主要中心轨道线路分析 **表 4.13**

名称	中心名称	定位	轨道线路	环线
东京都市圈	都心	政治经济中心、国际金融中心	山手线及其他 JR、私铁、地铁等 15 条线路	山手线
	新宿	商务与行政办公、娱乐中心	山手线及其他 JR、私铁、地铁等 10 条线路	山手线
	池袋	信息、时装业、文化娱乐中心	山手线及其他 JR、私铁、地铁 8 条线路	山手线
	涩谷	商业、商务、文化中心	山手线及其他 JR、私铁、地铁等 9 条线路	山手线
	上野	艺术与传统文化旅游中心	山手线及其他 JR、私铁、地铁等 11 条线路	山手线
首尔大都市区	汉阳都城	世界级历史文化中心	1、2、3、4、5、6 号线与京釜线	2 号线
	永登浦	国际金融中心	1、2、5、9 号线与京釜线、京仁线	2 号线
	江南	国际业务商业中心	2、3、7、9 号线与新盆唐线	2 号线

资料来源：根据相关资料整理

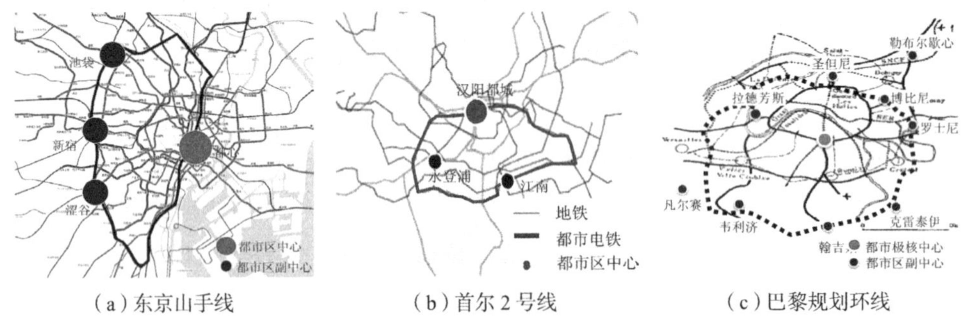

（a）东京山手线　（b）首尔 2 号线　（c）巴黎规划环线

图 4.30　轨道环线与都市区中心关系分析

图片来源：根据文献 [174] 相关底图绘制

（图 4.31），都心、新宿、涩谷、池袋和大崎分别达到了 3.3、3.5、2.7、3.1 和 3.9（表 4.14），远高于我国绝大多数城市当前 CBD 核心区域开发强度。首尔大都市区在汉阳都城、永登浦、江南三个都市区中心片区，依托发达的轨道交通网络也进行了高强度开发 [185]。巴黎市建筑物绝大多数为百年石质建筑，为保护文物建筑和文化传统，施行了严格的建筑限高，土地开发强度看似较低，但人流密度仍然较高，居住人口密度超过 2 万人 /km^2，核心区就业岗位密度超过 4 万个 /km^2，加之大量的旅游等流动人口带来更强的出行需求，可以想象若没有

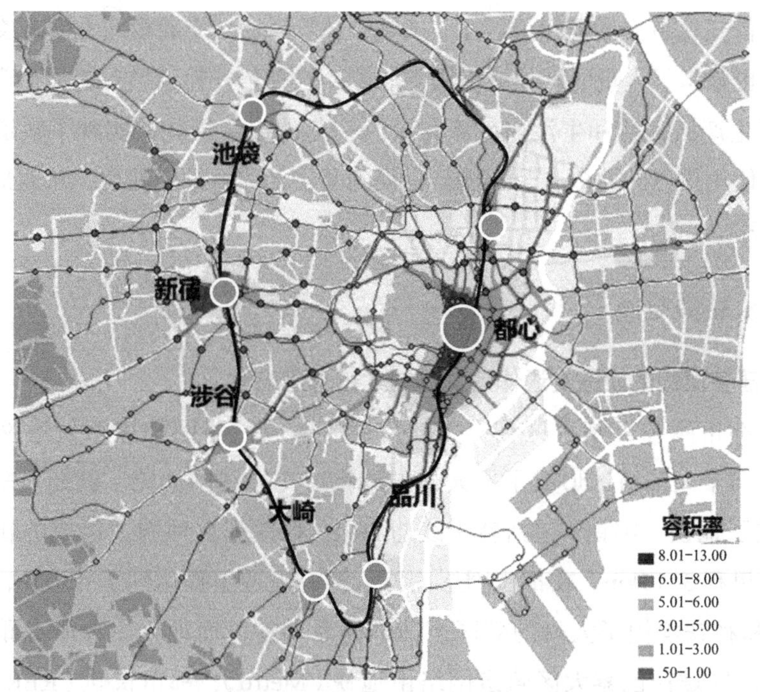

图 4.31　东京都市圈区部中心体系开发强度与轨网密度关系

图片来源：成都轨道交通集团有限公司 . 关于进一步加强“轨道交通引领城市发展格局”的建议 .2016

东京都心核心区域主要开发强度指标统计　　表 4.14

名称	面积（km^2）	建筑基地面积（km^2）	建筑面积（万 m^2）	毛容积率	净容积率
都心	5.4	3.0	1820	3.3	6.15
新宿	2.7	1.5	950	3.5	6.25
涩谷	1.5	1.0	420	2.7	4.36
池袋	1.3	0.7	410	3.1	5.68
大崎	1.3	0.7	510	3.9	7.65
上野 – 浅草	2.7	1.6	380	1.4	2.39
锦糸町 – 龟户	2.1	1.1	330	1.6	2.97
临海	4.4	1.2	350	0.8	2.98

资料来源：东京都 . 东京都土地利用 . 平成 18 年（2006 年）

发达的轨道交通网络，则难以支撑这一大规模、高强度的出行需求，从“流”组织视角看，巴黎市也实现了土地的高强度使用。

此外，三个大都市区依托轨道站点土地开发，大都以混合业态融合开发的方式展开，依托轨道交通枢纽进行了“站城一体”开发，交通枢纽在实现交通集散的同时，也承担了大量的其他城市服务职能。这种依托轨道站点将城市商务、商业等主要生产服务业和生活服务业集聚到一起的组织模式，实现了轨道运营企业、物业使用单位的共赢，个人出行也得到了最大程度的便捷化，从而提升了空间组织效率。

4.5.2 轨道交通

1. 构建多层级的轨道交通体系发挥制式技术适应性

东京都市圈和巴黎大区拥有100余年的区域铁路网和城市轨道网建设历史，使得两个大都市区形成了更大规模的轨道交通线网规模。例如，东京大都市圈形成了地铁、国铁（包括新干线与JR）、私铁等多种制式组成的轨道交通网络，总里程3515km，在都市圈层面万人拥有轨道里程达到了0.9km，上述线路中JR和私铁承担了大量的郊区至区部联系功能，而地铁主要服务距离东京站20km的区域；巴黎大区轨道网络由地铁（Metro）、都市快轨（RER）、有轨电车（Tramway）与市郊铁路（Transilien）等制式构成，其中，都市快轨（RER）里程长度589km，主要布局于距离巴黎市中心30km的范围内，最高行驶速度100～140km/h，旅行速度约50km/h，主要承担郊区新城与巴黎市区联系职能（图4.32）[202-204]；首尔大都市区轨道交通起步较晚，通过近50年的发展，亦形成了都市快轨、地铁、轻轨等多制式构成的轨道交通体系，当前首尔大都市区共有轨道线路20多条，长度达975km，其中，都市快轨559km，主要承担京畿道和仁川下属区、市与首尔市的联系职能。

上述三个大都市区不仅轨道里程规模相对较大，运营管理水平也较高，以充分发挥轨道交通线网的总体效能。例如，东京都市圈采用站站停靠、“大站快线”、直达线路等组织方式，使得JR和私铁等旅行车速大都达到了45～60km/h。巴黎大区区域性轨道交通共有RER、Transilien和TER三种类型，它们根据各自的技术特征，服务不同的区域和人群，在同一客流走廊也采取不同的旅行速度和停站方式（图4.33）；RER主要定位为服务巴黎大区范围的都市快轨，在近郊区各站几乎均停靠，站间距大于地铁小于Transilien和TER；Transilien和TER主要服务于距离巴黎市区30km以外的地区；以巴黎RER-B和Transilien-K客流走廊为例，该走廊每日开行列车108列，其中RER列车81列，Transilien列车14列，TER列车13列，RER承担绝大多数客流。

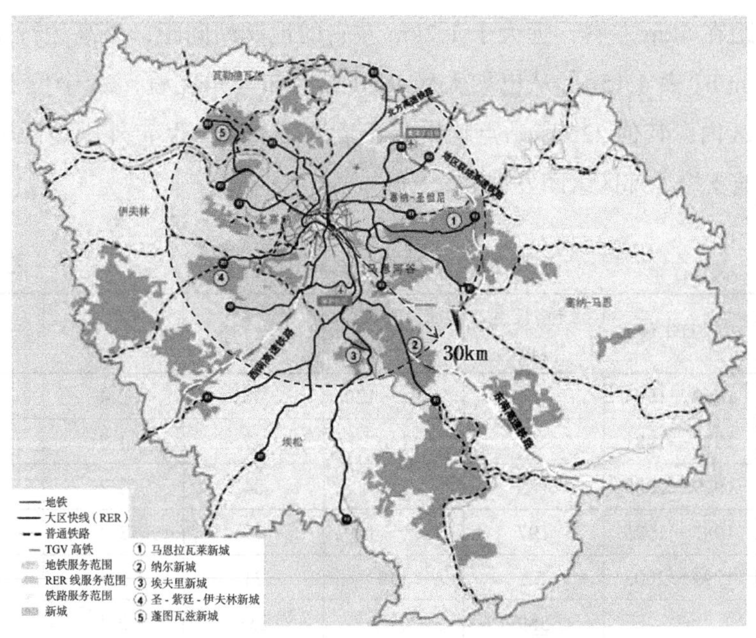

图 4.32　巴黎大区轨道交通线网布局现状图

图片来源：根据全永燊与刘剑锋（2017）[207] 相关底图绘制

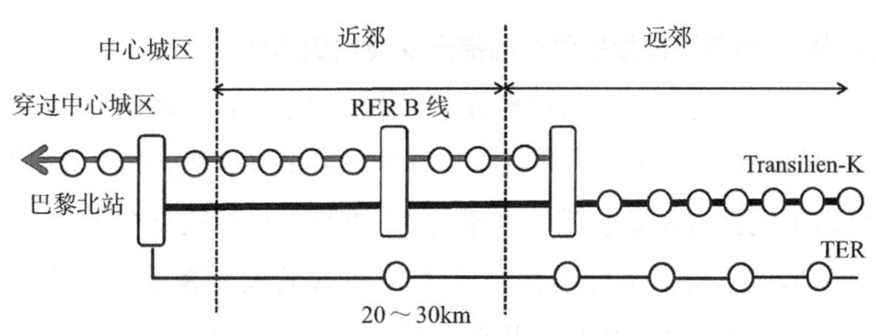

图 4.33　巴黎 3 种等级区域铁路服务范围与站点设置示意图

图片来源：作者绘制

2. 发展较大规模的都市快轨适应长距离空间需求

随着大都市区空间规模的不断增大，20km 以上的长距离出行比例和规模日渐增大，传统的地铁车辆难以适应 3km 以上站间距长线路运营，从可持续运营角度看，地铁难以满足实际需求，因此，自 20 世纪 70 年代以来，东京、巴黎、首尔等均建设了较大规模的都市快轨制式，其旅行速度明显高于地铁普线，使得在同等出行时耗条件下，能够到达更远的区域，大幅提高了空间组织效率。

以诞生于 20 世纪 60 年代后期的都市快轨 RER 为例，该制式大都布局于距巴黎市区半径为 30km 的范围内，从站间距指标看，RER 平均站间距 2.4km，近郊区站间距在 5km 左右，远大于 1.2km 左右的地铁站间距，最高运行速度大都达到 140km/h（表 4.15）。从巴黎大区 RER 站点布局角度看，33 个位于 105km^2 的巴黎市区内，其他 225 座站点均设置于近郊区和远郊区，外围地区覆盖率较高，有力地支撑了郊区组团发展[173]。

巴黎 RER 线情况一览表（2017） **表 4.15**

线路	开通年份	线路长度（km）	最高速度（km/h）	站数（座）	站间距（km）	支线设置
RER-A	1969—1994	109	100 ～ 120	46	2.4	5 条
RER-B	1977—1981	80	140	47	1.7	4 条
RER-C	1979—2000	185	140	84	2.2	8 条
RER-D	1987—1995	197	120 ～ 140	59	3.3	3 条
RER-E	1999—2003	52	140	21	2.5	2 条
合计	—	589	—	258	2.4	22 条

资料来源：根据 https：//parisbytrain.com/paris-rer/ 等资料整理

3. 形成“环 + 放射”骨架轨网形态提升交通组织绩效

三个大都市区轨道交通线网均形成了“环 + 放射”骨架轨网形态，换乘组织效率较高。例如，东京都市圈以环线山手线为核心载体，近 100 年来不断扩充其运能，使得山手线拥有 4 条股道，大量的 JR 线路、私营铁路至区部，均需通过山手线过轨，形成了若干个日均客流超过 50 万人的大型客运枢纽[205]；首尔大都市区以环线地铁 2 号线为依托，几乎实现了与所有放射形线路的便捷换乘，使得 2 号线客流强度仅次于轴线 1 号线；巴黎大区在巴黎市范围内也形成了 2 号线与 6 号线的组合环线，虽然换乘功能不强，但也提供了更加多元的路径选择，巴黎近郊的轨道环线也提上了建设日程，其建成后，将使 RER、地铁等不同制式系统紧密的衔接起来，换乘效率大幅提升。

4. 采用较高的技术标准应对远期客流不确定性

轨道发展基础和历程同我国城市更加接近的首尔大都市区，其轨道线网规划中务实的前瞻性值得国内城市学习。具体来看，1970 年代，韩国在人均 GDP 不足 4000 美元的经济背景下开始建设地铁，当时地铁建造成本达到 7500 万美元 / km，韩国较低的财政收入和较高的地铁建设成本并没有延滞首尔轨道的建设步伐，而是从长远发展的角度，对轨道交通的容量进行了一定的预留，采用较高的工程标准，如地铁线路大都采用类似于我国A型车标准设计运营限界，且站台长度也远高于我国北京、上海等城市，运营编组达到8节或10节（6辆编组的里程仅为12%；外围新城的都市电铁列车也大都采用了8节编组）。从具体线路指标看，首尔大都市区建成的9条地铁线路均采用了较高的编组，如1～4号线为10辆编组，5号线、6号线、7号线为8辆编组，8号线、9号线为6辆编组；位于空间末梢的仁川地铁也采用了8辆编组的形式。首尔先期建成的1～4号线，客流负荷强度分别为5.94万人次/km·d^{-1}、3.20万人次/km·d^{-1}、1.99万人次/km·d^{-1}和2.57万人次/km·d^{-1}，均处于较高的运营水平[192]，没有出现严重的运能浪费。

5. 强化轨道站点一体化设计以提高接驳品质

三个大都市区在轨道站点均高度关注一体化接驳设计，地下空间开发体量较大，在核心区和多线换乘枢纽拥有大量的地下连廊。以东京都市圈为例，得益于较高的轨网站点密度和高效的接驳体系，1998年都市圈轨道接驳平均时耗仅为10分钟，平均接驳距离为800m，其中，区部范围内接驳时间绝大多数在10分钟之内，区部外地区接驳时间大都在10～15分钟之间，极少量比例超过15分钟。在接驳方式中以步行交通为主，区部范围内，步行接驳方式占85%左右，高密度的出入口设置和发达的立体步行网络提供了保障[206-208]。

4.6 小结

1. 大都市区人口增长具有“顽固性”特征，空间规划需认真考量

三个国外大都市区均采取了不同程度的人口控制措施，但大都市区人口始终增长，尤其是首尔大都市区在韩国拥有90%的高城镇化率和各地区人均GDP接近的背景下，人口仍快速增长，说明了大都市区强大的人口吸纳能力，在较大的国土空间规划层面应予以积极应对，限制大都市区人口增长往往是徒劳和低效的。

2. 大都市区中心具有“趋中性”的特征，在都市密集建设区范围内一般会形成3级中心体系，都市区中心与轨道环线、都市快轨关系密切

大都市区中心具有空间区位上“趋中性”特征，在都市密集建设区范围内，东京、首尔和巴黎三个大都市区均形成了“都市区极核中心—都市区副中心—郊区中心”3级中心体系。尽管三个都市均采取了多中心的空间发展战略，但是能级最高的中心均位于大都市区类似几何中心的位置。此外，都市区副中心的规划建设均历时较长，且空间位置均在中心城区范围内，距离传统商业中心距离在8km左右，巴黎市范围内由于实施严格的建筑限高，使得拉德芳斯副中心距离1区距离稍远，但仍在中心城区范围内。都市区极核中心和副中心均有发达的轨道交通支撑，在拥有地铁普线的同时，均有都市快轨线路，且大都拥有轨道环线通过（巴黎轨道环线在规划中）。

3. 首尔大都市区发展背景、演化历程等中国都市较为接近，其空间模式更值得中国都市借鉴

城市空间结构和交通模式的差异化是在特殊的时代背景下形成的，东京都市圈和巴黎大区之所以形成大规模的轨道网络，尤其是拥有较大规模的都市快轨系统，与其较长的工业化历程和铁道发展史有较大关系。对于中国都市而言，首尔大都市区发展历程与中国都市有着更多类似性，其空间优化策略、轨网布局与建设策略值得更多地借鉴。此外，在中观层面，东京都市圈和巴黎大区在郊区均形成了走廊状土地形态，都市快轨与都市区中心体系的协同发展等方面亦值得中国都市借鉴；在微观轨道站域开发，东京开创了“站城一体”开发策略，与当前的TOD策略殊途同归，在交通接驳与客流组织层面，东京和巴黎均有丰富的经验。

5 国内外大都市区空间结构特征的系统比较

我国大都市空间结构及演进机制与国外发达大都市区相比，既存在普遍共性也存在显著差异，这与我国城镇化起步于不同的发展背景和处于不同的发展阶段紧密相关，同时受到国家体制、政府管治、地域文化等综合因素的影响。此外，我国城市轨道交通建设呈现了“大规模、高标准、急促式”的发展特征，与国外大都市区地铁建设高峰时期年均建成20km左右的速度相比存在巨大差异，加之中国大都市区特殊的空间结构，使得轨道交通与空间结构互动关系呈现更加复杂的特征。因此，建构适合中国特色的团状大都市区空间结构模式，在总结和借鉴国外发达大都市区空间结构优化经验的基础上，更要注重考虑中国语境和中国特色，因地制宜、因势利导的进行创新，促进交通与土地协调发展，形成既拥有竞争力、空间活力又拥有可持续性的大都市区空间结构。

5.1 空间结构的共性特征

中国、韩国和日本同属亚太文化圈，受儒家文化影响较大，在行政区设置与政府管治、规划管理等方面比较类似，共同导致经济发展和城市规划建设的内在逻辑接近。法国作为典型的中央集权制国家，大区政府在巴黎大区发展上一直起重要的政策引领作用，使得巴黎大区在法国一直处于极化发展的道路上[209]，其人口总量与南京、杭州、武汉、西安、郑州等中国大都市区规模接近；此外，选择的三个案例均为著名的历史文化名城，城市发展的内在文化动因也存在趋同现象，进而导致了类似的大都市区空间结构。

5.1.1 极化发展

从案例分析可以看出，东京都市圈、首尔大都市区和巴黎大区发展存在明显的单极化特征，是较大国土单元内的经济增长极[210-213]，这一点同我国大多数省会城市在省域或区域范围承担的经济功能相似，以经济首位度（即首位城市与第二位城市的经济规模之比）衡量，2016年，成都、武汉、长沙、西安、郑州取值分别是6.4、3.2、2.9、2.2、2.1，若从省会城市所占全省的经济份额指标看，大都在 30% 左右（表 5.1），在省域范围内人口比重和 GDP 比重高度正相关（图 5.1）。这种极化效应吸引了较大区域的人口集聚，空间结构演化体现了中心城区人口快速增长、近郊区及远郊区依次递增的人口分布规律；在产业空间布局方面，国内外大都市区均存在着工业向服务业等第三产业升级的过程，在此过程中，第二产业不断外移，中心城区成为金融保险、贸易咨询、文化创意等服务业集聚地。

国内典型城市社会经济指标（2016 年） **表 5.1**

城市	所在省域面积（万 km^2）	所在省域人口（万人）	市域面积（万 km^2）	市域人口（万人）	市 GDP（亿元）	人口比重（%）	面积比重（%）	GDP 比重（%）
广州	17.9	10430	0.74	1404	19610	13.46	4.13	24.66
南京	10.7	7865	0.65	827	10503	10.51	6.07	13.80
成都	48.6	8041	1.43	1572	12170	19.55	2.94	37.24
武汉	18.5	5723	0.84	1060	11912	18.52	4.54	36.88
西安	20.5	3732	1.01	870	6257	23.31	4.93	32.65
杭州	10.5	5442	1.65	901	11050	16.56	15.71	23.77
长沙	21.1	6568	1.18	764	9323	11.63	5.59	29.84
沈阳	14.8	4374	1.29	829	7280	18.95	8.72	33.04
郑州	16.7	9402	0.74	956	7315	10.17	4.43	18.21

资料来源：根据百度百科数据整理

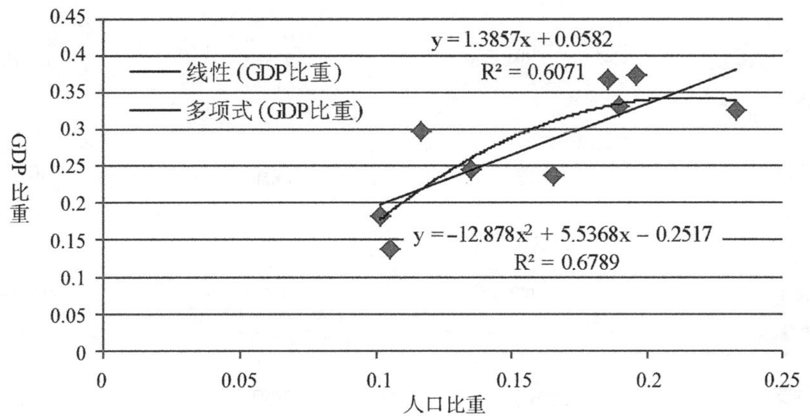

图 5.1 GDP 比重与人口比重函数关系分析

图片来源：作者绘制

以首尔大都市区为例，它以 11.8% 的国土面积，集中了韩国近 50% 的人口和经济产值，若以我国拥有单核城市（除辽宁、山东、江苏、浙江、福建、广东等少数几个沿海省份拥有双核和多核城市外，其他省份城市大都存在单核现象，且单核城市为省会）的省份与之对比，以省会城市为中心，面积外延至 1 万 km^2 左右，则境内人口总量和经济份额占区域的比例，与首尔大都市区大都接近。其根本原因在于韩国与我国大多数省份有着类似的国土开发条件，如区域面积狭小、适宜开发用地较少、人口稠密、人均耕地资源少、发展初期工业基础薄弱且有大量的农村人口等边界条件[214]，使得他们在发展初期和中期均采用类似的经济发展模式（如资源配置中有明显的行政化特征、非均衡的极化发展思路、外向型经济等）和相似的发展历程（经济增速高、持续时间长等）。

5.1.2 圈层集聚

从人口分布的规模和密度特征看，大都市区存在明显的圈层结构和集聚特征。以行政面积和常住人口为统计口径，以人口密度指标为分类标准，大都市区可划分为内圈层、中间圈层和外圈层三个地带。内圈层为中心城区范围，约 400 ～ 600km^2，以绕城高速或外环为界限（图 5.2），等效半径大都在 15km 左右（表 5.2），居住人口密度为 1.5 万～ 2 万人 /km^2，与东京区部、首尔市高度接近；中间圈层为紧邻中心城区的区（市）行政单元，一般在距离中心区约 30km 范围

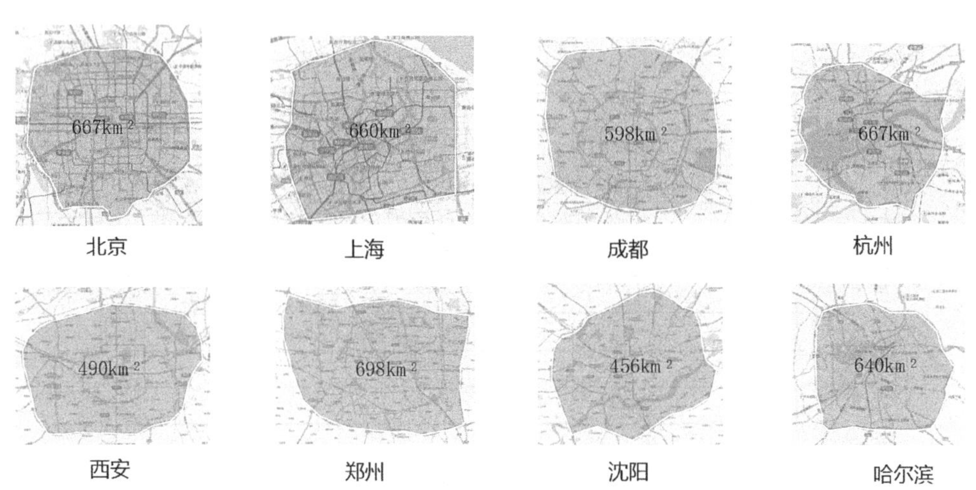

图 5.2　类似于首尔市区（东京区部或巴黎近郊区）的我国典型城市中心城区范围

注：根据各个城市总体规划，中心城区一般以绕城高速或外环为界限

图片来源：作者基于百度地图绘制

内，面积约 3500km^2，居住人口密度为 1000 ～ 2000 人 /km^2，若按照建设用地计算，大部分城市为 1 ～ 1.5 万人 /km^2；外圈层为远郊区（市或县），居住人口密度为 500 人 /km^2 左右。

国内城市外环路与围合面积统计 **表 5.2**

名称	外环周长（km）	团状面积（km^2）	等效半径（km）
北京	98	667	15.6
上海	99	660	15.8
广州	98	576	15.6
南京	102	660	16.2
武汉	80	520	12.7
成都	84	598	13.4
西安	82	490	13.1
杭州	109	430	17.3
郑州	105	698	16.7
长沙	98	650	15.6
沈阳	82	456	13.1

注：广州环线指由西侧 S82、北侧环城高速北段（深海高速广州支线）、东侧 G4W/G1501、南侧 S5（广明高速）构成的高速环线，长度 98km，团状面积为中心城区面积。南京外环由 G36、G40、G42 构成

资料来源：作者根据高德地图整理

在大都市区范围内，东京都市圈、首尔大都市区和巴黎大区居住人口、就业岗位等主要分布在距离核心区半径为 30km 内的都市密集建设区范围内，总面积约 3500km^2，这与我国诸多副省级省会城市当前划定的大都市区面积接近，如武汉（3261km^2）、成都（3934km^2）、沈阳（3471km^2）、西安（3900km^2）、南京（4388km^2）、杭州（3334km^2）等城市规划区（集中建设区）或大都市区范围均划定在 3500km^2 左右。在大都市区空间尺度层面，国内的北京和上海，在高密度高（快）速路及轨道交通支撑下，其连绵建成区最大半径已达到 50km 左右，空间范围约 1 万平方公里，与首尔大都市区与巴黎大区范围亦高度接近。总体来看，大都市区经济发展要素高度集中在都市密集建设区范围内，呈现明显的集聚特征。

5.1.3 势能级差

1. 势能匡算

本文研究对象为团状大都市区，在理论层面，这类大都市区在区域发展初期，资源要素禀赋是趋同的，多因素影响下，产生了先发的极点，进而演化为核心区[215][216]；此后，这些地区空间势能逐步增强，成为区域中心，进而进入循环累积因果链条，在产业分工不断细化的背景下，形成了不同规模和等级的中心体系。

由于空间组织难度较大的区域主要位于中心城区范围内的都市区中心片区，核心影响因素是就业规模和密度，因此，对三个国外大都市区中心势能值进行计量分析，统计各个中心核心区范围内就业岗位和密度值表 5.3。

都市区中心就业岗位和密度统计　　表 5.3

大都市区	名称	面积（km^2）	就业岗位 S（万个）	就业密度 D（万个 /km^2）	备注
东京都市圈	都心	5.4	116.0	21.5	极核中心
	新宿	2.7	52.6	19.5	副中心
	池袋	1.3	22.2	17.1	副中心
	涩谷	1.5	23.6	15.7	副中心
	大崎	1.3	19.4	14.9	副中心
	上野—浅草	2.7	17.8	6.6	副中心
	锦糸町—龟户	2.1	11.7	5.6	副中心
	临海	4.4	16.1	3.6	副中心
首尔大都市区	汉阳都城	6.3	55.8	8.9	极核中心
	永登浦	2.9	14.4	5.0	副中心
	江南	2.8	10.3	3.7	副中心
巴黎大区	中心 4 区	5.6	27.2	4.9	极核中心
	拉德芳斯	1.6	15.0	9.4	副中心

注：上述数据均为 2015 年左右统计数据

资料来源：根据维基百科及相关统计资料整理

综合考虑规模效应和密度效应对交通集散的影响，按照总和标准化方法对各中心的就业岗位规模和就业密度值进行无量纲化处理[217]，具体公式如下：

$$x_{ij}^{'} = \frac{x_{ij}}{\sum_{i=1}^{m} x_{ij}} \quad (i=1,2,\cdots,m;\ j=1,2,\cdots,n) \qquad \text{式}(5\text{-}1)$$

经过总和标准化处理后所得到的新数据 $x_{ij}^{'}$，满足下式：

$$\sum_{i=1}^{m} x_{ij}^{'} = 1 \quad (j=1,2,\cdots,n) \qquad \text{式}(5\text{-}2)$$

对就业岗位和就业密度分别进行归一化处理，得到规模效应值（S_{ca}）和密度效应值（D_{en}），对交通集散而言，两者有明显的乘积效应，由此定义中心势能值（E）计算公式如下：$E=100 \times S_{ca} \times D_{en}$，则计算三个大都市区各中心势能值如表 5.4 所示。

三大都市区中心势能值计算 **表 5.4**

大都市区	名称	规模效应值 S_{ca}	密度效应值 D_{en}	势能值
东京都市圈	都心	0.288	0.158	4.548
	新宿	0.131	0.143	1.873
	池袋	0.055	0.125	0.692
	涩谷	0.059	0.115	0.676
	大崎	0.048	0.110	0.529
	上野—浅草	0.044	0.048	0.214
	锦糸町—龟户	0.029	0.041	0.120
	临海	0.040	0.027	0.107
首尔大都市区	汉阳都城	0.139	0.065	0.901
	永登浦	0.036	0.036	0.130
	江南	0.026	0.027	0.069
巴黎大区	中心 4 区	0.068	0.036	0.242
	拉德芳斯	0.037	0.069	0.257

资料来源：作者绘制

2. 序列分析

可以看出各大都市区中心体系势能值呈现明显的级差特征，本文所称的极核中心势能值大都明显高于副中心（图 5.3）。东京都市圈中心体系中，都心势能值是新宿的 2.4 倍，新宿明显高于其他副中心，新宿势能值是池袋（或涩谷）的 2.7 倍；首尔大都市区的汉阳都城势能值是永登浦副中心的 6.9 倍，永登浦是江南的 1.9 倍；对巴黎大区中心体系而言，由于巴黎市土地开发强度受到严格控制，使得巴黎极核中心与拉德芳斯副中心势能值基本接近，其他副中心势能值明显偏小。

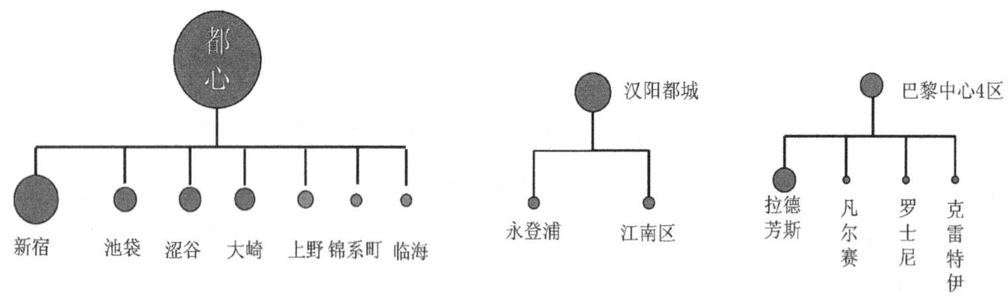

图 5.3　中心体系势能值分布特征

图片来源：作者绘制

根据相同的方法计算北京大都市区之国贸、金融街、中关村等中心势能值，国贸中心势能值是金融街的 4.7 倍，金融街势能值是中关村的 2.6，中心体系势能值分布特征同东京都市圈接近。由于未获得其他中国大都市区中心体系就业岗位数据，因此，难以准确计算其势能值，但是，从上海、成都等大都市区中心所在片区的开发强度和规模特征看，按照人均 $20m^2$ 的就业岗位面积估算就业密度，估算各中心势能值，中心体系级差特征同北京较为接近。

3. 分布特征

“中心”顾名思义指距四周距离相等的位置，1933 年德国著名地理学者克里斯泰勒（Wlter Christalle）提出了“中心地”理论，探讨了中心体系问题，大量的平原区城市发展历程与现实也证明了“中心地”理论的适用性，如东京区部商业中心分布等 [218]，这与经济学界提出的资源禀赋和市场腹地理论殊途同归。根据这一理论，中心具有明显的“趋中性”特征，在同等外部成本条件下，位于近似人口重心的中心能够获得最大的劳动力池和市场需求。

随着产业结构的不断升级，大都市区尤其是都市密集建设区范围主导产业类型几乎均为第三产业，部分学者提出了服务业外溢的观点。从实证效果看，由于发达都市的服务业是典型的创新型和智力型产业，更加需要思想的碰撞和面对面交流，以及受劳动力池理论的影响，高端服务业总是倾向于选址在核心区范围内，东京、首尔和巴黎等大都市区高端服务业均集聚在都心、首尔市和巴黎市范围内，并没有在更大的区域实现产业的梯度转移。总体来看，从核心区转移至外围地区的产业整体上受地租影响较大，这类产业在产业结构中有最大的比例，其产业功能从中心向外分散发展过程中，形成的紧邻中心城区集聚发展格局，反而加剧形成了一个更大尺度的“单中心”[219]，在中心城区范围内，根据腹地范围形成不同能级的中心体系。

5.1.4 环线耦合

发达大都市区极核中心和都市区副中心大都有高运量的轨道环线通过（表 5.5），如山手线串联了东京都心、新宿、池袋、涩谷等极核中心和都市区副中心，首尔地铁 2 号线串联了汉阳都城极核中心、江南副中心和永登浦副中心。北京大都市区中的国贸极核中心、中关村副中心也有地铁 10 号线通过，金融街副中心有地铁 2 号线通过，10 号线和 2 号线均为环线；上海大都市区中的陆家嘴极核中心也紧邻轨道环线 4 号线，串联真如、五角场等副中心的轨道环线也在研究中；此外，国内其他城市，如成都（7 号线）、西安（8 号线）等依托轨道环线发展副中心的端倪也已较为明显。

国内外都市设置的骨架轨道环线指标分析　　表 5.5

城市名称	环线名称	环线形态	长度（km）	轨网形态	换乘车站（座）	站点数（座）	换乘站比例（%）
东京	山手线	独立环	34.5	环＋射	24	29	82.8
首尔	2 号线	勺型环	48.8	环＋射	16	43	37.2
巴黎	2 号线	组合环	12.3	环＋射	13	25	52.0
	6 号线	组合环	13.6	环＋射	12	28	42.9
北京	2 号线	独立环	23.6	环＋射	10	18	55.6
	10 号线	独立环	57.1	环＋射	24	45	53.3

资料来源：根据 http：//www.urbanrail.net/ 等相关资料整理

我国团状都市大都规划了轨道环线，本文研究的 9 个团状大都市区中，除南京和杭州未设置环线外（南京和杭州虽然没有贯通运营的轨道环线，但是也存在形态为类似圆形的组合环线），其他均有环线，且绝大多数城市轨道环线在 2017 年之前运营，为都市区副中心建设提供了良好的支撑条件（表 5.6）。

从技术参数看，轨道环线长度大都在 40 ～ 50km 之间，拥有 35 个左右的站点，换乘站在 20 座左右，几乎实现了中心城区所有线路的便捷换乘；从列车编组看，除北京环线采用了 6B 外，其他城市几乎均采用了 6A 或 8A 编组，运量较高，在承担换乘客流和到达客流方面有较大的优势；同时，轨道环线均在中心城区范围内，且距离几何中心处距离大都在 7km 左右，得益于中心城区较高的人口密度，拟规划中心有较大的人口腹地，而中心城区拥有较大规模的就业岗位，在环线范围内就业岗位联系也较为方便，依托换乘站建设都市区副中心符合“中心地”理论。

典型高密度团状都市轨道环线指标统计　　表 5.6

城市	独立环线	长度（km）	等效半径（km）	（预计）运营时间	站点数（座）	车辆编组
北京	2 号线	23.6	3.76	1987	18	6 准 B
	10 号线	57.1	9.09	2013	45	6B
上海	4 号线	33.6	5.35	2007	26	6A
广州	11 号线	42.4	6.75	2022	32	8A
武汉	12 号线	59.8	9.52	2023	37	6A
成都	7 号线	38.9	6.19	2017	31	6A
西安	8 号线	50.1	7.98	2022	35	6A
郑州	5 号线	40.7	5.89	2018	32	—
哈尔滨	3 号线	37.5	6.48	2017	34	8A
沈阳	5 号线	37.0	5.97	—	—	—
平均值	—	42.1	6.70	—	32	—

资料来源：根据各个城市轨网运营情况与轨网规划资料整理

5.1.5 快轨支撑

从东京、首尔都市极核中心和副中心片区轨网布局特征看，这些高能级中心处均有都市快轨系统；东京都市圈都心、新宿、池袋、涩谷等极核中心和副中心均有多条都市快轨线路；再以首尔大都市区为例，汉阳都城都市极核中心拥有京釜线，永登浦都市副中心拥有京釜线、京仁线两条都市快轨，江南副中心拥有新盆唐线；巴黎大区都市快轨对极核中心支撑效果也很明显，例如，巴黎极核中心和拉德芳斯副中心均有 RER-A 线通过。

我国轨网规划曾长期采用均质化的布局思路，缺少对都市快轨的研究，尤其是缺少对都市快轨和都市区中心协同发展的研究，使得都市区中心普遍缺少都市快轨制式。但是，从近年来北京、上海、成都等城市的都市快轨规划建设情况看，中国大都市区轨网供给历程难逃世界大都市区轨网发展的基本规律，即都市区中心有着较强的轨道需求，在大都市区发展阶段，都市区中心必然新建都市快轨系统。以北京为例，在建的南北向17号线穿越了国贸极核中心西侧；上海也拟建设连接陆家嘴的南北向都市快轨线路；成都在建的都市快轨18号线也串联了天府广场、大源CBD、秦皇寺CBD等都市区中心。由于中国大都市区轨网规划中普遍没有预留连接都市区中心都市快轨的空间条件，使得当前轨道线路建设成本大幅升高，但强大的客观需求使得该类型线路不得不建设，后发地区轨网规划应积极汲取这一深痛教训，在轨网修编之际，在都市区中心片区及重大客流走廊预留都市快轨建设条件。

5.2 空间结构趋同的机理

5.2.1 核心因子

通过前面章节的分析可以看出，城市空间尺度、形态和开发强度等特征均与交通运输工具紧密关联，机动化组织方式主要有小汽车模式、轨道主导模式和基于两者的混合模式。从国外发达大都市区发展历程和规律看，高密度大都市区尤其是中心城区必然建立以轨道交通为主体或主导的城市交通模式，否则难以支撑大都市区数千万级的交通需求。但对于常规的机动车主导模式和轨道主导的客运模式，其运能指标有多大差距，国内外缺少系统的研究，本节对此进行初步探讨。

以我国特大城市为例，研究道路交通线网与轨道交通线网运能差异问题。快速路、主干路等路网级配及布局符合《城市综合交通体系规划规范》GB/T 51328—2018的要求，对于次干路和支路而言，由于承担的交通量主要为到达性交通，其核心作用是作为快速路和主干路的集散道，其对空间拓展的影响较小，且5km以上的中长距离交通流空间组织均通过更高级别的道路实现，因此，对次干路和支路承担的小汽车运能不做单独分析，其承担的小汽车运能，纳入主干路运能分析框架。

常规公交主要依托主干路、次干路敷设，其线网密度在3～4km/km^2，一般情况下，所敷设的道路等级越高公交客流越大，按照此规律计算其单向运能；快速路、主干路小汽车按照车均载客1.5～2.5人标准计算其单位运能；轨道快线当前新建线路大都采用8A编组，但从远期发展趋势看，以6B以上标准与编组为主，极少量线路采用轻轨制式，因此，轨道快线与轨道普线运能基本接近。《城市综合交通体系规划规范》GB/T 51328—2018 确定的快速路和主干路行程车速控制值如下：中心城区范围内快速路和主干路行程车速分别为 40km/h 和 25km/h，中心城区之外分别为 60km/h 和 40km/h，本次采用了上述规范控制值，轨道交通旅行车速也遵循《城市综合交通体系规划规范》GB/T 51328—2018 相关要求。在上述条件下，计算不同运输方式运能指标，如表 5.7 所示。

不同交通方式主要技术指标与特征 **表 5.7**

名称	道路交通			轨道交通	
	常规公交	快速路	主干路	轨道普线	轨道快线
线网密度（km/km^2）	3 ～ 4	0.5	1	1	0.5
单位运能	0.1 万～ 0.4 万人 /h	0.15 万～ 0.25 万人 /h·lane	0.05 万～ 0.1 万人 /h·lane	3 万～ 7 万人 /h	3 万～ 7 万人 /h
单向车道数（条）	1	3	3	1	1
单向运能（万人 /h）	0.1 ～ 0.4	0.45 ～ 0.75	0.15 ～ 0.3	3 ～ 7	2 ～ 7
线网运能（万人 /h）	0.3 ～ 1.6	0.22 ～ 0.37	0.15 ～ 0.3	3 ～ 7	1 ～ 3.75
	0.69 ～ 2.27			4 ～ 10.75	
行程速度（km/h）	15 ～ 20	40 ～ 60	25 ～ 40	35	≥ 45
可靠度	较低	较高	低	高	高
私密性	公共空间	私密空间		公共空间	

资料来源：根据相关规范整理

从不同运输方式实际运能指标看，轨网运能在 4 万～ 10.75 万人 /h 之间，道路交通为 0.69 万～ 2.27 万人 /h 之间，轨网是道路交通的 5 ～ 6 倍。仅从运输能力视角看，当中心城区轨网规模超过 500km 时，线网密度基本在 $1km/km^2$ 左右，轨网站间距在 2km 左右，慢行交通至轨道站点的最大直线距离在 1km 左右，接驳已较为方便，且轨道交通具有出行可靠度更高、票价经济、交通政策支撑等优势，客运主导方式会进入轨道为绝对主体的时代，轨道交通成为支撑城市空间活动展开的主要运输工具和核心依托，在 5km 以上的中长距离出行中，轨道交通占的份额大都超过 70%，例如，日本东京得益于发达的轨网交通网络，外围地区至区部的交通方式 90% 为轨道交通。

由此可以看出，随着轨道交通网络的不断发展，其对大都市区空间组织的影响极为深远，传统的常规公交将大幅萎缩，小汽车交通由于拥有较好的私密性，仍承担一定比例的交通出行，但在全方式交通出行结构中，出行比例一般不会超过30%，影响中心体系布局的主要运输工具是轨道交通。传统的道路交通在空间组织中承担的职能越来越小，随着轨网的不断完善，道路交通的非特勤职能（如消防、卫生、公安、接待等）在大幅下降，城市中心体系选址会重点考虑轨道出行便利性和同等时耗的机会可达性问题，而受循环累计因果作用机制影响，轨网供给特征，国内外大都市区又呈现出高度一致的结果，即轨道站点密度自内向外依次降低、轨道便捷性与可达性自内向外依次降低等普遍规律，核心区有着更多的出行选择机会和便捷度，因此，轨网规模超过1000km的国外发达大都市区中心体系布局呈现了高度的近似性特征。

5.2.2 机理分析

1. 效能机理

轨道线网布局理论普遍认为，当轨网里程超过100km时，在相同的轨网规模条件下，对于团状城市而言，“环＋射”结构有利于降低非直线系数，节约出行时间，从具体的效能指标看，以环线放射网络为参照值，其指标假定为1，棋盘形出行时间是环线放射结构的1.07倍，纯放射形出行时间是环线放射结构的1.01倍；在出行距离方面，纯放射形结构和棋盘形结构是环线放射结构的1.05倍和1.17倍；在非直线系数方面，环线放射结构也有着明显的优势；在小区可达性方面，纯放射形结构和环线放射结构相同，棋盘形结构略高于环线放射结构。总体来看，环线放射式布局出行效率明显高于棋盘形和纯放射形（表5.8、图5.4），网络服务质量棋盘形、纯放射形和环线放射形结构效能值分别为0.94、0.99和1.0；是在出行距离和非直线系数指标上，环线放射式布局优势更加明显，拥有突出的网络效能优势[220]，这便是为什么团状特大城市轨道线网中普遍存在环线的核心原因，在相同的建设资金条件下，环线放射形布局结构能实现近似的空间可达性，有着更佳的网络服务质量。

有3～5条轨道线路时不同形态轨网运行指标分析　　表5.8

形态	出行时间	出行距离	网络服务质量	非直线系数	小区可达性
棋盘形	1.07	1.05	0.94	1.04	1.01
纯放射形	1.01	1.17	0.99	1.17	1.00
环线放射形	1.00	1.00	1.00	1.00	1.00

资料来源：根据郑明远（2006）《轨道交通时代的城市开发》整理

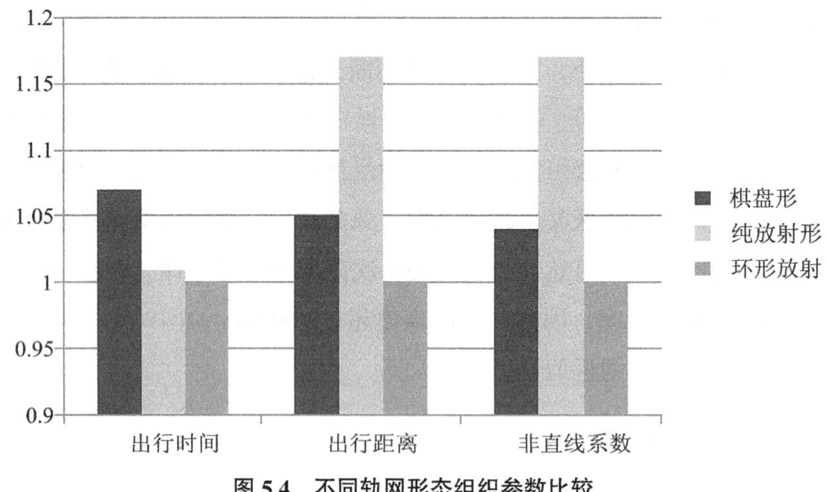

图 5.4　不同轨网形态组织参数比较

图片来源：作者绘制

2. 结构机理

轨道环线由于拥有较高的平曲线指标，其最小转弯半径一般在 300m 以上，因此，轨道环线大都沿城市主干路或快速路设置，以满足工程设计规范要求；而绝大多数团状城市设有多条环线道路，如北京的“二环－三环－四环－五环”快速路系统、上海的“内环－中环－外环”快速路系统，成都的“一环－二环－中环－三环－四环”干路系统，道路环线为轨道环线敷设提供了载体条件，使得轨道环线大都沿道路环线敷设，如北京地铁环线 2 号线路由基本与二环路共走廊，地铁环线 10 号线路由与四环路共走廊，上海地铁环线 4 号线路由与内环共走廊，成都地铁环线 7 号线路由与中环路共走廊。

从土地地租理论角度看，中心区对外放射形与道路环线相交处，往往具有良好的口岸条件，轨道站点大都设置于放射形干道与环路干道交叉口处。从具体的可达性指标看，城市快速路往往布局在内环区域，而核心区无快速路系统，使得可达性分布呈现了“内低外高”的特征。对于轨道交通而言，道路环线敷设有轨道线路的基础上，放射形干路也往往布局轨道线路，其可达性呈现“内高外低”的布局特征。因此，环线与放射线交叉区域实现了可达性优势叠加，即道路可达性优势和轨道可达性优势形成叠加效应（图 5.5），使得新兴副中心在轨道环线上大量出现。

3. 行为机理

交通网络形态很大程度上影响了交通设施的效能，在相同的规模和技术指标

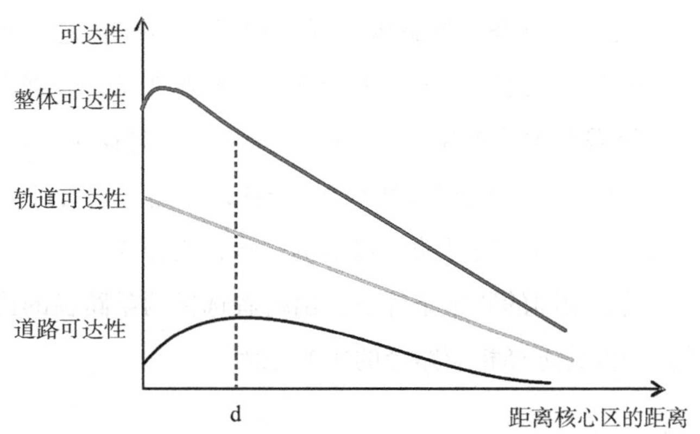

图 5.5　轨道环线附近可达性叠加效应分析

注：道路可达性在 d 处最高的原因在于核心区一般没有快速路，而在 d 处设置快速路

资料来源：作者绘制

条件下，不同的网络形态有不同的运输效能，上文对轨网布局结构中存在环线的原因进行了分析。从人的出行活动角度看，出行路径的选择并非完全趋同于理性原则——费用最小或出行时耗最短，绝大多数居民出行路径选择受出行习惯、路线认知等心理因素影响，本节从出行行为视角分析轨道环线为什么具有更强的吸引力。

英国交通研究实验室曾对不同出行方式出行者的心理时间和实际时间作比较研究，研究发现与乘车等候相比，居民更不喜欢乘车换乘，每一次换乘，对公共汽车乘客而言相当于增加 20 分钟车程，对轨道交通乘客而言则是 17 分钟[221]。基于此结论，作者于 2018 年 9 月以成都为例进行实证检验，进行出行意愿和出行行为调查分析，研究国内居民对轨道环线出行偏好特征是否与国外研究结论趋同，反思轨道环线是否具备发展都市区中心的客流基础条件。

在国内城市运营轨道里程超过 150km、呈现初步网络化且拥有轨道环线的城市仅有北京、上海和成都，成都轨道环线 7 号线全长 38.9km，等效半径为 6.2km，与国内团状大都市区轨道环线的平均值 6.7km 基本接近，且成都为典型的“环 + 射”轨网形态，环线形态更加接近理想的圆形形态，与理论研究情景较为接近；成都 7 号线于 2017 年 12 月贯通运营，至调查日运营时间已超过半年，客流规模较大、客流特征取向稳步增长，以成都地铁 7 号线为例进行出行行为研究有较强的代表性和典型性。

1）出行意愿调查分析

作者采用现场发放并回收问卷以及利用网络调查平台——问卷星（https：//

www.wjx.cn/）的方式展开调查，调查内容详见附录。调查起讫点分别定为文化宫站和成都东站，两个地点之间的轨道出行路径主要有 2 条，分别是直线路径和环线路径，直线路径需在中途换乘一次（图 5.6），全程时耗包括换乘时间约 35 分钟，环线路径不需要换乘，全程时耗约 32 分钟，上述行程时耗来自高德地图（百度地图等相差不大），两条路径的全程票价一致，均为 5 元。本次调查希望验证在近似的出行时耗和相同的票价条件下，出行者选择两条路径的比例情况，并设置相关原因项，分析其选择相应路径的主要原因。

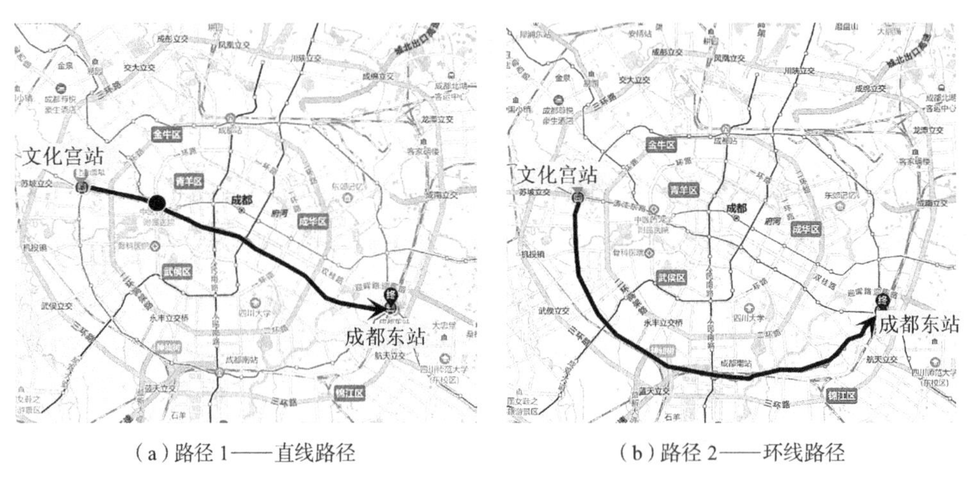

（a）路径 1——直线路径　　（b）路径 2——环线路径

图 5.6　文化宫站—成都东站两条出行路径示意图

图片来源：作者根据搜狗地图绘制

本次调查共得到有效表格 315 份，其中，现场问卷 55 份，网络问卷 260 份。现场问卷主要向 50 岁以上人群发放，主要考虑到这一群体使用网络频率较低且技能普遍不高，而这一群体在社会中拥有较大的比重，且使用轨道交通出行工具。采用线上和线下相结合的方式，保证样本数据的全面性、典型性和代表性。

A. 选择环线路径比例及原因分析

在两条路径的时耗接近、票价一致条件下，选择环线路径的比例为 79.0%，直线路径比例为 21.0%，显示了轨道环线具有明显的吸引力。选择环线路径的原因中，不想换乘、实际出行时间短和车内环境好的比例分别为 82.33%、35.34% 和 30.12%，由此可见，“换乘”对出行者选择路径有较大影响。

B. 每次换乘的心理感知时间分析

每一次换乘对出行者而言，71.7% 的人认为增加 5 分钟左右的车程，24.8%

的人认为增加 5 ～ 10 分钟左右的车程，3.5% 的人认为增加 10 分钟以上的车程，这一心理感知时间明显低于英国调查结论值，说明成都市居民对换乘等待时间接受度较高。

由上述分析可以看出，在两点之间存在环线直达路径和非环线且需换乘路径时，当环线的等效半径在 6km 左右时，环线直达路径吸引力大都高于换乘路径，环线能吸引更多的人流 [222]，为副中心的诞生创造了客流条件。

2）出行行为调查分析

成都市高新南区提供了大量的就业岗位，职住分离现象突出，从定性的角度看，二环与三环之间的大量通勤客流通过地铁 7 号线换乘 1 号线达到高新南区相关区域，7 号线在沿线两侧 1.5km 范围内有着明显的优势；对于三环至四环之间的通勤客流有多少人选择 7 号线出行缺少深入研究，本节利用公交 IC 卡数据进行专题研究。

以成都市 2016 年居民出行调查划定的交通小区为底图，以 2018 年 6 月份公交 IC 卡数据为样本，为测算三环至四环间通勤人士至高新南区使用轨道 7 号线的客流量规模情况，选取高新、金融城、锦城广场和天府三街 4 处轨道站点为终点，通过数据遴选的方式判定 7 号线使用情况。由于公交 IC 卡无法直接识别 OD 数据，因此，假定两周内早晚高峰时段内有 8 次以上的出行起讫点一致，则说明该乘客的通勤就业地为上述站点中的一处。从分析结论看，西三环附近有大量的劳动力选择在高新南区就业，高峰时段 OD 量超过 100 人次的期望线如图 5.7 所示，其出行路径主要通过公交或其他路径与 7 号线西半环诸站点进行接驳，然后在火车南站换乘，通过 1 号线到达就业地；此外，东三环西南部也有较大规模的人口选择 7 号线换乘 1 号线到达就业地。由此可以看出，轨道环线的影响腹地在大幅延展，除线路两侧 1.5km 范围内的直接腹地外，在轨道线网密度偏低而常规公交接驳网络发达条件下，环线吸引力大幅增长，通过常规公交接驳的客流腹地在 3km 左右，说明了轨道交通尤其是轨道环线强大的吸引力。

轨道环线在线网布局形态和出行行为引导方面均存在较大优势，使得轨道环线承担了部分应该通过其他线路换乘但选择了略微绕行的客流，加之环线自身拥有较强的线路换乘功能，共同导致环线在轨网中客流强度往往较高。例如，东京山手线设有 4 条股道，车辆最大编组达到 11 节；2013 年，首尔 2 号线客流强度达到 4.19 万乘次 /km·d^{-1}，仅次于 1 号线（5.76 万乘次 /km·d^{-1}）；2016 年，北京 2 号线和 10 号线客流强度分别为 4.38 万乘次 /km·d^{-1}、2.53 万乘次 /km·d^{-1}，2

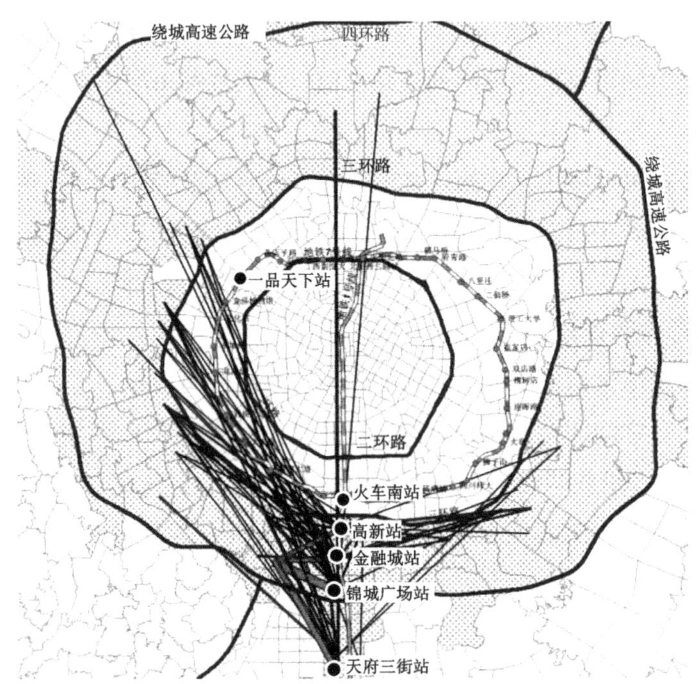

图 5.7　成都 7 号线间接客流腹地分析

图片来源：作者绘制

号线客流强度超过传统的轴线客流走廊 1 号线（3.47 万乘次 /km·d^{-1}）（图 5.7）。

3）组织机理

在单一交路的运营条件下，轨道线路供给能力自始发站至终点站是恒定的，这显著不同于道路交通可以通过增加或减少车道数、消除平交节点等措施实现不同区段通行能力的变化，而交通需求在不同地域差异是较为明显的（图 5.8）。例如，核心区需求一般远高于中心城区其他地区和近郊区，而核心区的供给能力是存在上限的，这便导致了核心区往往存在更加明显的交通拥堵；因此，国外发达大都市区大都采取了"地铁+都市快轨"双制式供给的模式支撑都市区中心发展，分类别组织客流，即地铁普线主要承担中短途出行需求，都市快轨主要承担中长途出行需求；充分发挥都市快轨速度快、运力低、运营成本低的技术特点，由此，城市核心区在拥有较高地铁站点密度的同时，也拥有若干条都市快轨线路。

由于轨道交通运营需在线路的两端分别设置停车场，以实现轨道列车的停放和折返，这与道路交通组织有巨大差别。对道路交通而言，仅公交车需要设置首末站用地，用地规模根据发车频率和数量而定，一般首末站可设置在次干路内即可满足公交运营条件，而轨道交通必须拥有较大规模且形态特殊的停车场用地。根据《城市轨道交通线网规划规范》GB/T 50546 规定，每处停车场用地宜为 10 ～ 20hm^2，用地长度不宜小于 1000m，宽度为 100 ～ 200m。总体来看，在中心城区范围内，受地租理论影响，难以提供用地形态接近且规模偏大的轨道停车场用地，因此，轨道停车场用地大都位于城市近郊区，使得轨道线路组织方式基本均为贯穿型，都市快轨在贯穿中心城区范围时，大都与轨道环线相交，提高了轨道环线相交站点的可达性，从而促成了都市区副中心的形成。

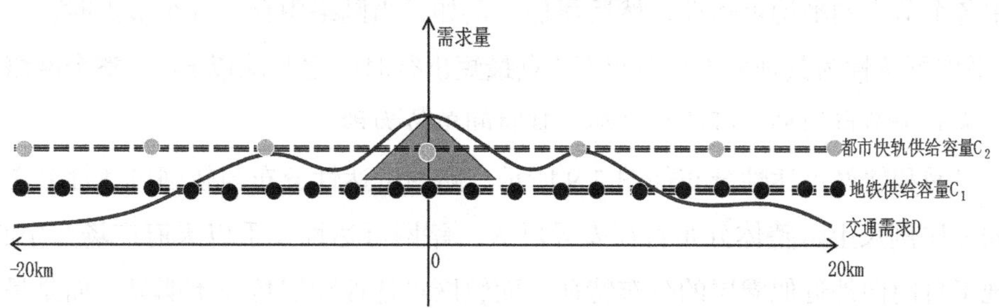

图 5.8 基于轨道线路的供需平衡、副中心诞生可能性分析

图片来源：作者绘制

5.2.3 仿真测度

大都市区产业结构主要以第三产业为主，从国外三个大都市区统计数据看，第三产业占比均在 80% 以上，而第三产业的核心要素为“人”，集聚的人流规模大小和流通效率很大程度上决定了第三产业乃至整个大都市区经济效益和竞争力。因此，都市区中心总是选址于对外可达性较好的区位，以实现在同等出行时耗条件下获得更大的人口腹地。本节通过仿真软件分别建立路网和轨网拓扑结构，研究网络可达性分布特征及与中心体系的关系，并从理论层面进行总结，从实证层面进行检验，以证明中心体系布局与网络可达性紧密关联。

1. 仿真检验

由于成都都市密集建设区范围内的路网呈现明显的圈层特征，当前城市中心已呈现明显的“双中心”格局，与其他团状大都市区有较强的类比性，且前文已进行了重点研究和基于轨道环线的出行行为研究，因此，本节的仿真检验仍以成都为例。

采用 6.2.1 节的道路和轨道线路速度值，分别建立成都都市密集建设区范围内的路网和轨网拓扑结构模型，主要研究范围均为第二绕城高速内，其等效半径约 35km，面积为 3727km^2，与成都当前划定的大都市区范围基本一致，两者在相同的空间尺度上进行比较，保证有较强的可比性。分别在 ArcGIS 软件中标定快速路、高速路、结构性主干路等主要道路的行程车速和全部轨道线路的旅行车速。

ArcGIS 软件通过测度各路段和轨道线路的长度，通过标定后的速度值计算两点之间的最短出行时耗，形成交通网络文件。利用软件自带的网络可达性计算工具，分别测算路网和轨网的网络可达性。其计算原理如下：首先，测算拓扑网络中各个节点的平均可达性，然后累加。例如，当网络中存在 n 个节点时，节点 i 的平均可达性为其他 n-1 个节点至 i 点最短出行时间之和除以 n-1，整个网络可达性为 n 个节点的平均可达性之和，其时间单位为秒。

路网和轨网可达性分布如图 5.9 所示，路网可达性分布与轨网可达性分布图在同一比例尺上，整体分布特征差异巨大。路网可达性几乎以天府广场为中心，呈现了自内向外近似圈层的分布特征，而轨网可达性圈层特征不明显，而是呈现近似长条形。路网可达性小于 30 分钟的值域分布呈近似的“逗号（，）”形状，而这一片区正是天府广场、春熙路、东大街、人南商务区等大型中心地（图 5.9），在中心城区范围内，路网可达性与中心体系高度匹配。对轨网可达性分布特征而言，值域小于 25 分钟的范围呈现更加明显的长条特征，且在 30 分钟范围内的轨网可达性覆盖范围明显高于路网可达性对应范围，除覆盖天府广场、春熙路、东大街等片区外，轨网可达性与金融城、天府三街新中心也高度匹配，这与实际情况高度一致。

从具体的效能值指标看，在 3000km^2 左右的尺度上，轨网的网络可达性值整体上小于路网对应值，说明了轨网在都市快轨支撑下出行速度上的优势。40 分钟

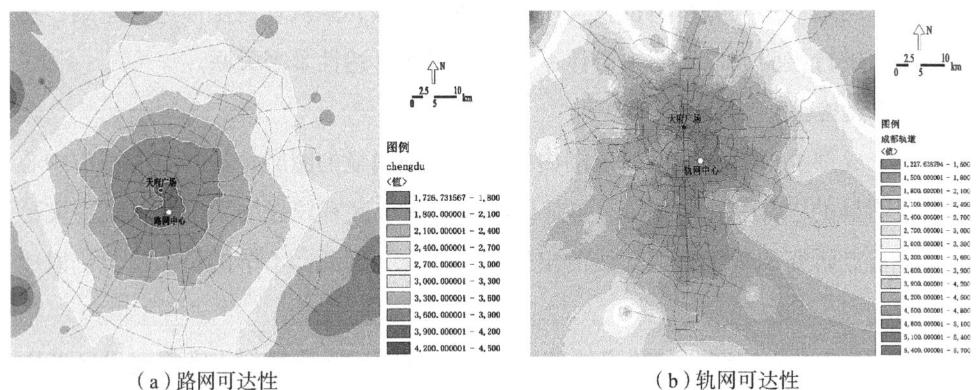

（a）路网可达性　　（b）轨网可达性

图 5.9　基于成都都市密集建设区的不同运输网络可达性对比分析

图片来源：作者绘制

的网络可达性覆盖面积，路网是 1088km²，而轨网是 1950km²，轨网几乎是路网的两倍（表 5.9）。由于轨网在出行速度上的优越性，在都市密集建设区范围内，超过 45 分钟的范围大幅增长导致无法准确判别，但从可达性总体分布特征上看，都市密集建设区内的任何两点均能够实现 1 小时通达，而路网则难以实现。

不同值域可达性对应范围分析 **表 5.9**

名称	时耗值（min）	≤ 25	≤ 30	≤ 35	≤ 40	≤ 45	≤ 50
路网	范围（km²）	—	66.2	460.8	561.6	975.4	1360.9
	累计和（km²）	—	66.2	527	1088.6	2064.0	3424.9
轨网	范围（km²）	174.8	475.8	616.2	683.4	—	—
	累计和（km²）	174.8	650.6	1266.8	1950.2	—	—

资料来源：作者绘制

轨网网络可达性为 30 分钟的值域范围，空间布局上出现了“7”字形分布特征，而非传统的圈层布局特征，其背后主要原因在于轨网站点布局并非自内向外依次降低的特点，而是在局部地区站点密度高于更内圈层，且外围区域规划有都市快轨，其旅行速度明显高于轨道普线，共同使得局部的外围地区可达性高于内部圈层。

2. 理论分析

城市核心载体由中心城区向大都市区转变，机动化组织方式由路网向“路网 + 轨网”复合网络转变背景条件下，大都市区机会可达性能级特征和空间分布特征均发生重大变化。对于中心城区呈现团状的大都市区而言，由于中心城区路网形态大都是方格形、“环 + 射”或两者组合型，路网可达性整体上呈现自内向外依次降低的圈层式布局特征。在轨网时代条件下，由于轨道大都依托主干路敷设，且轨道交通建设初期大都为“客流跟随型”建设方式，即以满足中心城区尤其是核心区交通需求为目标导向，而后进入用地开发强度再次提高、轨道交通建设供给再次增加的循环链条，使得核心区轨网密度明显高于外围地区，尤其是运能指标，核心区明显高于其他地区，这与路网分布特征呈现巨大差异；此外，地铁普线的旅行速度在 35km/h 左右，远高于高峰时段中心城区路网 20km/h 左右的行程车速，使得在同等时耗条件下，轨网可达性大幅高于路网。在轨网建设中后期，由于旅行速度更快、站间距更大的都市快轨的介入，使得轨网可达性分布形态发生改变，布局有都市快轨的交通走廊，可达性呈现走廊状形态。

总体来看，路网时代的可达性与轨道主导的复合网络条件下的可达性相比，由于轨道的运能是汽车运输工具的 13 倍左右，因此，整个大都市区机会可达性大幅提升，尤其是中心城区及核心区范围内。轨道交通实际旅行速度的优势使得可达性空间分布特征出现扭变，由圈层向带形等不规则形状转变（图 5.10），为外围地区构建高等级中心创造了条件。

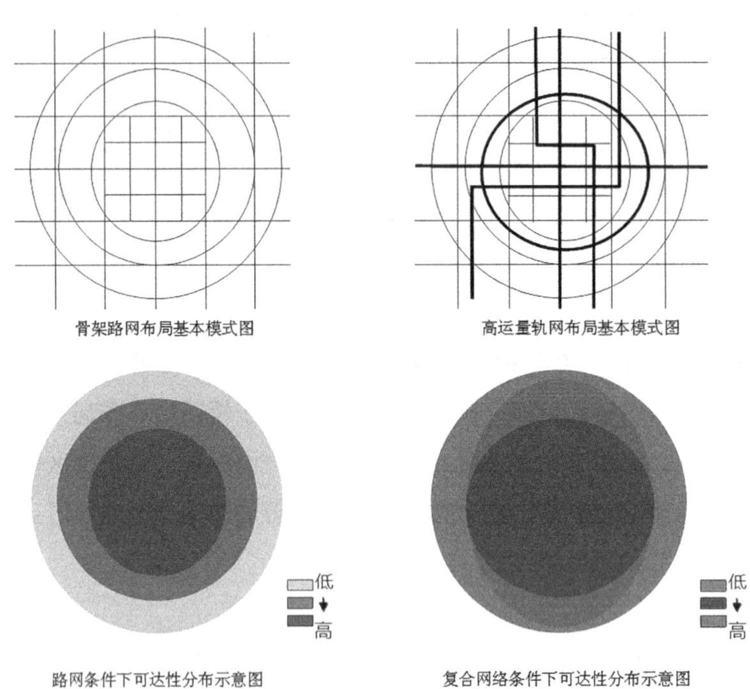

图 5.10　路网可达性和复合网络可达性比较分析

图片来源：作者绘制

3. 案例佐证

以东京都市圈为例，分别以区部中心三区近似几何中心和新宿站为出发点，在 90 分钟的出行时耗约束条件下，两个出发点到达的范围均基本实现了 30km 空间范围的全覆盖，在 90 分钟可达的范围内拥有人口约 3000 万人，为大都市区中心体系的发展提供了充足的人口腹地[215]。从具体指标来，由于东京都行政范围呈现东西长条形的特征，使得区部至多摩地区轨道线路数量和线网密度明显高于其他方向，早高峰时段多摩片区至区部的通勤、通学客流量即达到 6.1 万人次 /h（2012 年统计数据），为山手线上的副中心——池袋、新宿、涩谷提供了充足的客流支撑。

5.3 空间结构的差异特征

中国大都市区在发展历程、现状背景、阶段目标和总体趋势等方面与发达国家大都市区存在显著差异，促成了现阶段特征、优化对策存在一定的差异。

5.3.1 职住分布与密度梯度

从不同地域居住人口规模和密度特征，主要就业中心（即 CBD）与传统商业中心的空间关系，以及大都市区就业中心规模和密度特征三个方面分析国内外大都市区空间差异。

1. 人口规模与密度

1）中心城区

在类似的空间范围内，中国大都市区居住人口密度普遍高于国外发达大都市区，如在 600km^2 左右的中心城区层面，北京和上海的人口密度分别为 1.66 万人 /km^2 和 1.65 万人 /km^2，高于东京区部的 1.45 万人 /km^2 和首尔市的 1.63 万人 /km^2，更是明显高于巴黎的 0.8 万人 /km^2（表 5.10）。可以看出，北京和上海

国内外典型高密度团状大都市区不同地域人口指标对比　　表 5.10

名称	中心城区面积（km^2）	中心城区人口（万人）	中心城区人口密度（万人 /km^2）	都市密集建设区面积（km^2）	都市密集建设区人口（万人）	都市密集建设区人口密度（万人 /km^2）
上海	663	1100	1.66	3882	2153	0.55
北京	667	1098	1.65	3500	≈ 1600	0.45
东京	621	906	1.45	3500	≈ 2500	0.71
首尔	606	990	1.63	4132	2425	0.57
巴黎	762	661	0.86	2845	1024	0.36
纽约	786	836	1.06	2955	916	0.31
莫斯科	875	850	0.97	—	—	—
伦敦	321	300	0.93	3500	875	0.25

注：上海都市密集建设区范围为市域扣除奉贤区、金山区、崇明县外，人口为 2014 年统计值；北京与东京都市密集建设区人口为估算值；首尔都市密集建设区范围为首尔大都市区行政区扣除抱川市、平泽市、安城市和京畿道下属 4 个郡，以及扣除仁川市下属的江华郡、翁津郡，人口数为 2016 年统计值；巴黎中心城区由巴黎市和近郊三省构成，都市密集建设区为中心城区与近远郊若干个市镇共同构成；伦敦中心城区为伦敦郡，包括内伦敦 12 个区

资料来源：根据维基百科、周文娜（2012）[223] 等资料整理

中心城人口密度同东京和首尔接近，是巴黎2倍；若采用净建设用地指标计算，则首尔市人口密度是最高的，达到2.5万人/km^{2}左右。

从具体的空间分布特征看，北京人口密度超过2.0万人/km^{2}的居住区主要分布在距离天安门约8km范围内；这一密度条件下，巴黎则主要分布于离巴黎圣母院约5km左右范围内；首尔在离首尔铁路站约5～15km区域内，人口密度也超过了2.0万人/km^2；东京区部人口密度则更均匀，距离东京站4～20km范围内人口密度基本在1.4万人/km^{2}左右，虽然最高密度低于上述三个城市，但高密度范围较大（图5.11）。

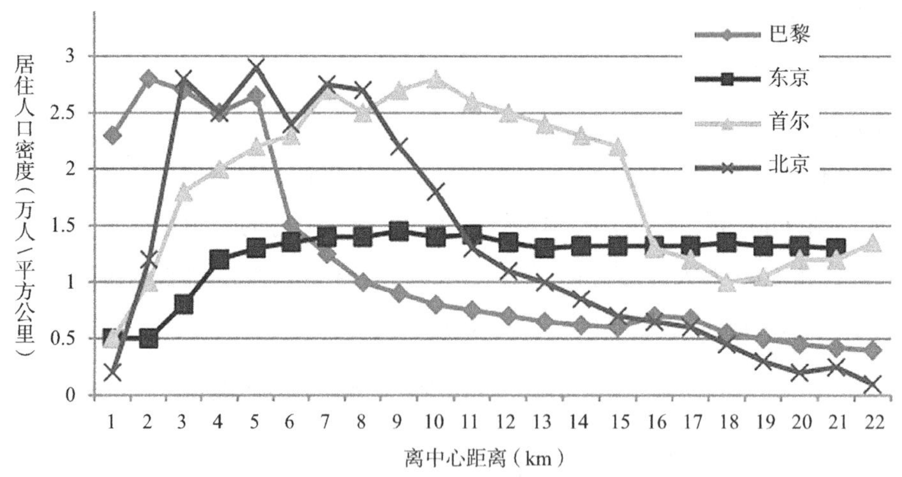

图5.11　北京与案例城市人口密度分布特征比较（基于建设用地指标计算）

图片来源：作者根据相关资料绘制

2）都市密集建设区

在都市密集建设区范围，东京和首尔由于拥有更加突出的人地矛盾，采取了更加紧凑的发展策略，使得他们的人口密度值分别达到了0.71万人/km^{2}和0.57万人/km^2，明显高于现阶段北京值（0.45万人/km^2），东京亦高于上海值（0.55万人/km^2），首尔与上海接近（图5.12）。较高的人口密度，以及沿铁路轴线发展或组团型的布局形态为近郊区都市快轨发展提供了客流条件。

3）基于规模和密度叠加效应的分析

综合考虑居住人口规模和密度，可以看出，在中心城区层面，北京和上海在660km^{2}的范围内均有1100万人口，与国际发达城市相比，有最大的人口规模和最高的人口密度；在都市密集建设区层面，东京和首尔则有着更大的人口规模和更高的人口密度。综合考虑人口的规模效应和密度效应，东京都市圈交通组织面临更大的难度。

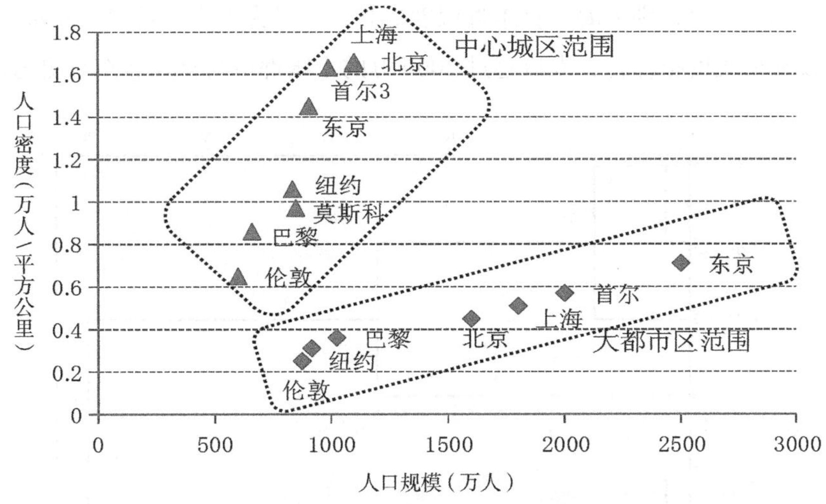

图 5.12　大都市区人口规模效应与密度效应分析

图片来源：作者绘制

为更加科学地判断上述都市交通组织难度，按照总和标准化的方法（见5.1.3 小节之式 5-1）对人口规模和人口密度进行无量纲化处理，以人口规模与密度之积作为新的密集度指标，以反映交通组织的难度。分别计算中心城区和都市密集建设区密集度，在中心城区层面，上海、北京与首尔密集度值接近；在都市密集建设区层面，东京密集度指标远高于其他都市（表 5.11）。

无量纲后密集度指标计算值　　　　表 5.11

名称	中心城区人口规模	中心城区人口密度	中心城区密集度	都市密集建设区人口规模	都市密集建设区人口密度	都市密集建设区密集度
上海	0.1562	0.1672	0.0261	0.2009	0.1740	0.0349
北京	0.1559	0.1662	0.0259	0.1493	0.1424	0.0213
东京	0.1287	0.1460	0.0188	0.2333	0.2247	0.0524
首尔	0.1406	0.1641	0.0231	0.1867	0.1804	0.0337
巴黎	0.0939	0.0866	0.0081	0.0956	0.1139	0.0109
纽约	0.1187	0.1067	0.0127	0.0855	0.0981	0.0084
莫斯科	0.1207	0.0977	0.0118	—	—	—
伦敦	0.0852	0.0655	0.0056	0.0817	0.0791	0.0065

资料来源：作者绘制

采用系统聚类法，综合考虑中心城区和都市密集建设区密集度指标，得到树状图（图 5.13），可以看出北京、上海、首尔、东京为一类，欧美都市为一类；若将聚类结果细分，则上海、首尔近似度更高，再者为上海、首尔与北京。整体来看，仅从密集度指标看，人口超过 2000 万的中国都市与首尔、东京更为接近。

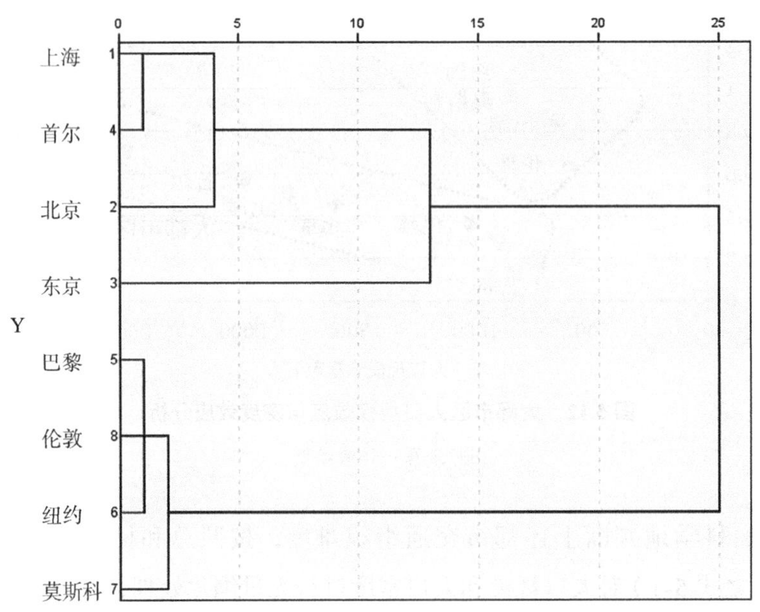

图 5.13　基于人口密集度的聚类分析图

图片来源：作者绘制

2. 中心体系空间关系

1）国外 CBD 与传统商业中心在空间上距离较近

国外发达大都市区传统的商业中心大都在拥有较长发展史的历史文化街区或紧邻区建设而成，如东京都市圈以东京站为中心的银座片区自德川幕府以来便是关东地区重要的中心，明治维新后，中心的范围不断扩大，形成了当前以银座片区为核心，由东京都三区构成的都市区极核中心；首尔大都市区的极核中心为汉阳都城片区，自 15 世纪以来一直是首尔的中心；巴黎大区的极核中心为巴黎市中心的 1 区、2 区、8 区、9 区，其中，卢浮宫坐落于 1 区，香榭丽舍大道位于 8 区，数百年来一直是巴黎的中心。三个都市自 1960 年以来均规划建设了新的都市区副中心，商务办公体量较大，可称之为 CBD，从空间区位关系上看，都市区副中心 CBD 与传统商业中心距离在 6 ～ 9km 内（表 5.12）。

国外大都市区传统商业中心与都市区副中心 CBD 空间距离　　表 5.12

都市	传统商业中心	副中心 CBD 名称	空间距离（km）	副中心面积（km^2）	副中心商务建筑面积（万 m^2）
东京	东京站	新宿 CBD	6.0	2.7	789
		池袋 CBD	7.8	1.3	333
		涩谷 CBD	6.3	1.5	354
首尔	汉阳都城	永登浦 CBD	8.6	2.9	216
		江南 CBD	8.7	2.8	154
巴黎	1 区、2 区	拉德芳斯 CBD	7.0	1.6	225

注：上述空间距离为轨道站点之间的直线距离

资料来源：根据三个都市中心现状资料与 Google 地图整理

2）中国 CBD 与传统商业中心在空间关系上出现分化

自 1990 年代以来，尤其是进入 21 世纪以来，在城市产业结构不断升级、商务办公需求大幅增长背景下，国内城市纷纷规划建设商务中心区（CBD），经过 10 ～ 20 年左右的发展，当前已初具规模，在功能定位上更加注重商务办公、酒店住宿、综合体商业等职能，与传统的商业中心有了明显的分工差异。从空间区位上看，这些先期建设的 CBD，如北京国贸 CBD、上海陆家嘴 CBD、广州珠江新城 CBD、南京河西 CBD、西安高新区 CBD、郑州郑东新区 CBD 等均在中心城区范围内，距离传统商业中心的直线距离大都在 6km 左右（表 5.13），跟国外 CBD 与传统商业中心空间关系接近。

在区域协同发展理念指引下，尤其是 2011 年国家级城市新区频繁出台等政策背景下，我国城市空间拓展出现了明显的跳跃现象，这些规模较大的城市新区大都规划建设了新的商务中心，如北京通州 CBD、南京江北新区 CBD、成都秦皇寺 CBD 等，它们均在中心城区范围之外，与传统商业中心空间距离大都超过了 20km，且开发规模较大、开发强度较高，未来交通组织难度较大。从空间区位特征看，我国近年来新规划的这类 CBD 与国外发达大都市区有较大差别，国外都市在中心城区范围外均没有如此高能级的 CBD。

3. 中心体系规模与密度

在“土地财政”等外部因素影响下，我国特大城市 CBD 开发强度普遍较高，以北京为例，当前国贸 CBD 就业密度已超过首尔汉阳都城和巴黎的拉德芳斯，但仍明显低于东京都心和新宿，与池袋、涩谷接近；从就业岗位数量看，北京国

国内大都市区 CBD 主要指标　　表 5.13

都市	传统商业中心	CBD 名称	空间距离（km）	面积（km^2）	建筑面积（万 m^2）	毛容积率	备注
北京	王府井	国贸 CBD	4.3	4.0	1072	2.68	先期 CBD
		通州 CBD	24.0	—	—	—	新兴 CBD
上海	外滩、南京路	陆家嘴 CBD	2.8	1.7	420	2.47	先期 CBD
		虹桥 CBD	17.5	—	—	—	新兴 CBD
广州	上下九、北京路	珠江新城 CBD	5.2	6.9	1300	1.88	先期 CBD
		南沙新区 CBD	50.0	9.0	—	—	新兴 CBD
南京	新街口	河西 CBD	7.8	2.1	573	2.73	先期 CBD
		江北新区 CBD	12.5	1.4	300	—	新兴 CBD
成都	春熙路	大源 CBD	13.0	1.5	262	1.75	先期 CBD
		秦皇寺 CBD	25.0	6.0	1200	2.00	新兴 CBD
武汉	中山大道	王家墩 CBD	5.0	7.6	1485	1.95	先期 CBD
西安	钟楼	高新区 CBD	7.5	—	—	—	先期 CBD
		沣东新城 CBD	17.5	3.2	400	—	新兴 CBD
杭州	延安路	钱江新城 CBD	4.6	4.0	720	1.80	先期 CBD
郑州	二七广场	郑东新区 CBD	5.7	3.5	300	0.86	先期 CBD
		航空城 CBD	34.5	—	—	—	新兴 CBD

注：上述空间距离为轨道站点之间的直线距离，上海为人民广场站至陆家嘴站距离，虹桥 CBD 定位为西部中心，与东部陆家嘴能级接近，空间距离为人民广场站至徐泾东站；广州为北京路站至珠江新城站距离，南沙新区距离广州站 50km；南京为新街口站至元通站距离；武汉为江汉路站至武汉商务中心站距离；成都为天府广场站至天府三街站距离；杭州为龙翔桥站至市民中心站距离；郑州为二七广场站至会展中心站距离

资料来源：根据世邦魏理仕《国际大都会 CBD 规划研究》(2016) 等资料整理

贸 CBD 与汉阳都城接近，明显超过拉德芳斯（图 5.14）。我国北京和上海等城市当前 CBD 地区交通组织已面临较大的挑战，在城市更新背景下，规模和密度将继续上升。

5.3.2 大都市区空间形态

1. 国外案例的形态特征

受地形地貌条件和大都市区人口规模影响，东京都市圈在都市密集建设区范围内，除东京湾之外的可建设用地几乎均用于开发，建成区基本呈连绵开发特

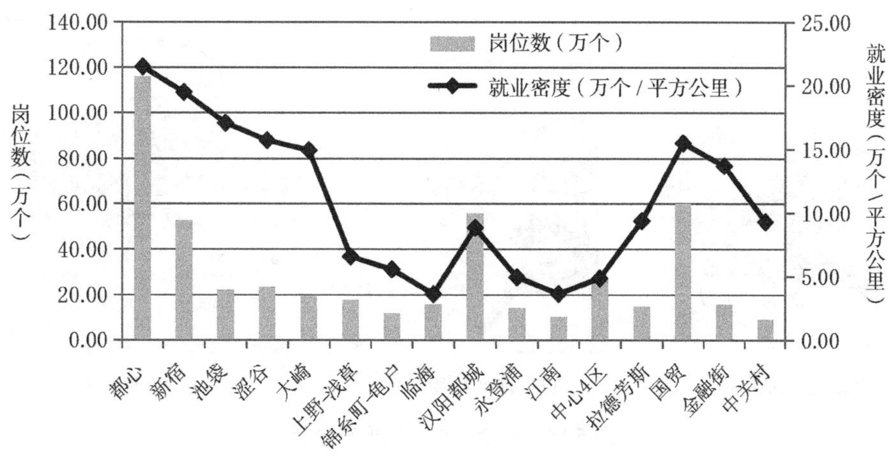

图 5.14　高密度大都市区极核中心与副中心岗位数与密度分析

图片来源：作者绘制

征，远郊区中、高密度建设区主要集中在铁路线两侧，呈现明显的带形特征；首尔大都市区受地形影响较大，在首尔市层面呈高度紧凑的连绵开发特征，都市密集建设区中首尔至仁川地带相对紧凑，其他地区受山体和河流阻断影响明显，建设用地呈组团特征，远郊区建设用地呈现依托京釜走廊集聚和组团发展特征；巴黎大区几乎处于平原地带，城市空间发展受地形影响较小，在 15km 半径内呈团状连绵开发特征，15 ～ 30km 范围内建设用地呈现明显的走廊和组团特征，受人口规模偏小影响，30km 之外建设用地较少（表 5.14，图 5.15），总体来看，仍是典型的集聚发展模式。

三大国外大都市区用地布局形态典型特征　　表 5.14

区位	东京都市圈	首尔大都市区	巴黎大区
中心城区（0 ～ 15km）	区部连绵发展	汉江横贯东西，南北有大量山体，非建设用地约 200km^2，建设用地高度紧凑	15km 半径内呈团状连绵开发特征
近郊区（16 ～ 30km）	东南部受东京湾影响，未连绵发展，千叶地区形成了明显的走廊	大都为山体、绿地等非建设用地，除仁川片区连绵开发外，其他地区组团特征明显	距离核心区 15km 外，建设用地呈走廊形态，绿楔形态突出
远郊区（≥ 30km）	与近郊区基本连续，外围中高密度开发地区呈现走廊形态	30km 之外远郊区除京釜走廊建设用地相对集聚外，其他地区建设用地较少	30km 之外远郊区建设用地较少

资料来源：作者绘制

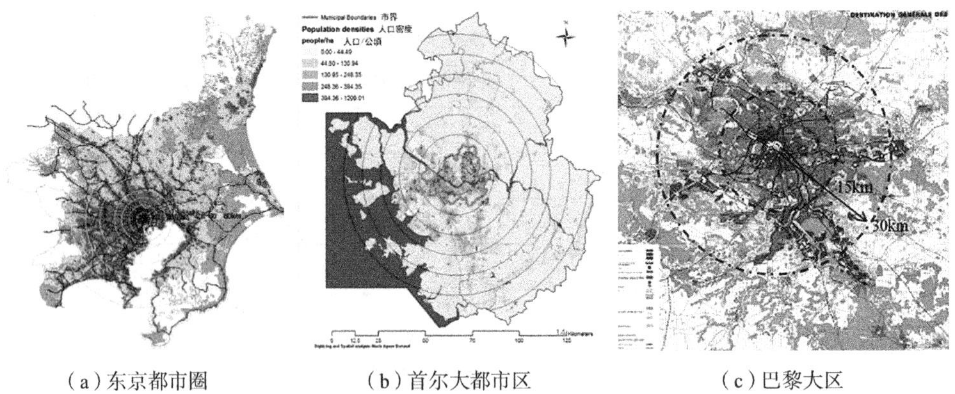

（a）东京都市圈　　（b）首尔大都市区　　（c）巴黎大区

图 5.15　三个大都市区形态分析

图片来源：根据日本国土交通省、Bertaud（2012）[185] 和《巴黎国土开发与城市规划指导纲要》绘制

2. 中国案例的形态特征

对本文选取的 9 个中国都市用地布局特征进行单独分析（表 5.15），总体来看，在 600km^2 左右的中心城区层面，可利用的建设用地基本均用以开发，呈现了高度连绵的布局特征。

中国典型团状大都市区用地布局形态典型特征　　　　**表 5.15**

城市	用地布局规划图	地形地貌特征	空间结构特征
北京		扣除北部和西部生态涵养区，以平原为主	5 环内连绵发展，近郊区呈走廊发展形态，郊区绿楔特征明显
上海		几乎均为平原，黄浦江纵贯南北	都市密集建设区内用地高度集聚，形成“主城区 + 外围组团”的格局

续表

城市	用地布局规划图	地形地貌特征	空间结构特征
广州	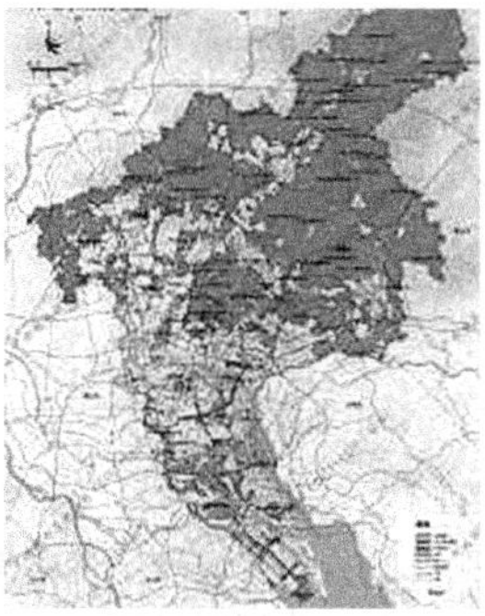	北部为山体，珠江横贯都市密集建设区	“卜”形空间结构，南北轴线较长
成都	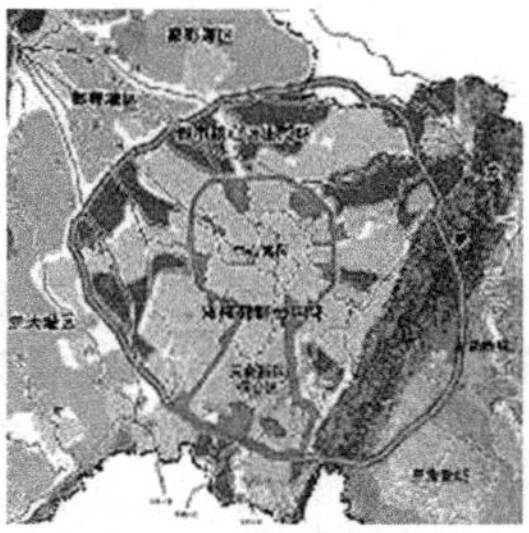	东部为山地，南部为浅丘，其他地区几乎均为平原	中心城区内连绵发展，近郊区呈走廊发展形态，近郊区绿楔特征明显
武汉		长江、汉江贯穿大都市区，湖泊较多	受江河影响，建设用地呈明显的组团状，三环路将三大组团连接，大都市区外围绿楔特征明显
南京		长江贯穿大都市区，山体众多	江北与江南两大组团，中心城区团状发展，大都市区整体上呈团状和带状组合形态

续表

城市	用地布局规划图	地形地貌特征	空间结构特征
郑州		北侧为黄河，大都市区基本为平原	大都市区建设用地呈“T”形，发展重点为南北轴线
西安		东部和南部为山体，众多河流贯穿	中心城区外建设用地组团特征明显
杭州		山体、河流众多	大都市区被钱塘江划分南北两大组团，呈东西向轴带形态，紧凑度不高

资料来源：根据上述城市总体规划或远景发展战略规划等整理

在都市密集建设区层面，部分都市受江河影响，在表象上大都市区分为2～3个大组团，但是从更大的空间层面和交通组织视角看，在交通机动化浪潮下，现代交通技术使得河流对城市功能分隔影响已较小，例如，浦东－浦西、武昌－汉口－汉阳等虽然受河流分隔影响，但快速路和轨道交通均实现了组团之间的便捷联系。

3. 国内外案例的形态差异分析

在600km^{2}左右的中心城区尺度上，国内外大都市区布局形态呈现出高度的统一性，即建设条件较好的土地几乎全部进行开发。在都市密集建设区层面，国内外大都市区空间布局出现了明显的分化，东京都市圈受较大的人口规模和国土开发政策影响，在平原和浅丘地带依然采取了相对紧凑和近似连绵的开发策略；首尔大都市区在地形条件不受限制地区也采取了类似东京的策略，首尔市和仁川市辖区基本实现了连绵开发，京畿道地区受山体限制，形成了组团和走廊布局形态；巴黎大区仅有1200万人口，在15km半径范围内有近700万人，建设用地相对富足，采取了“大开大合”的布局策略，近郊区呈现走廊和组团特征。

在更加关注生态问题的时代背景和政策导向下，中国都市在最新版的总体规划中大都将土地空间划分为集中建设区（与本文提出的都市密集建设区范围基本吻合）和生态底线区两大区域。在都市密集建设区范围内，近郊区建设用地呈走廊布局或组团布局特征明显，非建设用地楔形绿地特征明显，与东京和首尔有较大差异，与巴黎大区有一定的类似性。

5.3.3 快捷交通支撑系统

交通是城市活动得以有效开展的基本保障，尤其是快捷交通在交通运输中起更为重要的支撑作用，与轨道交通形成明显竞争关系的是服务于小汽车的快捷路系统，由于城镇化、机动化发展历程不同，我国城市普遍采取了小汽车和轨道同步发展的模式，在新区层面，更倾向于小汽车导向发展，这与东京有较大差异。

1. 历史局限与交通政策

巴黎、东京和首尔分别经历了 200 余年、100 余年和 60 年左右的工业化历程，在城镇化与机动化关联特征上与当前我国大都市区大相径庭。例如，巴黎在 1900 年即建成首条地铁，在 1920 年代地铁网络已基本稳定，且形成了密度较高的铁路网络，20 世纪中期城镇化基本完成，在 1950 年之后，经历了严重的小汽车拥堵后，开始反思小汽车导向式交通组织模式的不适应性问题，依托既有的铁路通道资源、设施资源、运营及管理经验资源，在后期发展中不断提升改造，形成了当前规模较大具有通勤交通职能的都市快轨系统。在既有铁路与轨道交通线网支撑下，巴黎可以采取广义的公共交通方式引导和支撑大都市区空间结构优化[224]；东京作为工业化发展的后发地区，在第二次世界大战前夕，也形成了结构稳定的区域铁路网络骨架，第二次世界大战结束后掀起区域铁路建设高潮，东京私铁等快速发展早于小汽车进入家庭，为形成轨道主导型的交通模式奠定了外部条件。

而我国大都市区在发展初期几乎不具备可使用的传统铁路通道资源，同时受当时经济发展水平和融资困难等影响，使得人口规模在普遍突破 300 万人时，并没有采取轨道交通支撑的方式，加之国家大力发展汽车产业，居民对小汽车有着先天的喜好等外部原因，共同导致我国大都市区交通组织以小汽车模式为主，例如，2000 年以来，北京中心城区交通结构中，不计步行方式，小汽车分担率长期维持在 33% 左右，其他特大城市全方式交通结构中小汽车分担率也在 25% 左右。

此外，我国大都市区扩展呈现典型的时空压缩式特征，主要表现在城市化进程推进快、新区建设步伐快、新区基本紧邻建成区连绵发展且开发强度高。交通供给考虑规模效益和集散能力等服务水平指标，同时考虑城市发展初期客流特征和交通供给的公平性等因素，因此，大都市区新区发展初期形成了以快速路和高等级主干路为依托的小汽车模式。从投资主体视角看，在同样的建设资金约束条件下，单条地铁线路资金可以建设 3 ～ 5 条双向 8 车道快捷路，快捷路服务覆盖率远高于单条地铁线路，且后期运营成本与地铁相比明显偏低，地方政府从促进新区开发和经济发展角度，更愿意建设快捷路系统促进大都市区先期发展。

2. 现状局限与快捷路条件

1）大都市区层面高（快）速路规模

东京都市圈拥有高速公路（包括城市快速路）820km，首尔大都市区拥有高速公路 750km、巴黎大区为 784km（图 5.16 ～图 5.18），三个大都市区里程明显小于当前同等面积规模的中国大都市区拥有的高等级公路里程，如 2016 年成都市域和北京市域分别拥有高速公路 950km、1008km，高速公路密度分别为 6.4km/100km^2 和 6.1km/100km^2，若按照车道里程计算，则成都和北京分别为 4770km 和 5650km[174]，由于近年来高速公路改扩建工程的实施，使得这一规模仍在快速增长中。东京、首尔和巴黎高速公路大都采用双向 4 车道的技术标准，若按照车道公里计算，我国大都市区高速公路网密度更高。值得注意的是，我国上述里程仅统计高速公路，没有包括城市快速路和一级公路，由于国外高速公路和快速路概念接近，国外统计口径更加宽泛、统计规模更大，即使如此，中国大都市区高速公路规模和密度也远超过国外三个发达大都市区。较低的高（快）速公路规模为轨道交通的发展提供了外在条件，以巴黎大区为例，进入巴黎市中心

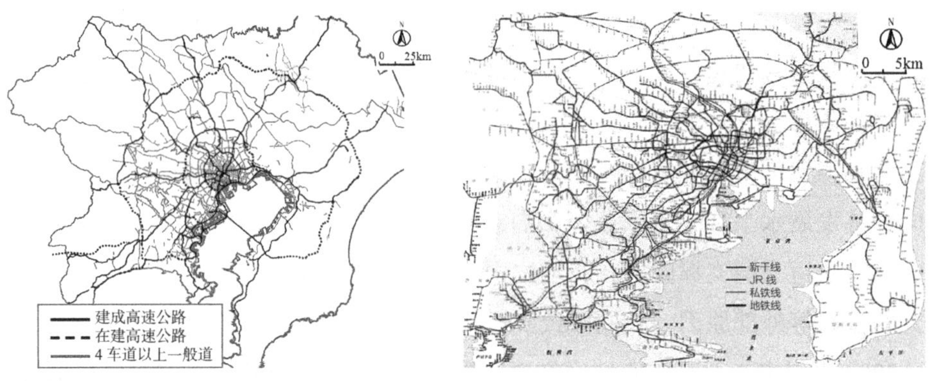

图 5.16　东京都市圈高速公路（左图）与轨道交通线路（右图）现状布局（2010 年）

图片来源：左图来自《从人性化调查来看东京都市圈关于都市交通的课题和对应的方向性》（2012），右图根据刘迁（2015）[153] 绘制

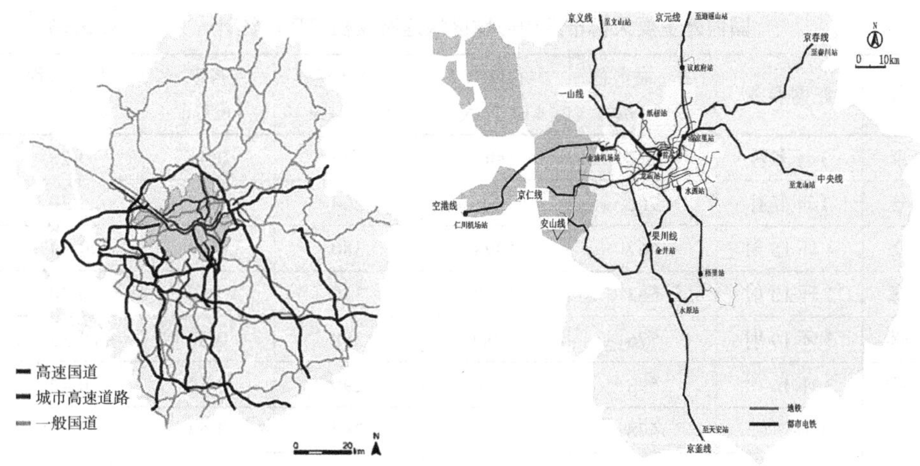

图 5.17　首尔大都市区高速公路（左图）与轨道交通线路（右图）现状布局（2014 年）

图片来源：左图来自百度图片，右图为作者绘制

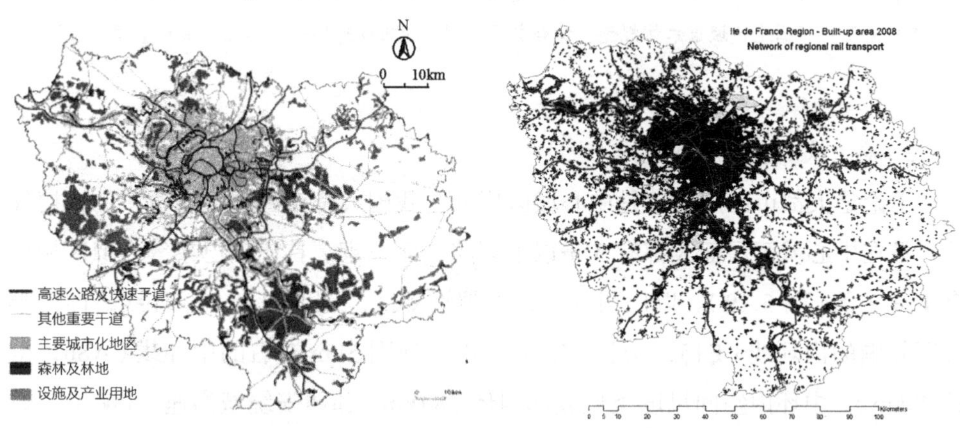

图 5.18　巴黎大区高速公路（左图）与轨道交通线路 RER（右图）现状布局（2008 年）

图片来源：刘健．从巴黎新城看北京新城 [J]. 北京规划建设，2006（1）：76-81

的通勤交通和生活性交通需求大都通过轨道交通实现。

2）中心城区层面高（快）速路规模

与中国都市相比，在近似的空间尺度上，东京区部高（快）速路规划总里程为 256km，人均里程 0.28km[225]；巴黎总规模约 204km，人均里程 0.30km；不论是总里程还是人均里程均低于当前北京、上海等先发大都市区现状值，也明显低于成都、武汉、西安等后发大都市区规划值（表 5.16）。在中心城区层面，国外较低的高（快）速路网密度和较高的轨网密度为建立轨道导向的空间结构提供了交通条件，如东京区部高（快）速路和轨网布局。

国内外主要大都市区中心城区快速路规模与形态统计　　表 5.16

城市	路网形态	中心城区面积（km^2）	中心城区人口（万人）	快速路规划里程（km）	密度（km/km^2）	人均里程（km/万人）
东京	3 环多射	622	906	256	0.41	0.28
巴黎	1 环多射	762	661	204	0.26	0.30
北京	4 环 15 射	667	1098	380	0.52	0.34
上海	3 环 10 射	663	1100	330	0.50	0.30
广州	3 环 19 射	576	≈ 900	288	0.50	0.32
成都	3 环 16 射	598	660	290	0.50	0.44
武汉	3 环 7 射	678	635	288	0.64	0.45
西安	3 环多射	490	528	235	0.48	0.45
沈阳	3 环 8 射	439	725	250	0.57	0.34

注：北京中心城区指五环范围，非总规确定范围；现状人口基本均为 2015 年以来统计值

资料来源：根据上述城市总体规划、综合交通规划、城市快速路规划等相关资料整理

3）高（快）速路形态差异

不论是大都市区层面还是中心城区层面，我国大都市区均拥有更多的快捷环路，且在中心城区层面大都有 3 条以上环路，而东京、首尔、巴黎等类似区域仅有 1 ～ 2 条（图 5.19）。以巴黎为例，巴黎近郊区范围内仅有 2 条环线，即巴黎市区外围的内环线（E15，全长 37km），内环外围 5km 左右的中环线（A86，全长 80km），中环内空间尺度类似成都四环（84km）和西安绕城高速（88km），略小于北京五环（99km）和上海外环（99km），通过中环将巴黎近郊区核心地段串联在一起。而我国大都市区在同等的空间尺度内则设置 3 ～ 5 条快捷环线，如上海的“内环—中环—外环”快速路系统，北京的“二环—三环—四环—五环”快速路系统、成都的“一环—二环—中环—三环—四环”快速路系统，技术等级大都为规范意义上的快速路，即没有信号灯控制、出入口进行严格控制，加之我国快速路大都为双向 8 车道（若加上两侧辅道车道数，大都为双向 12 ～ 14 车道，例如，成都二环路和三环路分别为 12 ～ 16 车道和 16 车道），通行能力高，导致轨道吸引力变弱。

总体来看，与中国大都市区相比，国外大都市区的高（快）速路，不论在里程规模、路网容量还是人均里程指标上大都低于我国，且环线数量明显低于我国，基于高（快）速路的出行效率明显偏低，但反向促成了轨道交通的发展，在

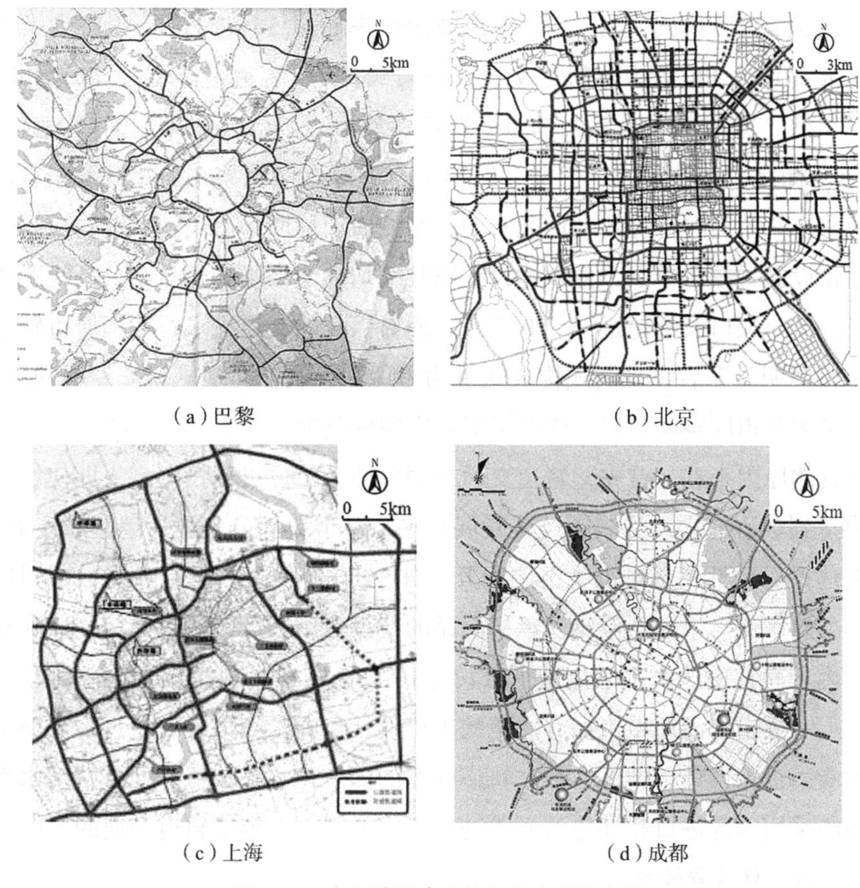

（a）巴黎　（b）北京　（c）上海　（d）成都

图 5.19　中心城区高（快）速路现状布局

图片来源：根据上述城市快速路规划等整理

切实可行且有力实施的公交优先政策干预下，在中心城区层面大都形成了公交导向的交通组织模式。我国城市规划和交通规划中，存在明显的"羊群效应"，受北京、上海等先发都市快速环路建设影响，后发地区也普遍采用了"环 + 射"快速路结构，在强权体制下，规划形态大都得以实现，小汽车通行效率和转换能力大幅高于国外高密度大都市区。由于快速路交通往往占据了重要的客流通道，在运输服务上更加便捷，高峰时段与拥挤的地铁相比吸引力更强，因此，较大规模的快速路系统一定程度上抑制了我国轨道交通的吸引力。

5.3.4 轨道交通发展背景

1. 轨道建设起步滞后

与东京、首尔、巴黎等世界发达城市相比，我国轨道设施建设与城镇化同步，国内大规模的轨道建设时段是在城镇化率超过 50% 时进行的，建成区人口规模大都超过 300 万人，轨道交通建设模式多是“客流追随型”，以弥补巨大的历史欠账，这与西方先发大都市区轨道发展历程有较大差异。例如，巴黎在 1900 年便拥有了地铁制式，当时，巴黎市与近郊人口总数在 380 万人左右，在人口快速增长的同时，巴黎利用既有的铁路发展了早期都市快轨系统；而我国轨道交通建设制式较为单一，先期建设线路几乎均为地铁制式，且第一条线路建成运营时，城市人口大都超过了 500 万人，面对强大的交通需求，我国城市轨道建设起步时间明显滞后，且制式构成几乎均为地铁普线，实现了紧凑发展的同时，也阻碍了大都市区空间拓展，降低了活动空间的范围。

从具体原因来看，首先，轨道交通首要属性为单位里程投资高，即使城市人口规模达到数百万人，受制于经济发展水平，对于大部分欠发达地区城市而言，虽然有建设必要性，仍难以大范围展开，如 1990 年代左右的绝大多数中国省会城市，虽然客流需求强烈但难以承担高昂的建设费用和运营费用；第二，在建成区范围内，轨道交通大都采用地下敷设方式，对于 2000 年之前的大陆城市，除北京、上海等东部沿海城市拥有一定的工程设计和施工能力外，绝大多数城市没有技术能力进行设计、施工，加之轨道列车的国产化水平较低和地方财政水平限制，不能采用全部进口和外包的方式进行，均限制了大容量轨道交通的发展。

2. 路由条件差异较大

东京、巴黎等大都市区为典型的先发工业化地区，在 19 世纪末，即建成了较大规模的区域铁路；在 20 世纪初期，在市区范围内又建设了较大规模的有轨电车，1960 年代，在小汽车浪潮的冲击下，有轨电车大都拆除，但部分通道得以保留。既有的铁路路由和部分有轨电车通道为 1970 年代之后大规模的地铁、都市快轨建设提供了路由条件，尤其是都市快轨大都基于既有铁路改建而来，建设成本明显降低、方案可行性大幅提高。此外，传统铁路引导城市空间拓展形成了基于轨道站点和轨道走廊的土地开发形态，也为后期都市快轨系统的发展打了坚实的客流基础，以东京都市圈私铁为典型代表，东京私人财团创造的“轨道 + 物业”开发模式使得土地开发与轨道运输紧密的衔接在一起，促成东京形成了轨道绝对主导的大都市区空间结构。

3. 投资功能特征明显

轨道交通产业属于高端装备制造业，符合当前国家产业政策，同时，对一个城市而言，能够带动较长的衍生产业链条，在短期内轨道建设项目又具有较强的投资拉动职能，因此，部分城市依托既有的研发、制造业基础，提出了大力发展轨道交通产业的构想，在轨网规划中大幅调高里程规模，具有一定的不科学性。而这种产业定位和短期内的投资定位，变相地影响了轨网规划与建设，使得相关部门更加关注建设问题，轻视规划问题。

5.4 空间演化的核心致因

空间结构含义的广泛性决定了其影响因素的多元性和演化机理的复杂性，但地形地貌条件对空间结构演化起主要影响作用；此外，城市发展历程和在特定历史阶段上形成的大型人工构造物，如大型水泥混凝土建筑、轨道交通、工业建筑群等，其设计寿命较长，对空间结构演化也产生深远影响；城市作为复杂的人工构造物，影响个体和集体活动行为的制度设计也是主要影响因素。因此，本节主要从上述几个方面进行核心致因分析。

（1）地形地貌条件

地形地貌条件对大都市区形态起根本性影响，城市作为主要经济高地，国内外都市遵循着近似的城市经济发展规律，即寻求最高的投入产出比。在同等资源要素投入条件下，土地的连绵开发能够实现最高的效益产出，能够提供最多的机会选择性。因此，在土地开发条件较好的平原与浅丘地带，连绵开发是一种常态，尤其是人地矛盾更加突出的亚太都市，连绵开发和强度偏高的特征更加明显，促成了大都市区空间形态的相似性。而不同都市有着不同山体、河流等非建设用地构成要素，又构成了中微观尺度上的差异性。

（2）都市发展历程

城市是有年轮的有机体，城市发展基础深刻影响着后期演化方向，主要影响因素有使用年限较长的民用建筑、铁路、桥梁等交通基础设施、大型工业建筑与产业集群等。

1）耐久性民用建筑使得土地开发强度偏低

以巴黎市为例，作为著名的历史文化名城，在城市规划建设中，为保护建成史数百年的石质建筑，促成建筑与周边空间的协调发展，在地方政府层面对新建建筑高度进行了严格控制，使得巴黎市几乎没有高层建筑，绝大多数建筑为不足30m的老式建筑。在市场规律影响下，中心区虽然有较大的就业岗位需求，但是受土地开发容量限制，新的商务区不得不选址于巴黎市郊外的拉德芳斯地区，使得巴黎市呈现了建筑高度整体较低、居住人口密度较高的空间结构特征。同为历史文化名城，我国特大城市几乎均经历了新中国成立后的“大拆大建”，在1998年后，“土地财政”导向下，土地开发强度大幅增高，形成了当前高密度都市特征。

2）传统铁路通道塑造了大都市区骨架形态

巴黎、东京等都市轨道交通发展均有100多年的发展历史，1970年之后，在都市人口大幅增长背景下，他们对传统铁路进行了改造，形成了较大规模的都市快轨系统，支撑了大都市区骨架形态的形成。而我国都市传统铁路难以承担城市交通运输职能，新建轨道制式以地铁为主，普遍缺少贯穿市区、主线长度超过60km的都市快轨制式，土地空间更加集聚。

3）分散的工业城市为郊区新城发展奠定了基础

东京和巴黎有较长的工业化历程，在1970年之前形成了工业导向的城市空间结构，在都市化发展背景下，郊区新城大都以拥有一定发展基础的工业城市作为依托演化发展。而我国城市工业化历程普遍较短，且发展之初工业即采取了自市区不断外迁的模式，这与东京、首尔等城市采取与中心城区分离发展的模式有较大差别。以东京为例，在第二次世界大战期间要求资源高度集约开发以及备战要求，形成了大空间尺度分散、小空间尺度集聚的工业城市集群，例如，八王子地区、厚木地区、川崎与横滨地区等，为后期大都市区空间优化采取多层次新城战略提供了发展基础。

（3）行政管理体制

1）“土地财政”影响了土地开发强度的级差

在土地空间规划中，TOD理论得到广泛认可和推广，该理论在构建之初即确定了容积率级差开发特征，距离站点越远，开发强度越低，东京、巴黎等都市在郊区轨道站域开发大都采取了这一级差开发策略。但是在中国语境下，实际的土地开发过程中这种级差特征并不明显，在“土地财政”影响下，“邻近效应”作用下，使得距离站点500m跟1000m地块开发强度几乎一致。部分城市（如成都）在土地开发中采用通则式的地块管控手段，即控规图则中对出让类用地容积率没有规定，而是依据地方技术管理规定，根据地块所在的分区和用地性质而定，不突破上限值即可，使得地块开发容积率几乎均达到上限，加剧了土地开发强度级差不明显现象。国内城市在都市密集建设区层面，土地开发强度普遍偏高，这与国外都市有显著差别。

2）大都市区构成单元影响了空间形态与结构

东京、首尔、巴黎等发达大都市区由多个行政等级（基本）等同的市（省、道、县）构成（见4.1.2节），在此行政体制下，形成了大都市区型管理组织，在重大问题决策上存在行政平级和“能量”接近的多方博弈，有利于既有中心沿着路径依赖继续发展，有利于多中心体系的形成。在中国，以副省级城市和直辖市为核心形成的大都市区，拥有较大的行政管辖地域，市级政府是典型的“大政府”，下属区县是典型的“小政府”，大都市区管理是典型的集权管控方式，重大问题决策“小政府”须服从“大政府”，这种管控方式有利于重大基础设施规划建设，但在空间要素资源配置上，往往出现中心城区优势更加明显的局面，不利于能级级差明显的多层级中心体系建设。

在行政区基层构成单元层面，我国政府在近似管辖范围的街道、乡镇一级行政单元，与东京都市圈的区、市、町、村，首尔大都市区的区和市、巴黎大区的区、市镇等行政单元相比，国外大都市区上述行政单元与上级都（县）、市（郡）、市（省）并非绝对的行政隶属关系，类似我国街道、乡（镇）管辖范围的这些区、市、町、村拥有高度的地方自治权，有较大的地方财政收入和建设权限[229]，且管辖面积一般小于同等区位我国行政区，在地区中微观层面空间设计与品质提升方面，国外有着更多的实施机构，有利于精细化设计。同等管辖范围条件下，我国基层行政单元更大的职能是承担民政服务类工作，基本不参与市政基础设施建设，对于轨道交通建设和接驳系统优化而言，主要由市级和区级建设部门、轨道建设公司等协作完成，在较少的人力资源条件下，规划设计水平难以向精细化推进，严重影响了空间结构整体水平的提升。

（4）规划管理实践

社会经济活动中的“羊群效应”在规划编制、规划管理和规划实施层面亦有明显的体现，后发地区在学习先发地区政策和措施时，缺少实施后评估和检讨，使得规划方案的制定、规划管理条款的制定和规划实施效果趋同，对科学性问题缺少判断，使得国内外城市规划编制、管理和实施出现了少有的“齐步走”现象。例如，在用地布局规划方案上，大都提出了设置绿环、组团布局、多中心等规划策略；在轨网规划方案中，近似规模都市规划相近的轨网规模和密度、类似的布局形态（如设置轨道环线）等，后发地区普遍缺少都市快轨制式；在规划管理上，中国都市也呈现了高度的趋同性，例如，各地制定的地方规划管理技术规定，在小汽车配建标准、快速路线网密度等方面大都接近，总体上看，仍是小汽车导向的交通供给模式，客观上影响了轨道交通分担率的提高。上述趋同现象的诞生有科学的原因，也有盲目学习和被动接受的原因，例如，规范的约束，便于通过上级部门审查等。

5.5 小结

（1）国内外团状大都市区空间结构存在诸多共性特征

经济发展是大都市区形成的核心动力，而空间集聚能够实现资源要素配置效率的最大化，因此，人地矛盾突出的国家纷纷采取了空间极化发展模式，即人口、资本、技术等生产要素向特大城市集聚，形成了大都市区，而规模效应作用机制下，交易成本降低，公共服务水平和生态环境质量等不断提升，正向反馈于人口和产业集聚，再次强化了大都市区集聚发展。而土地竞租的存在，又使得大都市区土地开发呈现明显的圈层结构；建立了基于就业岗位数量和就业密度的能级计算公式，分别计算了东京、首尔和巴黎大都市区主要中心的势能值，发现中心体系分布呈现明显的级差特征，且大都市区中心均具有明显的空间“趋中性”特征，中心地选址与轨道环线、都市快轨紧密关联。轨网呈“环＋射”形态拥有明显的结构优势，乘客“钟情”轨道环线存在明显的行为偏好，都市快轨在后期大量出现存在特殊的交通组织优势。

（2）国内外团状大都市区空间结构存在一定的差异性，这与都市所在的地理环境、发展历程、行政管理等紧密相关

从职住人口空间分布和密度梯度、CBD与传统商业中心的空间关系、大都市区中心的就业规模和岗位密度、大都市区空间形态布局等视角分析了国内外大都市区空间结构差异；采用基于居住人口规模和密度的密集度指标对发达都市交通组织难度进行了聚类分析，发现规划人口规模近2500万人的北京、上海与首尔大都市区高度接近，在宏观层面，首尔大都市区空间优化策略应该是我国类似规模都市借鉴的主要案例。此外，从轨道交通的发展背景、对小汽车使用政策的管控和快捷路供给等视角分析了大都市区交通组织存在的差异，发现我国大都市区轨道发展条件与工业化历程和铁路发展历程较长的东京、巴黎有较大差别，我国都市与首尔较为接近，在大都市区发展初期，高快速路系统建设规模较大且速度较快，而交通组织的差异反馈于土地空间演化，两者相互影响，促成了空间结构的差异化。

（3）大都市区空间结构趋同性和差异性的内在致因分析

地形地貌条件对大都市区形态起根本性影响，在集聚效应的影响下，土地开发条件较好的平原或浅丘地带，在强大的土地需求背景下，都市密集建设区尤其是中心城区城市建设用地总是倾向于连绵开发；此外，不同都市有不同的发展历程，其耐久性建筑和铁路工程等均影响了城市空间演化，在这一点上中国都市有明显的差异；行政管理体制和规划管理政策等制度设计因素对空间演化也起到了重要的影响作用。

6 中国团状大都市区空间结构模式建构与解析

6.1 空间结构特征解析与研判

基于大都市区空间结构演进机制和中国都市所处的特定发展阶段及目标诉求，对中国团状都市土地开发特征和空间结构发展趋势进行研判，在此基础上提出与之匹配的空间组织模式，从土地空间结构和交通组织模式两个层面进行论述。

6.1.1 土地开发特征

1. 大尺度性

为控制东京都市圈人口过快增长问题，日本先后制定了六次国土规划和五次首都圈规划，均试图从顶层制度设计层面进行人口空间分布引导，但是在市场力作用下，政府的限制性政策和相关规划没有起到明显的作用，东京都市圈人口持续增长，从 1970 年的 2147 万人增至当前的 3600 万人。值得注意的是，自 20 世纪 70 年代末以来，虽然日本城镇化基本完成（1977 年全国城镇化率为 76%，1996 年为 78%），全国人口流动速度已大幅度减缓，但这一时期的东京都市圈人口仍然在持续增加。

人口控制失效问题也在首尔大都市区发展历史上重演，韩国政府采用了同日本国土规划、首都圈规划类似的空间引导和管治政策，但是受经济逐利和公共服务逐利等影响，首尔大都市区极化发展的趋势没有发生改变，大都市区人口占全国比重持续升高（表 6.1）。例如，在 2001—2010 年间，韩国城镇化率达到 90%、全国各地人均 GDP 较为接近的背景下，首尔大都市区中的京畿道地区年均新增人口仍达到 25.9 万人，从人口集聚的角度看，国土均衡发展的策略受到较大的挑战，客观说明了大都市区强大的经济活力、辐射力和吸引力。

首尔大都市区人口数量占全国比重 **表 6.1**

年份	1960	1970	1975	1980	1985	1990	1995	2000	2005	2010	2015
比重（%）	22.3	28.4	31.5	34.9	39.1	42.4	44.8	45.4	47.2	47.7	50.8

资料来源：根据韩国国家统计网站统计资料整理

我国国土开发和经济发展模式与东京、首尔较为类似，其人口总量增长历程和当前涌现的特征也表现出高度的接近性。本文选择的各大都市区除西安外，均有较大的人口腹地，且在全国城镇化率不足60%的背景下，大都市区人口将呈现继续快速增长的态势（北京和上海在最新版总规中对上限人口进行了严格控制，在市场经济条件下，远期人口规模有一定的不确定性），进而促成城市空间的大尺度性，即大都市区空间的形成和强化。

2. 高强度性

1）中心城区和旧城区

基于“土地财政”的城市发展模式和后续发展惯性使得我国城市空间结构呈现明显的高强度特征，尤其在600km^2左右的中心城区层面，按建筑体量指标计算，居住人口密度大都超过1.5万人/km^2；在旧城区居住人口密度普遍超过2万人/km^2，城市规模越大，拥有高密度的区域越大，例如，北京东城区和西城区（面积约100km^2）2014年人口密度分别为2.1万人/km^2和2.5万人/km^2，上海内环内（114km^2）2014年的人口密度为3.1万人/km^2，成都二环内（61km^2）2012年人口密度为2.6万人/km^2，西安明城墙内（11km^2）2014年人口密度为3.7万人/km^2[226]。此外，集聚效应则使得新区商务区就业人口密度大都超过5万人/km^2，且规模大都超过1km^2，早晚高峰客流集散面临巨大的挑战。

2）都市密集建设区

从国外大都市区发展历程和现状特征看，大都市区人口高度集聚在距离都市中心半径30km的地域范围内，即本文定义的都市密集建设区范围（约3500km^2），这与人们普遍接受的单程出行时耗极限有直接关系。本文选取的案例，都市密集建设区规划人口大都在800万～2200万人之间，占大都市区总人口的80%以上，是大都市区主要构成区域，较大的人口规模和较高的人口密度，导致空间组织难度大幅提高，应加强这一地区空间结构和组织方式研究。

3. 时空压缩性

中华民族社会经济发展水平曾长期领先于世界，落后于西方发达国家仅仅有200年左右的时间，尤其是100年来的民族欺凌史，使得中华民族自尊心严重受挫，在“和平稳定、经济发展”的时代主题背景下，我国确定了“以经济建设为中心”的发展思路。在此发展思路的影响下，国家快速发展的基调不会变，必须抓紧时间快速推进经济发展；而改革开放以来的分权化管理，地方政府拥有了更多的发展权，加之各级政府层面大都采取了“GDP”考核制度，使得地方发展“等不起、靠不起”，城市发展呈现压缩式、粗犷式的时空发展特征；近年来，在关注生态文明建设的时代背景下，地区发展更加关注可持续增长模式，但是，受既有的发展惯性、路径依赖、地区竞争、稳定就业等影响，较长的时间内，经济增长将继续维持在较高的速度，这客观要求空间规划在关注生态问题的同时也要重点考虑效率问题，无论是产业分布还是基础设施供给，集聚往往能够实现效率最高，基于建成区的外延拓展模式将仍是主导模式。总体来看，我国城市用 50 ～ 80 年的时间解决西方发达都市 100 ～ 200 年遇到的问题，拥有明显的独特性和巨大的难度，因此，中国大都市空间模式的建构必然会创造新的典范。

6.1.2 空间结构趋势

1.“圈层式”结构

在平原或浅丘地带，快捷交通网络基本为“环 + 射”形态，或为“棋盘 + 射”形态，或为混合形态，中心城区客流运输容量远高于外围地区，使得机会可达性呈现自内向外不断递减的普遍规律，加之老城区或中心城区有着更丰富的公共服务资源和历史文化资源，在市场力影响机制下，大都市区人流密度呈现了明显的“圈层式”结构，国内外大都市区土地空间分布特征均有力地证实了这一规律。根据地租理论，自内向外的土地用途一般呈现“大型商业—高级办公—普通住宅—都市工业—农田”的布局形态。在城市新区中心快速发展条件下，部分区域外围开发强度可能高于中心区，但在大都市区层面看，总体上仍符合地租理论提出的业态分布规律，只是现代快捷交通使得外围地区可达性和机会获取性大幅提高，加之政策引导与其他支撑条件，使得业态布局出现了交叉分布特征。

2.“多中心”结构

中心的产生同城市的产生在原理层面接近，人们在这个区域能够获得更低的交易成本和更多的选择机会。在产业链条分化和人们需求层级更加多元后，传统的中心面临不能承担分工深化和满足多元需求的处境，加之规模效应和密度效应叠加产生的负效应凸显，使得该地区开始产生集聚不经济性，企业和居民在周边邻近地区开始选择新的地域承担老中心城区部分外溢功能，而外围新区的发展、快捷交通的支撑为新中心或副中心的诞生提供了机遇和条件。从本源上看，经济活动“分散化集中”形成了大都市区空间结构上的“多中心”（Morphological Polycentricity）形态[133]。

3.“趋中性”特征

都市区极核中心位于中心城区，大多数情况下在城市建成区的近似几何中心处，拥有明显的空间“趋中性”特征，其背后逻辑在于拥有最广阔的人口腹地，从而实现在相同的出行时耗内获得更多的就业选择机会和消费选择机会。北京和上海近年来的职住空间演变特征同东京、首尔等高度一致，即中心区居住人口总量减少和密度降低的同时，就业岗位数量和密度大幅增长，且岗位数量增加远高于居住人口减少量（图 6.1），中心区就业岗位增幅也远高于中心城区其他地区以及近郊区、远郊区，其直接后果是职住空间分离和出行距离的增长。

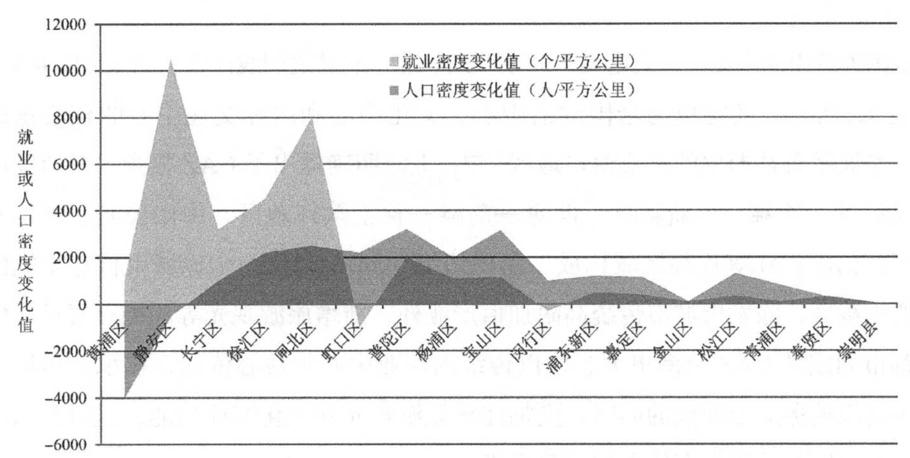

图 6.1　上海就业密度和人口密度变化值（2004—2013 年）

图片来源：根据《上海市城市总体规划实施评估报告》绘制

4.新的需求呼唤中央活动区（CAZ）诞生

“多中心”的形成实现了空间上的分离，随着城市服务日趋多样，传统的商业中心或 CBD 承担的职能也在不断分化。伦敦在 2004 年即提出了中央活动区（Central Activity Zone，简称 CAZ）概念，并在 2011 年出版的《大伦敦规划》中明确了 CAZ 的范围和功能，它以传统的商业集聚区为核心，强调承担世界级经济中心的职能；东京、纽约、新加坡等也提出了类似概念，梳理各国对 CAZ 的定义[227]，可以发现 CAZ 在强调传统商业和新兴商务职能的基础上，在休闲经济和空间消费新时代背景下，进一步补充了文化消费、艺术博览等职能，其活动时间也由传统的 8 小时或 16 小时延长至 24 小时，CAZ 成为城市文化传承和创新的重要基地，以及展示城市形象的新型窗口（表 6.2）。

北京和上海在新版总规中也提出了类似概念，北京称之为首都功能核心区，

国际化大都市城市中心区定位演进 **表 6.2**

城市	发展区域	上一阶段定位	当前规划定位
伦敦	金丝雀码头	商务集聚区	伦敦作为全球城市的核心功能区
东京	新宿	商务集聚区	“城市胜地”，领导全球导向经济的战略性地区
纽约	曼哈顿下城	金融中心	在维持金融中心的同时，成为更具活力的全球商业中心，一个服务于世界的生活—工作—旅游社区
新加坡	玛瑞纳中心	商务集聚区	未来 15 ～ 20 年的发展焦点，发展成为工作、生活和休闲三位一体的独特区域

资料来源：根据文献 [247] 整理

其范围大致由北京站、北京南站、北京西站、北京北站之间线段围合而成（图 6.2），占地 92.5km^2，其定位为全国政治中心、文化中心和国际交往中心的核心承载区，是展示首都形象的重要窗口地区 [184]。上海明确提出了 CAZ 概念，其范围由人民广场、外滩、小陆家嘴、世博—前滩—徐汇滨江地区、中山公园、虹桥开发区、杨浦滨江等连绵区域构成，面积约 120km^2，定位为全球城市核心功能的重要承载区，除发展城市传统高附加值产业外，新增旅游观光等职能。可见，中国都市划定的 CAZ 范围更大，均以传统的商业中心为核心依托，在承担传统商业和高级商务办公职能的同时，更加注重旅游观光和文化交往功能，这对我国后发大都市区相关规划有较大的启示意义。

为描述方便，下文将其他都市传统商业中心所在地笼统称为 CAZ 地区，如

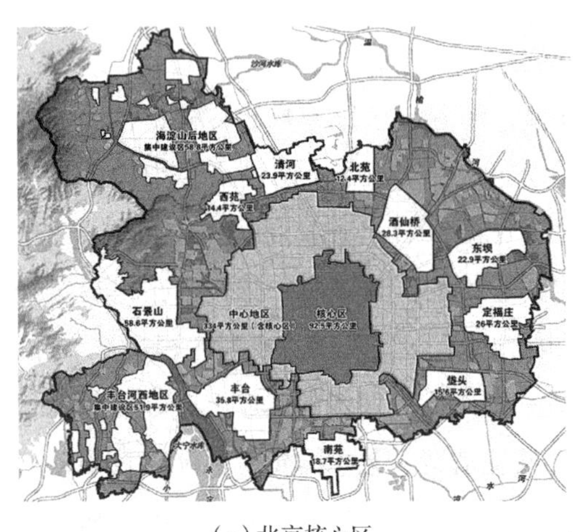

（a）北京核心区

（b）上海中央活动区

图 6.2 北京核心区和上海 CAZ 区位与范围

图片来源：《北京城市总体规划（2016—2035）》和《上海市城市总体规划（2016—2040）》

广州的上下九片区、南京的新街口片区、成都的春熙路片区（包括天府广场）、武汉的中山大道片区、西安的钟楼片区、杭州的延安路片区和郑州的二七广场片区。

6.1.3 交通组织模式

1. 职住分离是大都市区演化的必然趋势

从世界发达大都市区以及北京和上海发展历程看，在出行经济成本占生活开支日趋降低的情况下，以及运输工具出行速度不断提升的条件下，人们总是倾向于在可接受的时耗范围内获得更多的选择机会，以满足日趋多样的就业与消费需求，直接导致了职住空间的分离和出行时耗持续延长，尤其是对中国都市而言，由于原有“单位制”的解体、市场经济的快速发展导致就业空间的选择面临更多的机会，而大容量快捷轨道交通、快速路等的大规模供给使得出行速度明显提升，以及当前平均出行时耗仅为30分钟左右，离人体可接受的时耗极限仍有较大距离；同时，在中心城区的最内部圈层，例如，北京三环（约160km^2）和上海内环（约114km^2）内，2010年左右未平衡的岗位数量为130万个左右[228]，且仍有较大的增长空间（表6.3）。在没有有力的政策导向和有效的措施保障下，可以研判中国大都市区职住空间分离将日趋扩大，这一出行特征深刻影响着土地空间和轨道交通优化策略的确定。

近年来国内外大都市区核心区未平衡工作岗位数量统计　　表6.3

名称	北京	上海	东京	纽约	伦敦
范围	三环以内	内环以内	都心三区	曼哈顿下城	中央伦敦
年份	2010	2008	2010	2009	1990
未平衡的岗位数量（万个）	130	110	228	150	94

资料来源：根据林群（2014）《转型变构环境下的交通体系组织要点》等整理

2. 轨道交通是客运交通组织的唯一出路

当前的轨网规划结论基本适应了经济发展水平，但是在政治外力、市场外力等作用下，以及居民出行服务水平提升的客观诉求下，轨网规划仍存在大幅修编的可能。部分都市的里程规模、制式级配和线网布局等仍将大幅调整，对于绝大多数都市而言，其规划轨网密度将继续升高，尤其是中心城区的轨网密度，其根源在于我国都市建设普遍采取了连绵开发的策略，且土地开发强度较高，在通勤高峰时段，客流集散呈高脉冲特征。在较短的时间内对上万人客流进行快速集散，决定了在我国都市密集建设区范围内，发展建设较大规模的轨道交通是必然出路。

3. 常规公交弥补中高运量轨道交通的缺陷

轨道交通运力供给与常规道路交通相比存在巨大差异，在单一交路模式下，同一线路各个站点运力是一致的，而道路交通可以通过不断增加高需求地区的供给能力，使得运力供给出现自内向外逐步下降的特征。这必然要求高运量轨道交通采取大小交路或混合交路运营方式适应客流需求特征，即便如此，某些区域仍将存在运行成本高、接驳不便捷或运力不足等问题，这必然要求常规公交、中低运量轨道或都市快轨进行弥补，从而在整个大都市区范围内形成分工清晰的综合公共交通运输体系。

4. 复合化的交通走廊兼顾了活力与效率

在轨道交通制式多元化和交通需求多样化发展背景下，大都市区交通组织将充分发挥各种制式运距优势，形成“多网融合”的区域轨道网络体系。即依托高速铁路、城际铁路使得城市群与大都市区便捷连通；依托都市快轨、高运量城市轨道交通实现郊区和中心城区便捷联系；依托中低运量轨道交通实现近郊与部分远郊地区大型社区等客流集散点与高运量轨道枢纽的便捷联系，同时承担大都市区近郊区非联系中心城区的径线职能（图 6.3）。最终，以复合化的交通走廊引导和支撑城市空间有序拓展和有机更新。

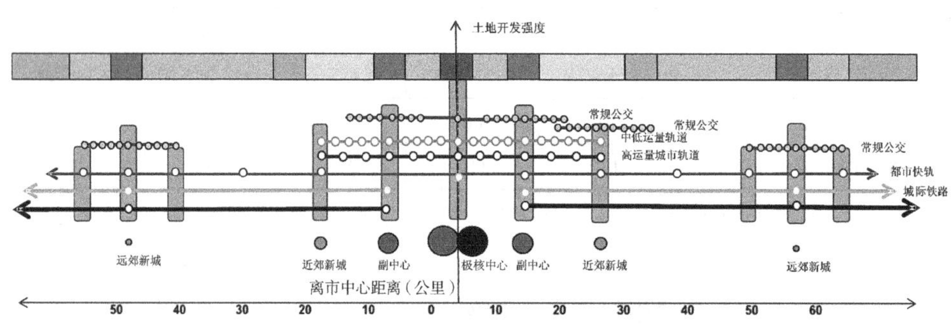

图 6.3 不同交通方式与空间尺度适配性关系

图片来源：作者绘制

6.2 空间结构模式建构与解析

6.2.1 建构法则与目标

1. 基本法则

中国大都市区空间结构模式的建构应遵循以下基本法则：

1）生态环境的低冲击性

城市作为最为复杂的人工构造物，在工业化影响下，居民生产、生活不可避免地产生了废物、废气、废水等污染物，其最终排向自然空间，而合理的空间结构有利于低碳城市的形成。因此，空间模式建构应充分考虑城市居民与外来人员在生产、生活、休憩中对资源的消耗和排放问题，大量研究证明，相对紧凑集约的空间布局模式有利于土地效率的提升和生态环境的保护[229]。

2）空间组织的高效性

土地和交通协同发展的最终目标是空间功效最优，但受制于系统的开放性、互馈机理的复杂性和影响参数的难以完全度量性，空间功效目标简化为空间组织效率最高。即在相同的交通资金约束下，通过合理空间模式的建构，使得交通需求与交通供给基本匹配，在近似的时耗和出行成本条件下，居民能够获得更多的就业岗位和休闲场所等选择机会。

3）城市财务的可持续性

大型交通基础设施是城市空间的重要构成部分，对交通基础设施而言，既有公共属性的城市道路，也有准公共属性的轨道交通和常规公交系统，这些交通设施是保障城市功能运转的基本条件，其初始供给和后期运营、养护等均需要较大的资金，而轨道交通准公共产品的属性决定了其收益往往低于投入，在世界范围内，仅香港地铁依靠成熟的物业开发实现了运营赢利，如果没有土地资源和物业开发等形式的资金补贴，较大的轨道设施规模将难以为继[230]。因此，空间模式优化应尽量集约以保障轨道客流，在土地空间开发和轨道供给上实现基本匹配，依靠充足的客流尽量实现轨道公司自身收支平衡，确有亏损，由地方政府财政进行补贴。

2. 要素关系

轨道交通与土地空间协同发展，其本质是要素有效匹配，匹配效果决定了空间功效，因此，识别轨道交通和土地空间的主要影响因素显得尤为重要。本文认为土地空间的三个核心要素是形态、密度和规模，与之对应的轨道交通三个要素是轨网布局形态、制式类型（包括编组）和总体规模（图 6.4），两个系统的三个要素相互影响、有机反馈。不同都市有着不同的人口规模、空间形态和密度分布特征，与之匹配的轨道交通随之动态优化。

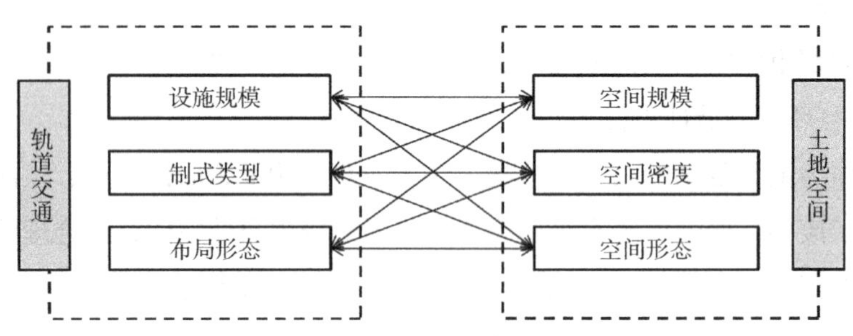

图 6.4　土地空间和轨道交通核心要素匹配关系

图片来源：作者绘制

3. 模式目标

大都市区空间结构模式建构的最终落脚点是提升空间功效问题，包括静态的土地功效、动态的组织功效，这其中又涉及生态功效、经济功效和社会功效等。因此，空间模式是在特定的目标及价值观导引下确定而来的。从既能提升土地使用效率，又能保障空间组织效率的角度看，大都市区空间优化要在拓展和收缩中找到平衡，在土地开发和制式选择中找到最优匹配，力争实现总体效用最大化。

从现实的发展路径看，区域发展总是呈现明显的非均衡特征，城市发展总有主导的发展方向，而先发地区形成的路径依赖促成本地区与后发地区始终存在差异；中心体系与交通可达性，尤其是与轨道可达性高度相关；根据不同等级的中心在空间布局中的区位指向，结合中国都市现有空间结构特征和规划定位，以实现最大的空间组织效能为目标，同时兼顾生态功效和社会功效，建立轨道主导型的非均衡型大都市区空间结构。

6.2.2 地域划分与特征

大都市区地域空间结构一般可以划分为核心区、中心城区、近郊区和远郊区四个层次（少量大都市区可能缺少远郊区层次），核心区是 CAZ 地区，是城市功能最集中、岗位和人口密度较高、城市活力最强的区域；中心城区岗位和人口密度次之，空间半径为 10 ～ 15km 左右，基本以外环快速路为界限；由中心城区向外，分别为近郊区（半径为 15 ～ 30km 左右）和远郊区（半径为 30 ～ 60km 左右），人口与就业岗位密度由内向外逐步降低（表 6.4）。

我国大都市区地域层次划分及特征构成 **表 6.4**

项目	核心区（范围 1）	中心城区（范围 2）	近郊区（范围 3）	远郊区（范围 4）
城市规划对应层次	CAZ	主城区或中心城区，或外环快速路范围内	与城市规划区范围接近，扣除范围 2	一般为市域范围扣除范围 2 与范围 3
开发强度	高强度，人流密度在 3 万 /km^2 以上，岗位高度集聚	中高强度，居住密度在 1.5 ～ 2 万 /km^2 左右，人口高度集聚	中等强度，居住密度在 1 ～ 1.5 万 /km^2 左右，人口相对集聚	中低强度，居住密度在 1 万 /km^2 左右，人口少量集聚
城市形态	小型团状为主	建设用地基本连续，基本为团状	走廊或组团	基本为组团形态
空间半径（km）	3	10 ～ 15	15 ～ 30	30 ～ 60
尺度（km^2）	—	600 左右	3000 左右	12000 左右

备注：上述密度按照城市建设用地指标计算，远郊区划入大都市区范围的前提条件是拥有联系中心城区的都市快轨

资料来源：作者绘制

6.2.3 模式类型与划分

1. 中心体系建构

在大都市区范围内，形成 3 ～ 4 级的中心体系，即“都市区极核中心—都市区副中心—近郊区中心—（远郊区中心）”，北京、上海、广州、成都等由于规划轨道里程规模较大，远期或远景大都市区范围将达到 1.2 万 km^2 左右，从行政地域看，部分远郊区（县或市）将列入大都市区范围，因此，中心体系呈现 4 级；此外，其他城市若远郊区与 CAZ 或 CBD 之间规划有都市快轨，也划入大都市区范围，如西安大都市区之阎良组团；而对其他部分省会城市形成的大都市区而言，至 2030 年左右，大都市区范围大都在 3500km^2 左右，同上述发达大都市区的密集建设区范围接近，中心体系呈现 3 级。极核中心分为两个片区，一是以传统商业中心为载体的中央活动区（CAZ）；二是 CBD，CBD 又分为两类，第一类大都位于中心城区范围内，建设历程较长，第二类大都以大型城市新区（一般为国家级高新技术开发区、经济开发区或国家级新区）核心区为载体的都市区 CBD（下文称为新兴 CBD），两者共同构成了都市区极核中心。对于轨道环线周边尚有较大体量未开发用地的都市，在规划政策引导和轨网支撑下，形成若干个

都市区副中心；近郊区形成片区型中心，主要服务本行政区或功能区。

2. 模式类型划分

本文根据 CAZ 与新兴 CBD 的空间距离，将空间模式划分为两个类型，当 CAZ 与新兴 CBD 空间距离超过 10km 时，定义为分离型；两者空间距离小于 10km 或未规划新的能级较高 CBD 的都市，其空间模式定义为相邻型。从规划情况看，案例都市中仅杭州与武汉未在中心城区范围之外规划新的能级较高的 CBD，杭州与武汉属于相邻型，其他都市均属于分离型。

分离型都市至少有一个能级较高的 CBD，其中一个在中心城区范围内，另一个距离 CAZ 较远。受发展历程影响，两个 CBD 能级分布规律不明显，例如，北京国贸 CBD 能级远高于通州 CBD，上海陆家嘴 CBD 与部分学者规划设想的虹桥 CBD 能级接近，而西安高新区 CBD 能级明显低于沣东新城 CBD；这与 CBD 所在的区位与腹地紧密相关。为提炼基本模式，重点研究不同区位条件下，CBD 与 CAZ、大型对外交通枢纽等连接问题，以及与之匹配的都市快轨、地铁普线等线网布局问题。

3. 核心节点联系

通过梳理本文所研究的案例城市相关轨网规划，发现我国都市快轨规划研究深度明显不足，对远期或远景重要核心节点间交通需求特征分析不足，例如，对于绝大多数城市而言，CAZ 与大型对外枢纽（如高铁站、机场等）均没有都市快轨直接相连；CAZ 与先期发展的 CBD 之间亦没有都市快轨衔接；先期发展的 CBD 与运量较高、换乘效率较高的轨道环线也普遍缺少直接联系；新规划 CBD 大都有都市快轨线路通过，且与大型对外交通枢纽有轨道交通衔接，但也存在换乘不便、组织效率偏低等问题（表 6.5）。总体来看，我国都市区 CAZ、CBD 和大型对外交通枢纽相互之间缺少高品质轨道交通衔接，这与国外发达大都市区有很大区别，从国外大都市区当前轨道客流特征看，这些节点间有较大的刚性出行需求，且对公共交通出行品质有着较高的要求，因此，在轨网规划和土地空间规划中我国大都市区应予以更多的关注。

6.2.4 模式建构与解析

本文建构的大都市区空间结构模式着重从空间形态、不同能级中心体系空间选址及与不同制式轨道交通体系运能匹配等视角进行分析，着重研究了建设必要性较强的少量都市快轨线路布局问题。

分离型大都市区 CBD 与轨道环线、都市快轨关系梳理　　　　表 6.5

案例	先期 CBD		新兴 CBD		
	能级	是否邻近轨道环线	能级	是否拥有快线	与大型对外枢纽关系
北京	高	是（10 号线）	较高	是（21 号线）	快线连接大兴国际机场
上海	高	否	高	是（机场快线）	快线连接虹桥枢纽与浦东机场
广州	高	是（11 号线）	较高	是（4 号线南段）	快线与普线换乘连接广州南站
南京	较高	否	较高	是（S8 号线）	普线连接南京南站
成都	高	否	高	是（18 号线）	快线连接双流机场与天府机场
西安	较高	否	较高	否	快线与普线换乘连接西安北站和咸阳机场
郑州	较高	是（5 号线）	较高	是（11 号线）	快线连接新郑机场，普线换乘连接郑州东站
杭州	较高	否	较高	是（机场快线）	快线连接萧山机场，普线连接杭州东站

备注：上述 CBD 能级根据就业岗位数量和密度综合确定；CBD 与轨道环线和都市快轨关系，根据最新轨网规划确定；广州规划 11 号环线广州东站与珠江新城 APM 站点中的林和西站仅有 1km，且有 3 号线连通，本文认为其邻近环线

资料来源：作者根据相关城市轨网规划与高德地图等整理

1. 相邻型模式

1）都市密集建设区空间形态与交通组织

中心城区以较高的轨网密度支撑土地高强度开发，近郊区形成轨道支撑型的走廊形态或组团形态，建设用地沿轨道走廊和站点集中布局，在走廊内布置商业、商务、行政办公等用地，走廊内重点解决通勤交通组织问题。同时，在中心城区之外，以农田、公园、水系等生态廊斑分隔走廊或组团之间的建设用地，形成绿楔结构。

2）根据轨道可达性规划中心

在轨网时代，城市中心的能级与可达性尤其是轨道交通可达性更加紧密相关，同时它又具有明显的“趋中性”特征，决定其能级大小的深层因素是人口和经济腹地，轨道交通提供了运输支撑。在都市密集建设区层面，自核心区向外，依次规划 CAZ、CBD、都市区副中心和近郊区中心；CAZ 和 CBD 是都市区极核中心，能级最高，都市区副中心和近郊区中心能级依次降低，都市区副中心大都依托轨道环线而成，部分副中心在传统的城市轴线上。

3）都市快轨连接远郊组团与 CAZ

对于部分远郊区外围组团而言，积极接受中心城区或都市密集建设区的辐

射，同时，为上述地区产业升级和分工细化提供承接地跟劳动力，也是大都市区发展的普遍规律。外围组团与中心城区紧密发展有利于大都市区空间功效的整体提高，因此，远郊组团至 CAZ 应有都市快轨连接。

4）都市快轨连接大型交通枢纽与 CAZ

以都市快轨串联高铁站、运输机场等大型对外交通枢纽至 CAZ 地区，尤其是机场与 CAZ 联系作为相对刚性的控制要求（案例城市机场当前日均客流已达到 5 万～ 15 万人，表 6.6，轨道客流量有较大保障，且机场客流具有消费能力强等特征，与远期 CAZ 业态供给中的中高端服务相匹配）。都市快轨建成后，与地铁普线共同承担机场客流与工作人员集散问题，通过经济手段对交通流进行分层组织，变相提高地铁普线实际运能和服务水平。由于 CBD 与 CAZ 相邻，两者之间的联系可通过地铁普线实现。

从发达大都市区机场与中心城区联系规律看，在拥有轨道快线和普线的同

国内主要机场轨道线路核心参数汇总 **表 6.6**

城市	名称	2017 年日均客流（万人）	轨道线路	长度（km）	车辆编组	最高运行速度（km/h）	定位	状态
北京	首都机场	25.9	机场线	28.1	4C	110	快线	运营
广州	白云机场	16.4	3 号线	59.7	6B	120	快线	运营
上海	浦东机场	18.1	2 号线	63.6	8A	80	普线	运营
			磁悬浮	29.8	—	430	快线	运营
	虹桥机场	11.1	2 号线	63.6	8A	80	普线	运营
			10 号线	35.2	6A	80	普线	运营
武汉	天河机场	5.7	2 号线	19.5	6B	80	普线	运营
南京	禄口机场	6.1	S1 号线	35.8	—	100	快线	运营
成都	双流机场	12.6	10 号线	38.2	6A	100	快线	运营
西安	咸阳机场	10.1	13 号线	29.2	6B	100	快线	在建
杭州	萧山机场	8.7	7 号线	47.4	6A	100	快线	规划
			1 号线	61.4	6B	80	普线	在建
郑州	新郑机场	5.7	11 号线	47.0	—	—	快线	规划

备注：南京 S1 线仅设置 8 座车站，旅行速度高于普线。根据列车运营和站点设置情况，估算成都 10 号线、西安 13 号线、杭州 7 号线、郑州 11 号线机场至城区段旅行速度均超过 45km/h，达到都市快轨标准，由于制式均为地铁，简称为快线。上述轨道定位主要考虑机场至城区段旅行速度，而非线路全程旅行速度

资料来源：乘降客运量根据民航资源网整理，轨道线路根据好搜百科等整理

时，往往还有有轨电车等中低运量轨道制式。3 种类型以上的轨道线路承担不同的职能分工，通过票价进行调控分流，以满足不同需求者的出行诉求。对于当前已设置地铁普线的城市，远期可通过调整轨道周边站点用地性质，增加常规城市活动客流，逐步减少承担机场客流的比例。

CAZ 与 CBD 相邻型大都市区空间结构模式如下（图 6.5）。

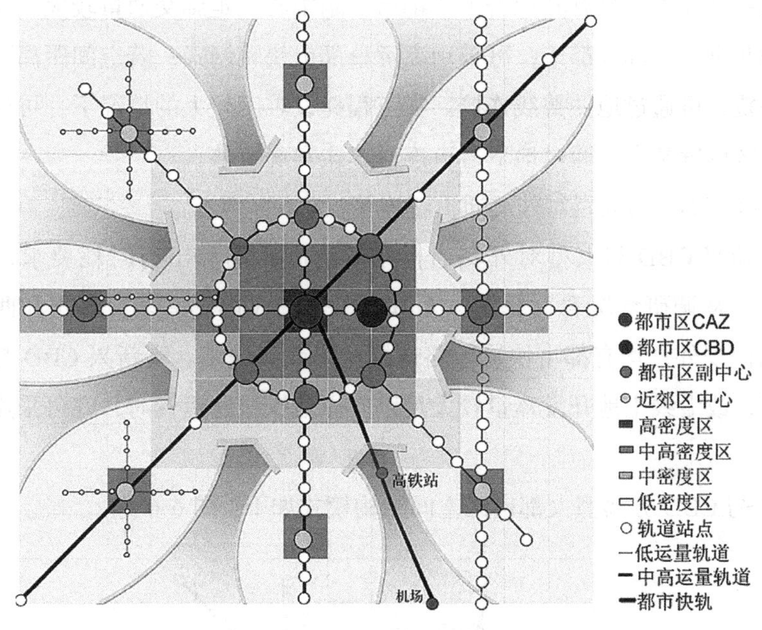

图 6.5　CAZ 与 CBD 相邻型大都市区空间结构模式

图片来源：作者绘制

2. 分离型模式

分离型大都市区空间结构模式与相邻型基本接近，主要区别在于分离型大都市区有两个或三个能级较高的都市区 CBD，空间布局的一般规律是中心城区内外均至少有一个，导致了不同形态的轨网布局，尤其是都市快轨布局形态。

1）大都市区中心体系分布特征

CAZ 布局于中心城区近似几何中心处，距离 CAZ 5km 左右布局有先期 CBD，且这类 CBD 大都在规划的轨道环线范围内或紧邻轨道环线。依托轨道环线，远期形成若干个都市区副中心，这与紧邻型大都市区一致。部分大都市区在传统的城市轴线上，在距离 CAZ 约 20km 或更长距离处形成新兴 CBD，如北京、上海、成都等；部分新兴 CBD 未在传统的城市轴线上，如广州、南京、西安和郑州等。

2）都市快轨或地铁普线连接新兴 CBD 与 CAZ

新兴 CBD 是中国都市发展中的独特创举，其与 CAZ 联系的紧密程度如何缺少国际经验，但是从未来人的交流活动增长等规律看，两者应该有较为紧密的联系，通过轨道交通联系不可或缺。对具体都市而言，判定两者之间的轨道连接方式应根据新兴 CBD 与 CAZ 之间的交通量和空间距离等因素综合确定。例如，若两者在同一轴线上，且有其他若干个都市区副中心，走廊交通量较大且空间距离较大，如北京、成都等都市，可采用高运量都市快轨制式；若空间距离不足以开行都市快轨，可通过地铁普线连接。在工程建设难度较大的情况下，可选择在外围紧邻地区设置站点，通过地下通道连通方式实现换乘。

3）新兴 CBD 与大型对外交通枢纽连接

根据新兴 CBD 与大型对外交通枢纽的空间距离和出行时耗要求，选择合理的制式。从调研情况看，北京、上海、广州、成都、南京、郑州和西安新兴 CBD，除西安外，均有都市快轨线路连接机场或高铁站。当新兴 CBD 与高铁站距离较近，或沿线土地开发体量较大足以支撑地铁线路运营时，亦可采用地铁普线制式。

CAZ 与 CBD 分离型大都市区空间结构模式如下（图 6.6）。

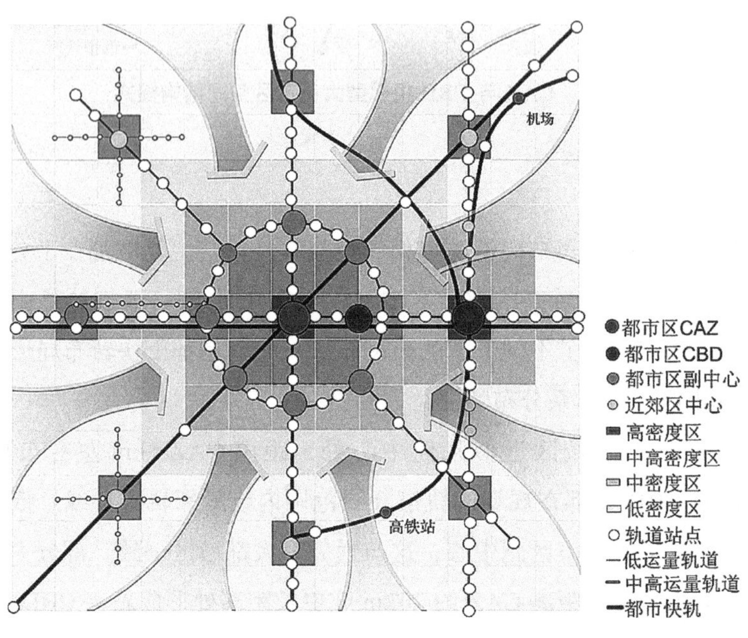

图 6.6　CAZ 与 CBD 分离型大都市区空间结构模式

图片来源：作者绘制

3. 共性特征

以轨道交通为核心依托，最终形成“多层多核、轴带相连、分工明细、网络交融”的非均衡型大都市区空间结构。“多层多核”指土地开发强度呈现自内向外逐步降低的特征，以白天人口和居住人口密度为分类基准，划分为高密度区、中高密度区、中密度区和低密度区，形成“多层”特征，而中心体系能级差异较大，有着各自的空间腹地，形成了“多核”的特征；“轴带相连”主要指依托轨道交通走廊形成的轴线形态，在大都市区近郊区最为明显；“分工明细”主要指不同区域产业分工，尤其是中心体系有着不同的职能分工和功能定位；“网络交融”指空间组织依托轨道站点和线路实现了网络化便捷联系。

6.2.5 组织层次与选择

上述空间结构模式在都市快轨支撑下，单位时耗条件下，可选择的就业、生活、游憩等机会大幅增大，很大程度上提高了潜在的城市活力。但是，从空间组织视角看，空间组织的价值导向应基于最低的出行量、最低碳的出行方式完成必要的社会经济活动，以最大限度的实现节地、节能，发挥土地空间功效，空间组织存在明显的层级性和导向性，具体分析如下：

1. 空间组织的四个层次

交通出行（Transportation）的产生是典型的衍生需求或派生需求，最优理想愿景就是完成了工作或休憩等活动，但没有产生交通需求，例如，基于家庭的网络化办公或网络娱乐等；其次是基于小尺度单元的生产空间和生活空间一体化，虽然产生了部分交通需求，但交通组织以慢行、非机动车等为主，对生态环境影响较低；再者是公交优先，超过 5km 以上的距离不得不主要依靠机动化方式，但由于有较为发达的公共交通系统，机动化出行相对低碳；最劣方案为基于小汽车的出行模式，边际成本最高，但对于较大规模的城市而言，这类出行方式是必然客观存在的，例如，接送病人、举办大型赛事或会议活动等，因此，也需要较为发达的快速路体系，但应进行广义的交通需求管理。

2. 最优导向：微观层面——打造“站城一体”的轨道枢纽单元

正如上文所言，在不影响正常的城市活动条件下，尽量减少交通需求总量，是源头上提升大都市区空间组织绩效的重要导向。而大量的实践研究证明，东京在城市建设中提出的“站城一体”式空间规划设计策略能够明显地降低需求总量，它依托轨道站点进行土地混合开发，与 TOD 理念殊途同归[231]。该理念在微观层面，对城市规划传统的功能分区策略进行了适当修订，将商业、商务、行政办公、公园等业态在站域进行了空间整合（图 6.7），在交通功能没有弱化的情况下，居民活动的选择性大幅增加，使得交通需求量在源头上明显减少，支撑了土地和交通的协调发展。我国当前展开的“生活圈”规划实践，在目标层面，与“站城一体”或 TOD 规划设计理念有一定的接近性，“生活圈”模式更加关注生活性消费、游憩活动，而“站城一体”或 TOD 理念在关注生活性出行活动的同时，也关注生产性出行活动，有着更大的适用范围。

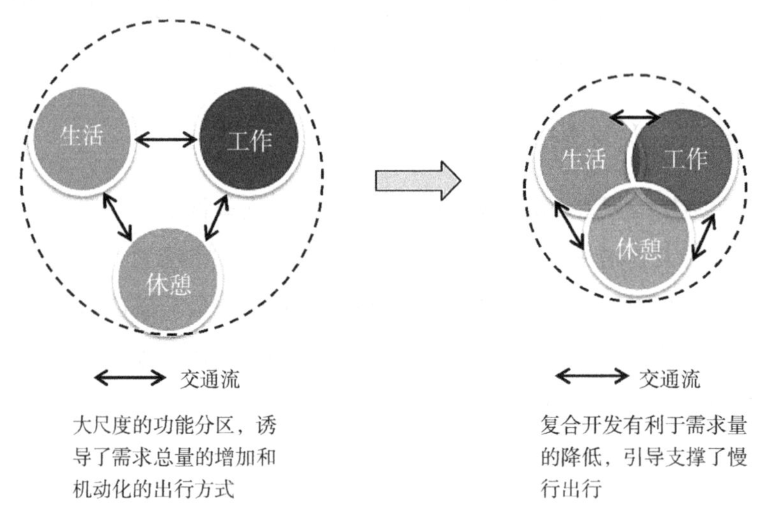

图 6.7 “站城一体”的轨道枢纽单元

图片来源：作者绘制

3. 次优选择：中观层面——构建“职住均衡”的活力走廊带

产业集聚理论认为，类似的产业业态在同等区位空间集聚有明显的集聚效应和规模效应，有利于经济发展[132]，本文认可这一理论，认为较大规模的类似产业业态空间集聚应该以轨道走廊作为主要承载体；同时，在走廊内布置一定数量的居住用地，最大限度地实现“职住均衡”；此外，依托“站城一体”式的轨道站点，配置商业、休憩等城市功能，依托轨道交通形成活力走廊带。它以提升通勤交通组织效率为主要出发点和落脚点，在平峰时段，依托高运量轨道提供日常商务、休闲娱乐等功能。这与世界上著名的公交都市近年来提出的规划目标接近，如首尔以轨道站点 1km 覆盖区域为计量单元，提出 2030 年左右，居住人口和就业岗位轨道站点覆盖率分别达到 80% 和 83%，东京规划 70% 的人口和就业岗位集聚在轨道两侧 1km 的区域内。

4. 最终愿景：宏观层面——形成“网络化、级差化”的组织典范

随着轨道里程的不断增长，远期或远景中国都市空间组织均将进入网络化阶段，基于更多站点的起讫点 OD 数据流将呈指数级增加，交通组织面临更加复杂的客流分布特征。因此，大都市区空间组织优化策略除源头上降低需求外，在交通组织上，应结合土地空间规划确定主要客流走廊和高能级中心，使不同运量的轨道交通制式与不同能级的中心体系实现运能供给和需求匹配，在宏观层面实现网络化的基础上体现“级差化”策略，以此建立“网络化、级差化”的大都市区组织典范。

6.3 空间结构模式差异性分析

上文对建构的空间结构模式的解析主要聚焦在土地空间的外在形态和区域节点功能定位层面，是典型的静态差异分析，而大都市区空间组织效率与轨道交通技术参数有更紧密的关系，也是实现功能定位的前置条件。因此，在关注空间结构模式外在形态的同时，也应该加强内在的技术参数指标的分析，即既关注静态的形态差异，也关注动态的组织差异。

6.3.1 组织模式差异

由于大都市区空间组织难度较大的区域主要在 600km^2 左右的中心城区层面，因此，对这一范围内的人口指标和轨道交通参数匹配关系进行深入分析，重点研究地铁与都市快轨技术指标差异（图 6.8、表 6.7）。此外，对大都市区中心体系能级、分布特征及他们与轨道环线、都市快轨布局的关系进行系统总结。对于中国大都市区而言，由于上文建构的两类模式在中心城区层面轨网与土地空间匹配关系特征差异较小，因此，本节将其抽象为一种基本模式进行对比研究。

主要共性特征如下：四类大都市区土地空间开发强度呈现自内向外依次降低的普遍规律，在中心城区层面中国都市和首尔市居住人口密度明显偏高；在大都市区层面，大都形成 3 ～ 4 级中心体系，极核中心均位于中心城区类似几何中心处，副中心大都位于轨道环线上，中心能级与轨道运能高度匹配。

下文从地铁线网布局和都市快轨线网布局两个层面，总结中外模式之轨网主要技术参数和功能指标的差异。

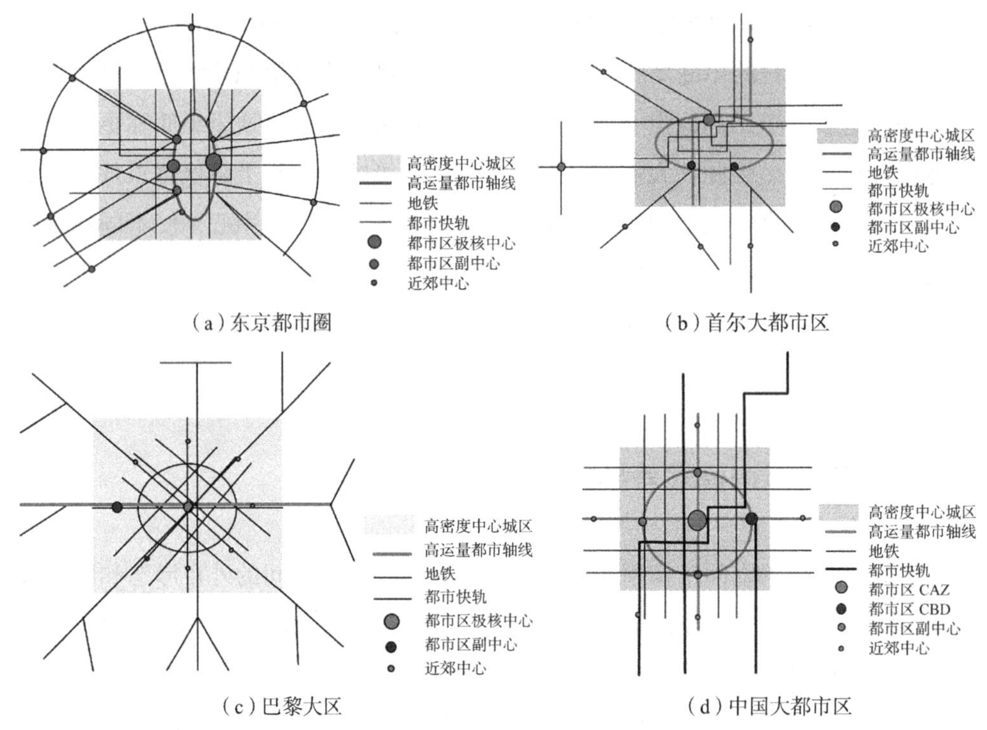

图 6.8　不同制式轨道交通与土地空间匹配模式图

图片来源：作者绘制

轨道交通与土地空间匹配模式比较分析　　**表 6.7**

名称		东京都市圈	首尔大都市区	巴黎大区	中国大都市区
大都市区人口规模（万人）		3500	2500	1200	1000 ～ 2500
中心城区	人口（万人）	900	1000	600	800 ～ 1000
	人口密度（万人 /km²）	1.5	2.5	0.8	1.5 ～ 1.8
	万人拥有轨道里程（km）	0.9	0.5	1.3	0.8 ～ 1.0
都市区极核中心能级		高	较高	较高	高
都市区副中心能级		高	较高	较高	较高
是否拥有城市轴线		山手线	1 号线	1 号线	基本为首期建成线路
是否拥有轨道环线		山手线	2 号线	2 号线与 6 号线	几乎均拥有

续表

名称		东京都市圈	首尔大都市区	巴黎大区	中国大都市区
中心城区	地铁线路长度（km）	357	331	214	400 ~ 500
	地铁密度（km/km^2）	0.57	0.55	0.28	0.65 ~ 0.85
	地铁线路条数（条）	13	9	14	15 ~ 20
	线路平均长度（km）	27	37	15	40 ~ 50
	地铁覆盖情况	仅10余公里线路不在中心城区范围内，山手线内线路密度最高	约40km线路不在中心城区范围，线网布局较为均质	中心城区外围不能覆盖，巴黎市范围内线网密度较高	全部覆盖，几乎所有线路均延伸至中心城区外
地铁平均旅行速度（km/h）		30	33	25	35
地铁运能		较高（类6A为主）	高（类8A为主）	低（类有轨电车）	较高
都市快轨形态		放射形，大都贯穿中心城区，支线较少	放射形，大都为断点运营，没有支线	放射形，均贯穿中心城区，有大量支线	放射形，贯穿型中心城区为主
都市快轨旅行速度（km/h）		45 ~ 60	40	40 ~ 50	45 ~ 60
都市快轨运能		高（类8A为主）	高（类8A为主）	较高（类6A为主）	高（远期6A、8A为主）
都市区中心与轨道关系		极核中心和副中心均邻近中心城区几何中心，均有轨道环线和都市快轨线路支撑		都市区中心大地邻近几何中心，均有都市快轨支撑	都市区CAZ和CBD邻近几何中心，有都市快轨支撑；都市区副中心有轨道环线支撑

备注：上述城市轴线主要基于交通流组织视角而定，主要指轨道负荷强度较高的线路走廊；都市区中心能级判定标准详见5.1.3节

资料来源：作者整理

6.3.2 地铁线网差异

1. 中心城区覆盖率差异较大

由于中国都市轨道建设起步较晚，且轨道供给同城镇化高度同步，在城市空间拓展过程中，采取了地铁线路不断向两端延伸的建设方式，使得地铁线路平均长度大都在40 ~ 50km，明显高于建成年代久远的巴黎（平均长度仅为15km），以及拥有复杂制式（如JR、私铁）且里程规模较大的东京（平均长度仅为27km），与建设背景同我国类似的首尔市接近。由于巴黎大区高密度人口集聚

区主要集中在距离巴黎圣母院 8km 左右的范围内，且早期建成地铁技术标准较低，不宜向两端延伸，土地空间和轨道交通相互影响，使得巴黎地铁服务半径较小，未实现中心城区的全覆盖，在中心城区范围内地铁线网密度较低。

2. 线网密度与中心体系空间匹配差异较大

从地铁线路布局形态看，我国大都市区在中心城区范围内地铁线路布局同巴黎地铁更为接近，呈现了明显的均质化特征，都市核心区线网密度略高于中心城区其他地区。而东京和首尔则采取了与都市区中心高度匹配、协同发展的方式。例如，东京地铁密度最高的区域主要集中在都心片区，首尔地铁高密度区域主要集中在汉阳都城片区，其站点密度大都超过 3 座 /km^2。

3. 运营参数指标差异较大

从旅行速度指标看，我国与首尔市地铁速度大都在 35km/h 左右，普遍高于东京地铁（30km/h）、明显高于巴黎地铁（25km/h）。从运能指标看，我国绝大多数城市先期建成的地铁主要为 6B 编组，明显低于首尔市地铁车辆标准和编组，单条线路运能同东京地铁接近，明显高于巴黎地铁。后期采用的车辆标准和编组大都为 6A 或 8A，运能大幅增加，与首尔市接近。

6.3.3 都市快轨差异

1. 里程规模特征

东京都市圈和巴黎大区拥有较长的工业化历程，在工业化早期，铁路在交通运输中起到重要的支撑作用，因此，两个大都市区拥有较大规模的铁路网络。东京都市圈在 1920 年之后、巴黎大区在 1960 年之后依托既有铁路路由进行改建和新建，均形成了 1000km 以上的都市快轨系统，这与首尔和中国大都市区有明显差别。由于韩国国土面积较小，国家铁路能够参与大都市区铁路组织，首尔大都市区对传统铁路进行改造，也形成了近 600km 的都市快轨；而中国大都市区国铁难以参与城市交通组织，都市快轨几乎为新建线路，加之在轨网规划阶段大都未充分预留建设空间，使得旅行速度大于 45km/h 的都市快轨在中心城区范围内远景年里程规模难以达到国外值。

2. 布局形态特征

从布局形态看，都市快轨均为放射形，且大都贯穿中心城区。此外，东京都市圈都市快轨支线较少，首尔大都市区几乎没有支线，巴黎大区有大量支线。我国都市快轨布局形态有一定的不确定性，但是从世界发达都市发展历程看，贯穿中心城区的都市快轨呈放射形布局是客观规律；此外，根据我国土地开发高度集聚特征，预计采取支线运营的里程规模不会太大。

3. 中心体系特征

东京与首尔都市极核中心和副中心大都与都市快轨关系紧密，巴黎大区都市快轨对极核中心支撑效果明显，近郊区由于采取了相对均质化的发展策略，都市快轨与副中心匹配度较低；我国都市区 CAZ 大都邻近中心城区几何中心，远期或远景应由都市快轨支撑；对于绝大多数都市而言，都市区 CAZ 和都市区 CBD 距离较远但联系紧密，远期也应由都市快轨衔接。

4. 运营指标特征

东京都市圈都市快轨由多种类型制式构成，旅行速度差距较大，最高旅行速度达到 60km/h 左右，巴黎大区都市快轨旅行速度大都在 40 ～ 50km/h，首尔大都市区除机场线外，旅行速度基本在 40km/h 左右，速度值较低。中国都市快轨处于起步阶段，国内已研发出最高运行速度达到 140km/h 的地铁制式，可承担都市快轨职能，其旅行速度预计在 45 ～ 60km/h 之间。

从运能指标看，我国都市快轨预计大都采用地铁制式，与首尔都市电铁运能接近；东京都市圈都市快轨由于编组较大、发车频率较高，其运能亦较大；巴黎都市快轨除 RER-A 线外，其他线路运能普遍较低。

6.4 空间组织绩效的评价指标

传统的交通组织绩效评估是基于“OD”交通流而言的，这种评价方式忽视了交通需求产生的源头问题，交通分配的高饱和度反馈机制促成了更大规模的基础设施建设和运力供给，是交通工程导向的空间组织思路。而城市人居的最终目标并不是为了移动而移动，通过交通需求管理政策和空间优化策略，部分交通需求是可以大幅降低的，例如，基于“站城一体”的空间规划与设计策略，居民在同一综合体或小型站域（出行距离小于 500m）内完成了空间活动，但没有产生规范意义上的交通出行，传统的交通评价方法对这一问题考虑不足，本文称之为“空间组织”，有别于传统的“交通组织”，它将出行距离小于 500m 的内部出行大幅压缩，在源头上降低了出行量，但实现了城市活动目标。对于空间组织绩效的优劣问题，交通规划界正由传统的路网饱和度指标向更加广义的可达性指标转变[232]，同时考虑交通出行方式尤其是机动化出行方式的低碳性，即以低碳的交通方式在同等时耗内获得最多的可达性机会，便很大程度上反映了空间组织绩效的优越性。

1. 基于可达机会的思考

空间模式建构的核心目标是在相同的出行时耗和经济成本约束条件下，提供更多的选择性，不仅仅是减缓交通拥堵，交通拥堵现象的产生是城市居民自我选择的集中体现形式。从这一角度看，空间组织绩效的评价不应以是否交通拥堵作为评价标准，例如，通过严格的交通需求管理，理论上可以实现无交通拥堵，但是，人们的出行选择性受到极大抑制，影响了正常工作、生活和休憩，与建立美好人居的目标不一致，因此，本文建议采用可达性指标进行网络效能评价。借鉴纽约新版规划——《一个纽约——规划一个强大而公正的城市》提出的可达性目标，该规划提出确保每一位纽约市居民在 45 分钟出行时间内可接触到 180 万个工作岗位，比当前提高 25%；90% 的居民在 45 分钟出行时间内可接触到 200 万个就业岗位。英国伦敦在市长交通战略中，也提出了类似目标，规划至 2031 年，在大伦敦范围内，在人口增加 130 万人，增幅为 17.3% 的情况下，就业岗位增加 50% 以上，且保证居民可在最少 45 分钟内乘坐公交抵达该范围内的工作地点（图 6.9）。上海在新版规划中提出 2040 年轨道站点 600m 的覆盖率在主城区不低于 50%、新城不低于 40% 的类似指标，并与建设用地总量等作为核心控制指标，也推动了交通与土地的协同发展。

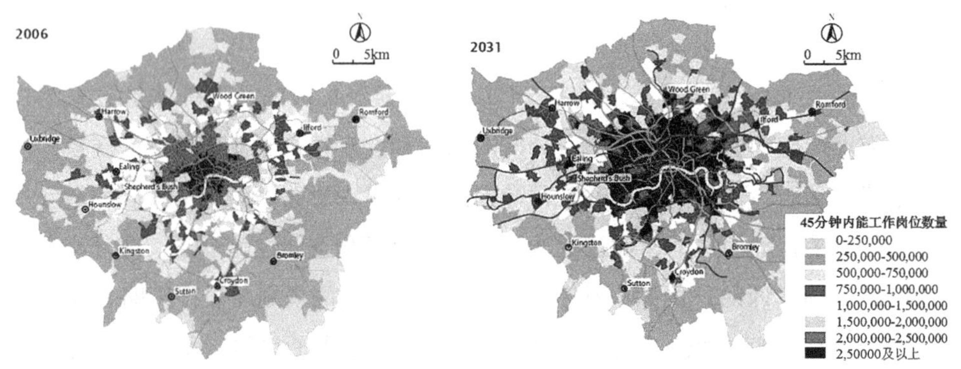

图 6.9　伦敦大区 45 分钟内可接触的就业岗位数分布图（2006 及 2031 年）

图片来源：作者基于《The Mayor's Transport Strategy-Transport for London》相关图片绘制

2. 基于运输效率的可达性指标

城市轨道交通线网是一个典型的拓扑结构，其运输效率可以用各个节点之间的出行时耗进行局部或整体评价。

对于轨网拓扑结构中的任意一个节点，其可达性 V_i 可利用如下公式计算[232]：

$$V_i = \frac{\sum_{j=1}^{n} t_{ij}}{n-1} \quad \text{式（6-1）}$$

其中，t_{ij} 为两个节点之间的最短出行时间，n 为轨网中节点的个数。

对于整个拓扑结构而言，网络可达性计算公式如下：

$$V = \sum_{i=1}^{n} V_i \quad \text{式（6-2）}$$

该指标值为各个节点之间的最小出行时耗之和，反映了整个网络的可达性水平。在同等条件下，其值越小，网络效能越高。

3. 考虑用地特征的可达性指标

网络可达性指标 V 仅考虑了轨网自身的布局特征，没有考虑与土地空间的匹配问题，为此，可借鉴上海交通规划所提出的模型，在交通小区层面上，综合考虑各小区居住人口数量的分布情况，使小区之间的可达性与居住人口发生关联，计算公式如下[252]：

$$A_j = \frac{\sum_i (t_{ij} p_i)}{\sum_i p_i} \quad \text{式（6-3）}$$

其中，p_i 为 i 个小区居住人口总数，t_{ij} 为两个小区之间的最短出行时间。

计算 A_j 得以实现的前提是能够有效统计各个小区用地性质和科学测算居住人口数量。

4. 对上述方法的反思

上述评价方指标是一种静态的评价方法，它仅考虑了整个网络理论最大值，没有考虑实际出行中，交通量的空间分布、交通方式划分和不同方式的运距分配等问题。即使整个网络可达性指标较高，但由于土地空间布局不合理，依然会出现局部运能浪费而局部交通拥堵的现象。因此，对于城市空间结构基本稳定、交通量空间分布特征基本稳定的城市，最为成熟的评价方法应该是基于交通规划的“四阶段”模型，但对当前中国的绝大多数城市而言，由于空间结构仍在急剧重构和调整，起讫点交通量难以有效预测，“四阶段”模型也有一定的不适应性。

6.5 小结

1. 建构了团状大都市区空间结构模式

我国团状大都市区普遍拥有空间尺度大、土地开发强度高、时空压缩式发展的特征，独特性的空间结构和发展背景以及独特性的发展目标和路径共同促成了中国大都市区应建立轨道主导型的空间结构。以岗位和人口密度为主要划分标准，提出了大都市区空间层次划分为"核心区、中心城区、近郊区、(远郊区)"的初步构想，并形成3～4级中心体系，即"都市区极核中心—都市区副中心—近郊区中心—(远郊区中心)"，提出核心区以CAZ为主要载体承担日益多元的城市活动职能。建构了大都市区空间结构模式，根据CAZ与新兴CBD的空间距离关系，划分为相邻型和分离型两类；更加关注都市快轨在轨网中作用，强调都市快轨对CAZ、CBD和大型对外枢纽的支撑作用。最后，着重从轨道交通技术参数视角对中国空间结构模式进行了比较研究。

2. 中国大都市区空间组织具有明显的独特性

由于我国大都市区在轨道建设初期建成的线路大都标准偏低，且实施了相对均质化的布局策略，而都市区中心片区土地开发强度普遍较高，而这一区域国外发达大都市区均有都市快轨支撑其发展，我国当前轨网规划大都未在该片区预留都市快轨路由通道，使得都市区中心片区供需矛盾更加突出；此外，由于我国轨道建设起步普遍较晚，从单一线路运能标准看，明显高于巴黎地铁线路，与东京线路接近，明显低于首尔线路，而后期新建的线路大都采用8A车辆标准，明显高于国外大都市区标准，使得我国大都市区空间组织呈现出更加独有的特征。

7 西安大都市区的空间结构优化实证研究

依据上文建构的大都市区空间结构基本模式，结合西安大都市区地形地貌条件、发展现状等影响因素，以及相关规划定位，提出更有针对性的空间优化策略，并进行交通组织绩效评价，以判定空间优化策略的效果，最后，从规划视角提出保障建议。

7.1 空间范围与问题辨识

7.1.1 研究缘由

西安作为典型的历史文化名城，拥有较长的城建史，形成了明显的单中心空间结构，近代以来的主要商业中心几乎均位于中心城区的几何中心位置，这与东京、首尔、巴黎等国外发达大都市区，以及北京、上海、成都等中国大都市区一致。此外，在人口规模与分布特征、规划轨网与快捷路网骨架形态、空间演化过程暴露的问题等方面均有较大的一致性，选择西安有一定的典型性；从国内外类似规模大都市区轨道现有规模和规划规模看，西安轨网规模里程可能偏小，且核心区轨网密度偏低，交通组织绩效仍有较大的优化空间，在轨网建设步伐快速推进背景下，研究西安大都市区空间优化问题有一定的紧迫性；此外，西安大都市区轨网建设尚处于起步阶段，具有较大的调整性，空间可塑性较强，研究西安大都市区空间优化问题有较强的可行性。

1. 典型性分析

1）人口总量和用地规模的近似性

西安大都市区地处关中平原中部地段，除东侧和南侧为山体外，北侧和西侧在距离市区中心 50km 的范围内，空间拓展基本不受地形限制。目前，西安市建成区基本均为平原区，是典型的团状型大都市区。2017 年年底，规划大都市区范围内常住人口 987 万人，与巴黎大区接近；从规划指标看，远期西安大都市区人口规模在 1500 万人左右，低于北京、上海、广州、成都等规划值，高于南京、武汉、杭州、郑州等规划值，与其他多数团状省会城市形成的大都市区接近，有较强的代表性。

2）人口和就业岗位分布的近似性

同中国其他特大城市一样，西安居住人口密度分布特征和就业岗位密度分布特征均呈现明显的圈层结构，且就业岗位密度分布特征更加明显，以钟楼为圆心向外围地区逐渐递减（图 7.1）。根据《西安市综合交通体系规划（2011—2030）》和《西安市主城区交通发展战略研究（2015—2020）》相关结论，明城墙围合的一环区域（11km^2），拥有常住人口 40 万人，人口密度为 3.7 万人 /km^2，以 3.2% 的用地（占三环区域）承载了 9.6% 的人口和 15.6% 的岗位；而二环至三环之间人口密度为 1.0 万人 /km^2[233]。西安市就业岗位分布特征呈现更加明显的圈层和轴线特征，二环路以内范围和长安路轴线北段提供了大量的就业岗位。

图 7.1 西安主城区现状人口密度（左图）和岗位密度（右图）

图片来源：《西安市综合交通体系规划（2011—2030）》

3）轨网形态的近似性和空间可塑性

西安为典型的单中心空间结构，路网呈现典型的“方格 + 环 + 放射”结构，轨网结构中存在换乘功能明显的环线（8 号线），这与国外东京（山手线、大江户线）、巴黎（2 号线与 6 号线组合环线）、莫斯科（Koltsevaya 线）、首尔（2 号线）等大都市区，以及国内北京（2 号线、10 号线）、上海（4 号线）、广州（11 号线）、成都（7 号线）、武汉（12 号线）、郑州（5 号线）、沈阳（5 号线）、哈尔滨（3 号线）等大都市区有较强的比拟性。西安目前正处于大都市区发展的初级阶段，其空间形态处于急剧调整过程中，与此同时，轨道交通建设里程较小、建设速度较慢、未建里程较多，基于轨道交通的大都市区空间结构具有较强的可塑性；以西安为实证对象，研究空间优化策略问题，有较强的典型性和可行性。

4）轨道交通制式体系构成的普遍性

我国轨道交通建设的启动阈值分别如下：建设轻轨时，城市人口需超过150万人；建设地铁时，城市人口需超过300万人。由此可以折射出城市轨道交通建设的基本规律：当城市人口超过300万时，轨道交通系统制式构成即存在较大的趋同性。从世界类似规模大都市区轨道交通系统构成看，当人口规模超过500万时，人口郊区化特征明显，由此促使了都市快轨制式的诞生。对于人口规模超过500万人的大都市区，其轨道制式系统均由都市快轨、地铁普线、轻轨、中低运量轨道交通等类型构成，制式体系构成具有广泛的普遍性。人口规模在500万至3500万级的大都市区轨道系统差别主要体现在都市快轨里程规模、路由布局等方面，在中心城区差别主要体现在轨道站点密度等方面。因此，选择远期人口规模达到1500万人的西安大都市区作为案例优化对象，有广泛的普遍性。

5）空间结构无序性与交通拥堵严重性

自2000年以来，国内特大城市纷纷编制城市空间战略规划，陕西省住建厅也从大都市区视角研判城市发展方向和定位，编制了《西安国际化大都市城市发展战略规划（2009—2020）》等类似规划，但是并没有深入考虑咸阳及西咸新区与主城区协同发展问题，历版规划重点仍旧是西安主城区，这直接导致了西安大都市区空间结构优化缺少有效的规划依据和目标共识，空间演化呈现无序的特征。以CBD为例，在国内副省级城市均提出CBD空间选址，且部分城市发展规模呈现出较大集聚效应时，西安在现实发展中仍未有商务集聚特征明显的CBD，在远期发展中CBD能级与选址没有深入研究（例如，高新区CBD、浐东新城CBD、经开区CBD以及可能出现基于轨道环线的新CBD，均没有清晰规划与明确定位）。大都市区层面中心体系与轨网关系缺少深入研究，空间效能较低，在本文研究的国内9个对象城市中，问题较为突出，有更强的典型性。

2011年居民基于公交的平均出行时耗为55分钟，出行时耗远高于国内同等规模和形态的其他城市，63%的城市居民对公交系统服务不满意[233]。根据西安市城市规划设计研究院对2017年的车速调查，中心城区公交平均车速为17.63km/h，小汽车平均车速为20.74km/h，早晚高峰交通拥堵成为常态，出行时耗不断延长，亟须提升组织效率。

2. 紧迫性分析

基于团状大都市区空间结构模式的分析，以及与国内外城市案例对比可以看出，西安大都市区中心体系与轨网匹配性较差，核心区轨网密度严重偏低，与即将实施的《城市轨道交通线网规划标准》GBT 50546—2018 相关要求差距较大，轨网修编在即，此时进行研究，时机较为合适。此外，西安大都市区至 2017 年年底已建成轨道里程 91km，在建里程 181km，二环范围内主干路通道大都规划了轨道线路，在轨网继续加密趋势下，如不进行相应通道的预留控制，中心城区远期存在路由难觅或建设成本高昂等问题，研究西安大都市区空间优化问题紧迫性较强。

3. 独特性分析

1）大都市区近郊区呈现明显的组团和轴带特征

西安大都市区范围内拥有泾河、渭河、浐河、灞河、沣河、滈河、涝河、潏河等河流，自古就有“八水绕长安”的说法，这些河流阻碍了建设用地的连绵开发；此外，拥有汉长安城遗址、阿房宫遗址、沣京遗址、镐京遗址、大明宫遗址、秦汉新城帝王陵遗址等（图 7.2），这些占地规模较大且布局较为分散的遗址促成了大都市区近郊区形成了组团和轴带发展的格局 [234]。

2）大都市区存在双行政中心影响了一体化发展

与国内其他类似规模和形态的大都市区相比，其显著差异是大都市区由西安

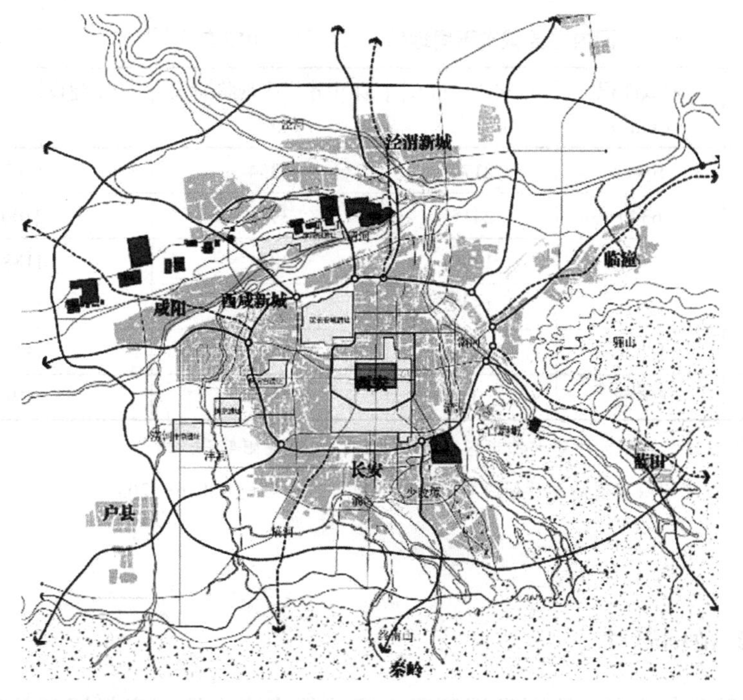

图 7.2　西安大都市区山水格局与主要历史文化遗产分布

图片来源：根据相关规划图纸改绘

和咸阳两个城区构成，且咸阳城区规模相对较大，与北京大都市区之燕郊地区、上海大都市区之花桥地区存在较大差异，行政分化对规划编制、管理和实施构成了较大的影响。

3）历史文化遗址对土地开发强度有较大影响

西安作为著名的历史文化名城，在明城墙范围内和城墙周边地区施行较为严格的土地开发强度和高度控制，且面积较大；在都市密集建设区范围内的其他地域也有大量的历史文化古迹用地，占地面积也较大，除自身不能进行高强度建设外，周边区域也在限高范围内，这些空间特征较大程度上影响了理想空间模式的建构以及优化策略的制定。

4）大都市区远景人口规模边界条件相对稳定

西安大都市区主要人口腹地在关天经济区（6.96 万 km^2），而关天经济区 2015 年人口规模为 2716 万人，与空间规模接近的成都平原、豫中地区等相比，人口总量明显偏低，且近年来人口处于外流状态（2007 年人口为 2842 万人），从人口腹地理论看，西安大都市区人口规模难以出现大幅增长（表 7.1），这为大都市区空间优化提供相对稳定的边界约束条件。

国内主要城市不同地域人口统计（2015 年）[235] **表 7.1**

名称	地域面积（km^2）	常住人口（万人）	集中建设区现状面积（km^2）	集中建设区现状总人口（万人）
北京	16411	2171	4354	1667
上海	6340	2415	3911	2100
广州	7434	1350	3834	1188
天津	11917	1547	4327	1099
成都	14334	1771	3753	1164
西安	10108	≈ 1100	3900	870

备注：西安常住人口为西安大都市区范围内人口，包括咸阳部分地域

资料来源：中国城市规划设计研究院 . 成都市城市总体规划（2016—2030 年）. 成都市规划管理局，2016

7.1.2 范围思考

由于西安大都市区轨网发展历程、现状等内容在第四章做了相关论述，因此，本节主要整理与分析空间发展规划相关内容，着重研判大都市区空间范围划

定是否合理。

1.《西安国际化大都市城市发展战略规划（2009—2020）》相关内容

该规划较早地将大都市区概念融入规划实践，规划划定了大都市区和主城区两个空间单元。其中，大都市区范围由西安市除去周至外的行政辖区、咸阳市秦都、渭城、泾阳、三原“两区两县”构成，总面积9036km^2，规划至2020年，大都市区总人口1280万人[236]。

该规划在编制时，西咸新区尚未成立，其空间范围的划定，主要基于西安市区、咸阳市区以及两市下属区县为主要边界，规划中提出的大都市区概念并非通勤交通圈范围，在当时的交通支撑条件下，是典型的都市圈范围。

2.《关中城市群核心区总体规划》相关内容

2016年编制的《关中城市群核心区总体规划》，划定西安大都市区范围包括西安市中心城区、渭北新城、临潼新区、航天拓展区、高新区扩区、咸阳市中心城区、北塬新城、咸阳高新区、兴平市、西咸新区，总面积约3900km^2（图7.3），大都市区概念与国外接近，有较强的指导意义。规划至2020年，西安大都市区以9.9%的陕西省面积集聚36%的人口和近50%的经济总量，人口规模达到1200万人，建设用地面积1500km^2，2030年预控人口为1500万人，建设用地规模1800km^2[237]。

3. 西安大都市区范围划定的思考

西安大都市区范围划定经历了从行政区构成到城市功能区构成的转变，与当前大都市区通俗的划定方式相吻合，但部分区域的划定仍不符合社会经济发展的

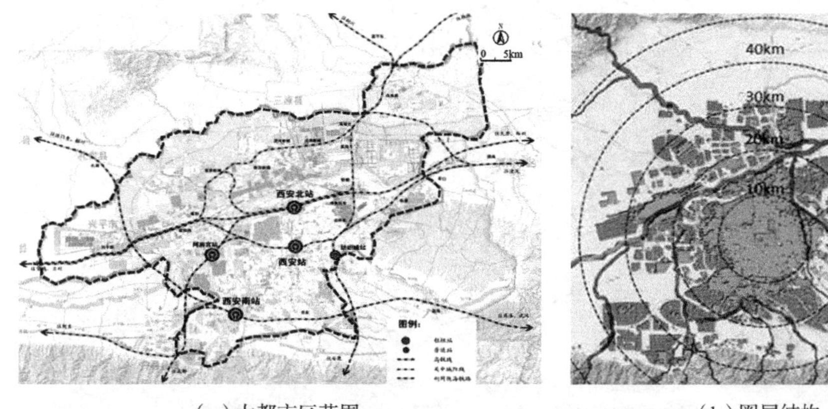

（a）大都市区范围　　（b）圈层结构

图7.3　关中城市群核心区总体规划确定的大都市区范围（a）和圈层结构（b）

图片来源：根据《关中城市群都市区城市轨道交通线网规划研究》（2016）相应图纸绘制

阶段特征，忽视了市场力在城市发展中的作用，以及平原区空间组织经典的“中心地”理论。例如，忽视了大都市区西南鄠邑区与中心城区在物理空间和流空间上的紧密性以及行政关系上的隶属性。大都市区远景美好人居环境的建构必然是山、水、城、林交融发展，以此为愿景目标，隶属于蓝田县的洪庆山国家森林公园也应划入大都市区范围。此外，从蓝田县城所在地与西安市中心的空间距离看，两者的直线距离仅为35km左右，在1小时的通勤时耗内，在快捷轨道交通的支撑下具备划入大都市区范围的可行性，且隶属于西安市管辖，具备划入的诸多外部条件。2017年编制的《大西安2049空间发展战略规划》阶段性成果已将鄠邑区划入大都市区范围，下文按照划入后范围进行研究；此外，新版轨网规划了蓝田城区与中心城区的轨道线路，本次研究亦将蓝田划入研究范围（图7.4）。

咸阳市下属的泾阳县距离沣东新城中心约40km，三原县距离钟楼中心约50km，从世界级大都市区通勤规律看，1500万人级别的大都市区最佳通勤半径不宜超过30km，泾阳和三原距离沣东新城中心和钟楼中心略远。《西安国际化大都市城市发展战略规划（2009—2020）》将三原与泾阳划入大都市区范围；但是，当前受行政区划等因素影响，2016年编制的《关中城市群核心区总体规划》没有

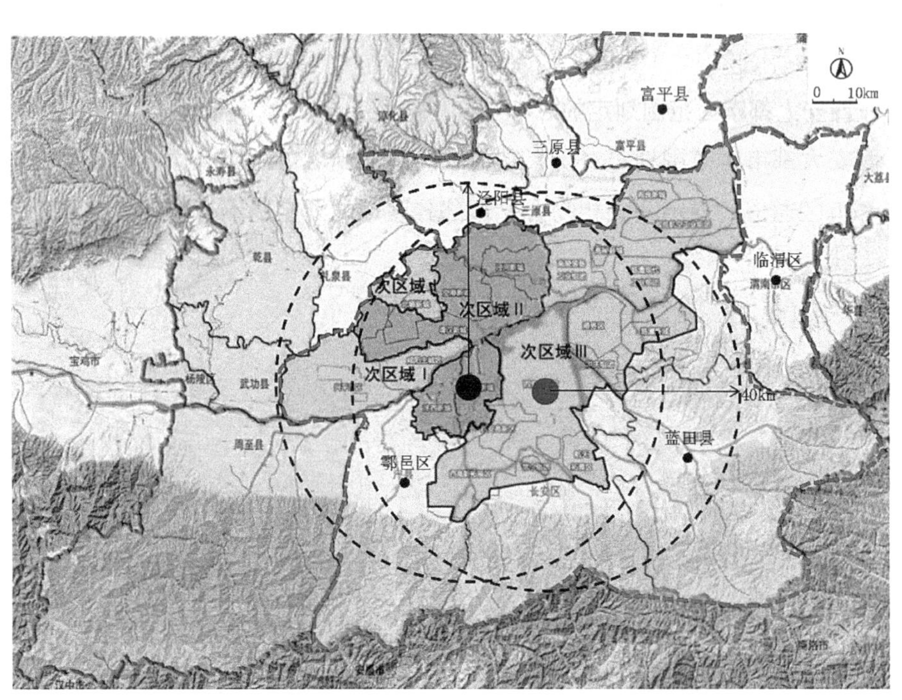

图7.4　西安大都市区范围（黄色）及部分紧邻区域分析图

图片来源：根据《关中城市群核心区总体规划》(2016)相应图纸绘制

将其纳入大都市区范围，从西安大都市区人口规模能级和较大的发展备用空间角度看，三原县和泾阳县未划入大都市区范围有一定的科学性，本文认可这一规划结论。此外，《关中城市群核心区总体规划》将兴平市纳入大都市区范围，亦符合空间发展规律，本文亦认可这一规划结论。

渭南市临渭区与富平县距离钟楼中心直线距离分别为 55km 和 60km，超过了 1500 万级人口大都市区理想条件下长轴半径值，当前人口规模条件下不宜划入大都市区范围。将临渭区与富平县划入大都市区的前置条件是渭河北岸拥有较高能级的中心体系，从世界范围看，1500 万人口的大都市区拥有三个高能级中心并无先例，渭河北岸规划新的高能级中心可能使整个大都市区空间功效偏低，在当前的规划定位条件下和 10% 的通勤率指标约束条件下，临渭区和富平县不宜划入大都市区范围，下文分析亦不考虑临渭区和富平县。

7.1.3 主要问题

轨道交通与土地空间存在明显的互动反馈机制，在两者的协同发展过程中，为取得最优组合效应，在理论层面，轨网与土地空间相关规划应将研究结论相互反馈、相互调整，但在具体实践过程中，往往依据法定规划调整轨网规划，以维持法定规划尤其是总体规划的稳定性和权威性，且这一反馈调整路径具有更强的可操作性。基于此认识，本节重点分析轨网规划存在的问题。

1. 行政区划分割影响了规划结论的科学性

受编制时间限制，当前轨网规划在 2016 年年底编制完成，咸阳、西咸新区和西安在当时为三个行政主体，轨网规划主要关注西安市域范围（不包括西咸新区）。而 2017 年年初，西咸新区由西安代管，行政区划对轨网规划结论有重大影响。

2. 规划依据不充分使得轨网规划结论不科学

《关中城市群核心区总体规划》没有在大都市区层面解决中心体系层级、数量、选址、功能、规模等问题，西安市、西咸新区与咸阳市三个城市（或区域）总体规划也没有深入研究中心体系问题，致使轨网规划缺少有力的规划依据，使得中心体系与轨网支撑系统不协调。

3. 中心城区均质化的轨网与空间需求不匹配

方格形轨网的布局形态，使得可达性分布更加均匀，层级差异不明显，例如，西安明城墙内面积为 11km^2，居住 40 万人，居住密度为 3.7 万人 /km^2；明城墙至二环面积为 64.8km^2，规划居住人口约 140 万人，居住密度为 2.2 万人 /km^2。轨道线密度分别为 1.15km/km^2、1.11km/km^2，同时考虑这些区域的规模效应和密度效应，明城墙区域内轨网密度严重不足，若以万人拥有轨道线路长度看，则指标更低（表 7.2 和图 7.5）。此外，沣东新城拟定位为都市区极核中心，在 3.2km^2 范围内拥有 400 万 m^2 的开发体量，按照人均 25m^2 的就业面积测算，就业人口在 16 万人左右，岗位密度达到 5 万个 /km^2，但轨道线路仅提供两条（图 7.6），单向最大运力供给仅为 5 万人 /h 左右，按照 CBD 地区轨道分担率在 60% 左右的经验值计算，缺口巨大。

不同区域轨网密度统计 **表 7.2**

名称	明城墙内	明城墙至二环	二环至绕城
空间规模（km^2）	11	65	374
居住人口（万人）	40	≈ 140（2030 年）	351（2030 年）
居住密度（万人 /km^2）	3.7	2.2	0.9
线网规模（km）	14.5	72.2	191.2
线网密度（km/km^2）	1.15	1.11	0.51
万人拥有长度（km/ 万人）	0.36	0.51	0.54

资料来源：根据《关中城市群都市区城市轨道交通线网规划研究》等资料整理

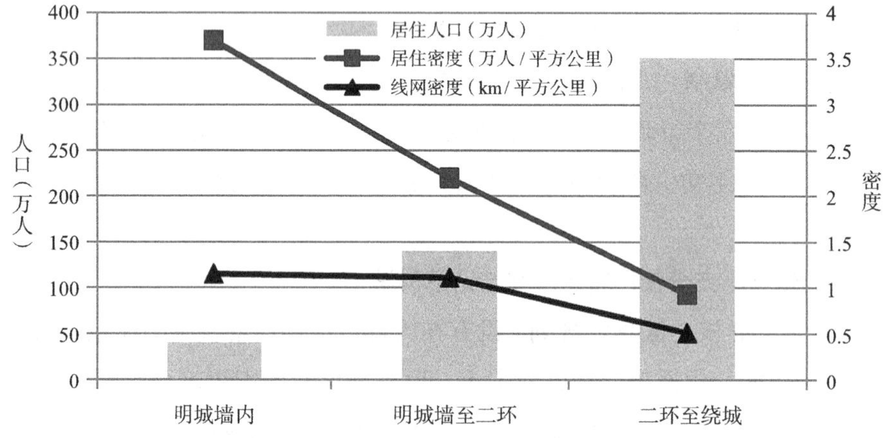

图 7.5 西安中心城区不同区域居住密度与轨网密度分析

图片来源：作者绘制

若从轨道运力指标看，由于西安中心城区轨道列车标准均为 6B 标准，在近似的空间范围和人口规模条件下，运力远低于东京区大量的 8 节以上编组、首尔

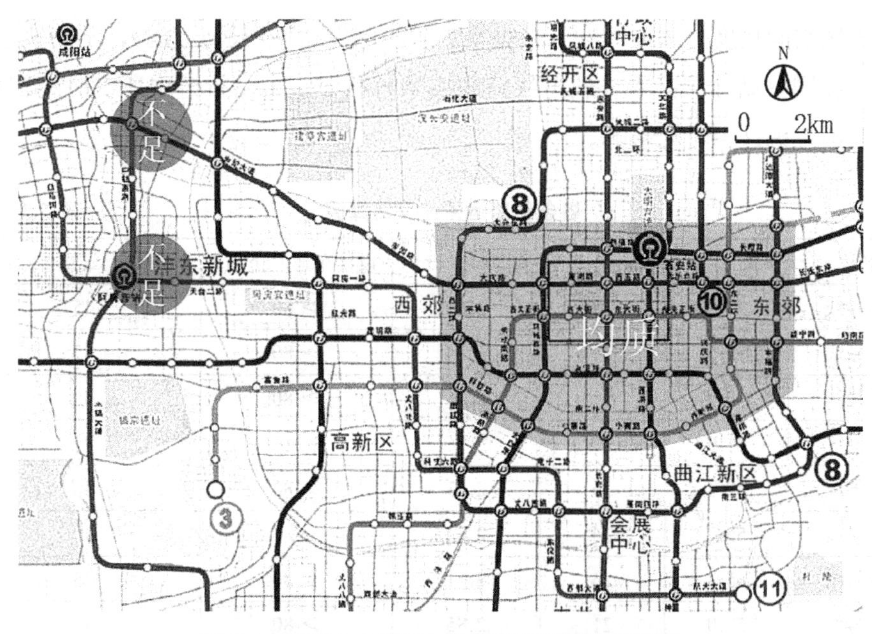

图 7.6　西安中心城区与沣东新区轨网密度分析

图片来源：根据《关中城市群都市区城市轨道交通线网规划研究》相应图纸绘制

类似我国 8A 标准的编组，在刚性需求客观持续存在的条件下，轨道运营服务水平低下几乎不可避免。

4. 大都市区核心节点间缺少都市快轨制式

轨道旅行速度与线路长度和站间距指标紧密相关，一般情况下，站间距越大旅行速度越高。在常规 2 动 1 拖动力供给模式下，最高运行速度分别为 80km/h、100km/h 和 120km/h 的设计标准对应的理想站间距分别为 1.0km、2.0km 和 3.0km[173]；反之，若站间距指标在 1.2km 左右，则实际旅行速度在 35km/h 左右，若站间距指标在 2.0km 左右，则实际旅行速度在 42km/h 左右。根据西安轨网各条线路长度和站间距指标，则可以看出绝大多数线路旅行速度难以超过 40km/h（表 7.3），都市快轨在规划层面有明显的缺失，尤其是大都市区中心缺少这一制式，使得中心之间、中心与大型对外交通枢纽之间、中心与远郊区之间联系不够便捷。

以轨网 2016 版规划确定的各条线路设计车速为依据，综合考虑线路长度及站间距因素，预估各线路旅行车速，利用基于 GIS 平台的交通规划软件 TransCAD 计算各路段出行时间，最后生成交通网络。分别以钟楼和轨道环线 8 号线上的规划副中心为起始点，研判 1 小时出行时耗条件下既有规划划定的西安大都市区空间尺度合理性问题。根据京沪等轨网发达城市运营经验，不同轨道线路一般在同一站厅层换乘，轨道线路间换乘时耗在整个出行链中所占时间较短，仿真中不考虑这一时耗影响。

各条线路运营速度估算值 **表 7.3**

名称	长度（km）	站点（座）	站间距（km）	设计车速（km/h）	预估旅行速度（km/h）
10 号线	77.0	30	2.66	＞80	45
11 号线	50.5	30	1.74	＞80	35
12 号线	40.9	21	2.05	＞80	40
13 号线	41.0	17	2.56	＞80	40
14 号线	42.4	16	2.83	＞80	40
15 号线	55.7	24	2.42	＞80	40
16 号线	65.3	26	2.61	＞80	45
17 号线	57.0	21	2.85	＞80	45
18 号线	24.2	11	2.42	＞80	35
19 号线	57.1	24	2.50	＞80	45

备注：表格中设计车速由《关中城市群都市区城市轨道交通线网规划研究》（2016）确定，1～9 号线旅行速度均为 35km/h

资料来源：根据《关中城市群都市区城市轨道交通线网规划研究》（2016）整理及计算

根据仿真结果分析，以钟楼为出发点，在列车上 1 小时时耗内，大都市区长轴半径约为 40km，东北方向阎良至钟楼出行时耗将达到 1.5 小时左右（假定起讫点分别有 10 分钟的接驳时间），总出行时耗几乎达到人体的生理极限，阎良至中心城区通勤效率低下。若以规划副中心为出发点，大都市区长轴半径在列车出行时耗 1 小时距离内，且超过 0.8 小时的大都市区面积较小，但是从东北侧最远处的阎良市区出行时耗看，与以钟楼为起点的出行时耗相比仅压缩了 12 分钟（图 7.7），加之两端分别有 10 分钟左右的接驳时间，全程出行时耗将仍然在 1.3 小时（约 80 分钟）左右，而国外同等人口规模或更大空间尺度的大都市区仅为 65 分钟左右，比国外长 15 分钟左右，交通效率的提升仍有较大空间，基于当前的规划定位和空间布局，都市快轨建设有较强的必要性。

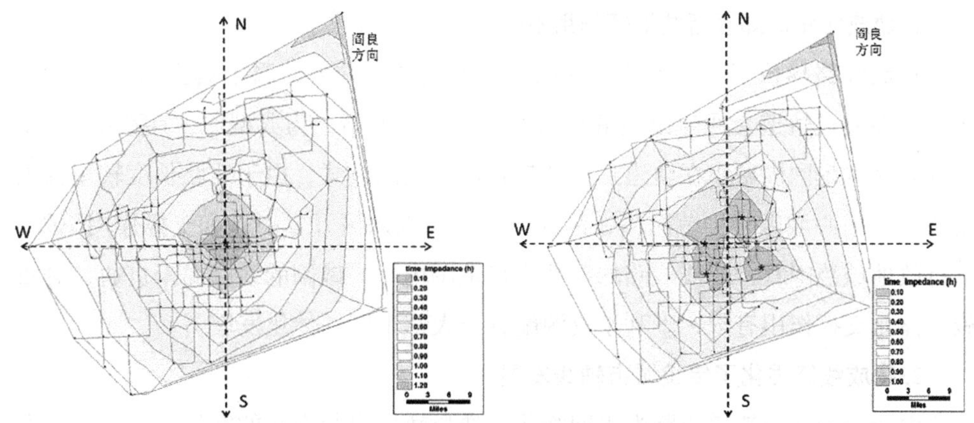

图 7.7　以钟楼（左图）和基于轨道环线规划副中心（右图）为起点的出行时耗分布图

图片来源：作者绘制

7.2 互动历程与趋势研判

7.2.1 互动历程分析

至 2017 年年底，西安大都市区范围内已运营的轨道线路仅有 3 条，具体指标见表 7.4，在建线路 6 条。形成了北大街（1 号线与 2 号线）、小寨（2 号线与 3 号线）和通化门（1 号线与 3 号线）3 个换乘枢纽，轨道线网里程仅 91km，尚未进入网络化运营阶段，轨道交通对大都市区空间结构的影响主要体现在中心城区层面。

西安大都市区已运营地铁线路（截止到 2017.12.31）　　表 7.4

项目	1 号线	2 号线	3 号线
起讫点	后卫寨 – 纺织城	北客站 – 韦曲南	鱼化寨 – 保税区
线路长度（km）	25.4	26.8	39.1
车站（座）	19	21	26
站间距（km）	1.41	1.34	1.56
基本走向	东西	南北	西南 – 东北
运营时间	2013.09.15	2011.08.16（2014.06.16）	2016.11.8
运营年份（年）	5	7	2
年平均日客流（万人 / 天）	48	78	39
客流强度（万人 /km·d^{-1}）	1.89	2.91	1.00

资料来源：根据西安市地下铁道有限责任公司提供的资料整理

1. 建成线路对郊区新城引领作用不强

建成线路均位于距离北大街 15km 的主城区范围内，属于典型的“补欠账”阶段，即通过轨道交通建设缓解较为严重的交通拥堵，为典型的“追随型”建设方式，这也是国内城市在轨道建设初期普遍采用的方式，由于线路长度较短且主要集中在中心城区规划范围内，因此，轨道对近郊区开发引领和支撑作用不强；从行政地域范围看，建成线路均在西安市范围内，与咸阳的线路尚未贯通，对西咸一体化支撑作用有限，不利于资源配置与大都市区一体化发展。

2. 建成线路强化了传统城市轴线发展

由于西安建成轨道线路尚未网络化，选择轨道出行方式的客流，其起讫点大都在轨道沿线 2km 左右范围内，这一比例一般在 70% 以上[238]。因此，用客流表征两侧用地开发情况具有较强的科学性。从已运营的 3 条线路客流变化情况看，3 条线路客流整体上呈增长趋势，说明沿线土地开发体量与之同步增长；2 号线客流量增幅始终较大，且日均客流量是 1 号线的 1.6 倍左右（图 7.8），而两者开通年限均超过 5 年，距离轨道站点 2km 以上的非直接服务区内客流取向稳定，这很大程度上折射出传统的城市轴线走廊功能日趋强化。

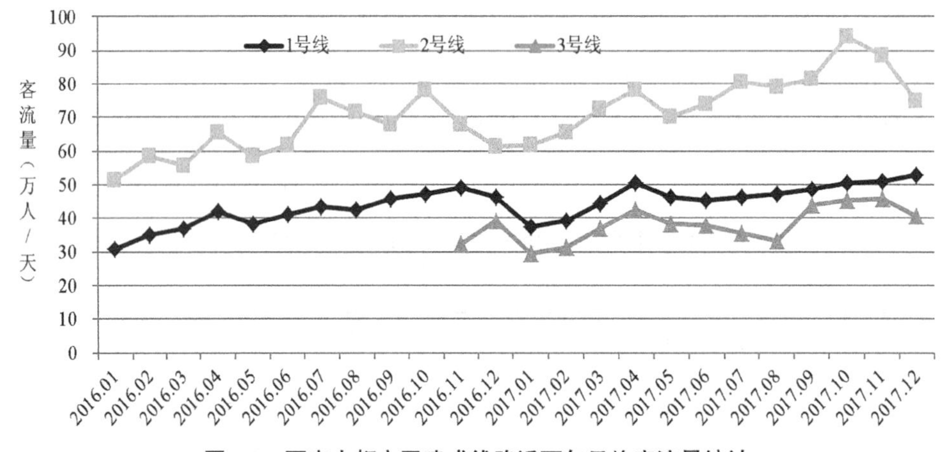

图 7.8　西安大都市区建成线路近两年日均客流量统计

图片来源：根据西安市地下铁道有限责任公司提供的相关资料绘制

从发展历程看，2011 年以来，首期开通的 2 号线有力地支撑了经开区和长安文教区沿线片区的土地开发，同时，长安路轴线两侧土地开发强度大幅升高，北大街至小寨段之间的 6 个站点，早高峰时段出站量客流明显大于进站量、晚高峰则是进站量大幅高于出站量（图 7.9），说明了这些站点提供了大量的就业岗位，

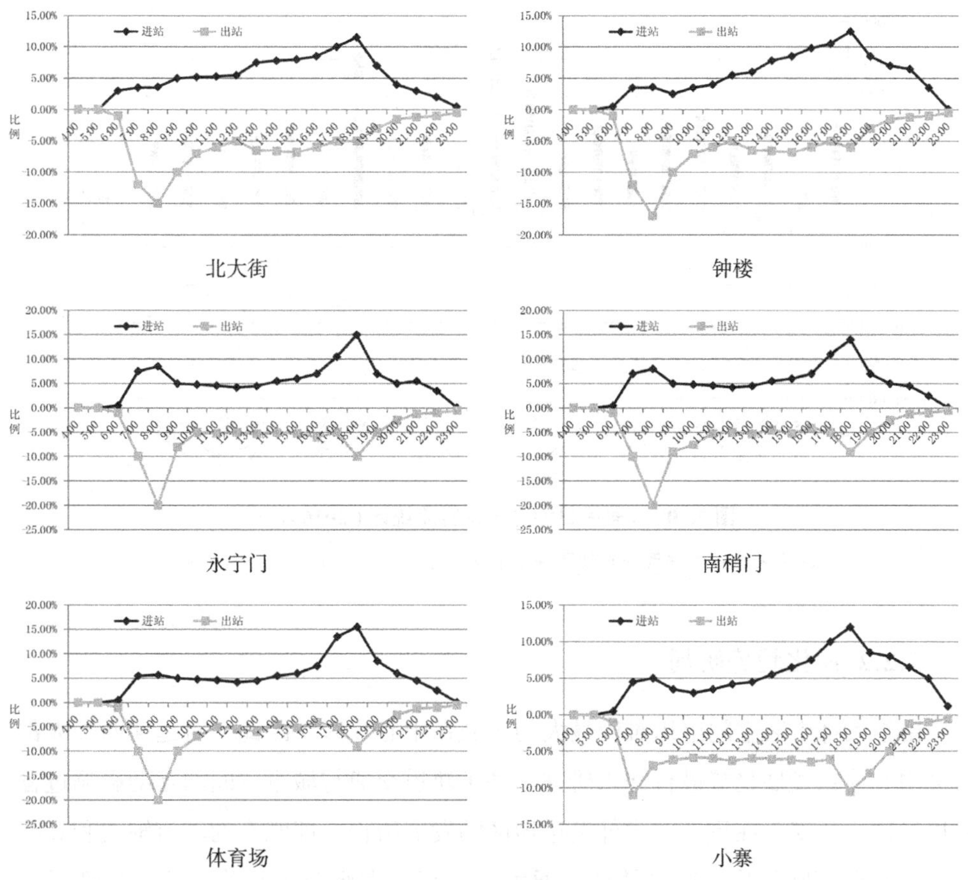

图 7.9　2 号线中商业—商务类用地为主的站点客流出行时间分布分析（2016 年）

图片来源：根据西安市地下铁道有限责任公司提供的相关资料绘制

形成了商业、商务、文化、旅游等为主导的站域单元；从负荷强度看，2 号线客流强度由 2012 年的 2.23 万人次 /km·d^{-1} 逐步增长至 2017 年的 2.91 万人次 /km·d^{-1}。在客流轴线上仅有 2 处换乘枢纽的条件下，达到如此规模值，在国内外较为罕见，高度反映了其土地集约度。从客流演化趋势看，日均客流强度将继续稳步增长。

3. 轨道交通支撑了都市区中心能级提高

通过对 1 号线与 2 号线日均进出站客流数据的统计分析，发现轨道交通有力地支撑了钟楼、小寨等城市中心的发展，2016 年工作日日均进出站客流均达到近 10 万人次 / 天（图 7.10），在 1 号线和 2 号线所有站点中位于前两位。3 号线运营后，小寨作为 1 号线与 3 号线的换乘枢纽，日均客流量再次大幅增长，使得早高峰时段断面客流超过 2 万人次 /h，综合各项数据反算小寨日均进出站人流在 12 万人次 / 天左右。

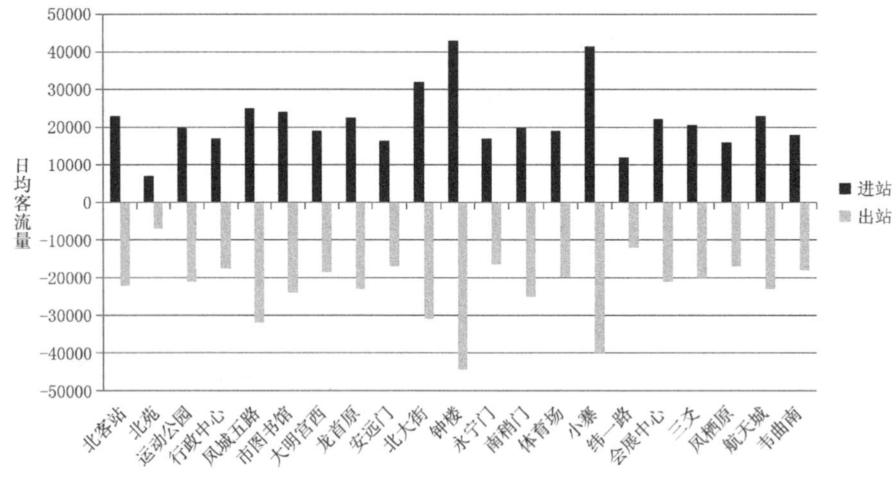

图 7.10　2 号线日均进出站客流统计（2016 年）

图片来源：根据西安市地下铁道有限责任公司提供的相关资料绘制

7.2.2 演化趋势研判

由于大都市区空间组织难度最大的区域在中心片区，因此，对远期西安大都市区中心体系发展趋势进行深入研究。基于轨道交通与城市空间的互动影响过程可以发现，西安正在重走国内外发达地区的发展历程，即既有的城市轴线和高能级中心功能不断强化，这与轨道交通大幅提高了走廊及中心片区的可达性紧密相关。从国内外发达地区轨道交通发展历程及经验看，轨道交通的建设时机对大都市区空间结构影响极大，先期建成的轨网线路必然导致轨道走廊可达性提高 [238]，使得人流更加集聚，而当前西安大都市区在建的约 180km 轨道线路中仅 5 号线、9 号线和 13 号线（机场线）有较长的里程在近郊区范围内，因此，可以研判至 2020 年前，在距离钟楼 15km 范围内，中心体系将继续呈现极化发展的趋势，且这些中心大都在道路网条件下形成，轨道系统的介入大幅提升了片区可进入性（其反馈路径见图 7.11），导致更强的交通需求；远期，轨网线路及站点密度将继续增加。

在建的 5 号线将强化中心城区与沣东新城、沣西新城的联系，在既有规划政策的支撑下，将引导居住人口和部分就业岗位向该片区转移，催化沣东新城中心和沣西新城中心发展。9 号线强化了中心城区与临潼片区的联系，但是临潼片区位于大都市区空间末梢的区位条件决定了高等级中心难以在该片区形成，9 号线的运营将为居住地选址提供更多机会。13 号线运营后，将与 2 号线和 4 号线实

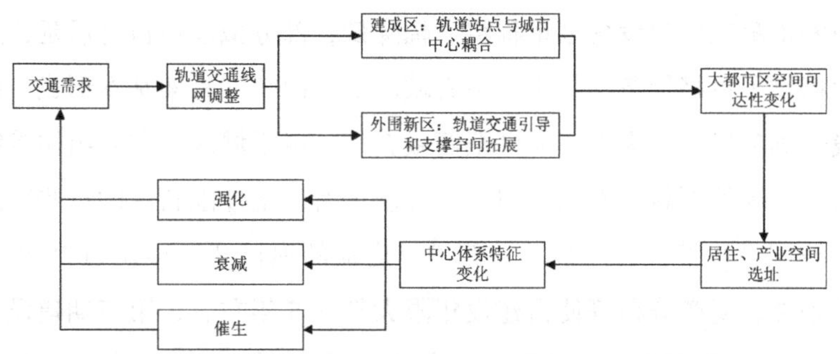

图 7.11　轨道交通建设与中心体系互动关系机理分析

图片来源：作者绘制

现在西安北站的一体化换乘，13 号线沿线居住地块至钟楼距离大都在 20km 左右空间范围内，全程出行时耗大都能控制在 1 小时之内，因此，在第二期轨道建设计划实施完毕后，在轨道网络效应支撑下，大量居住人口将向 13 号线沿线站点区域疏散。

尚未获批的《西安市轨道交通第三期建设规划》共提出了 280km 的轨道建设里程（图 7.12），由于特大城市轨道交通审批规模整体收紧，因此，同其他城市

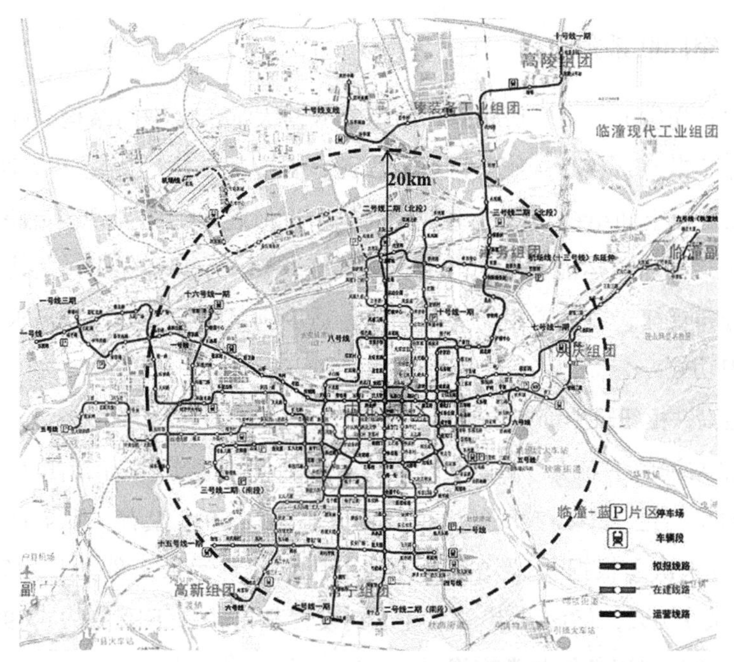

图 7.12　西安大都市区第三期轨道建设项目示意图

备注：预计实际批复项目仅为上述规划项目的 2/3 左右

图片来源：根据《西安市轨道交通第三期建设规划（2017—2023）》绘制

一样，西安市第三期建设规划里程将大幅降低，部分拟建项目将后延，这为后文轨网优化提供了更好的条件。由于中心城区范围内轨网骨架基本形成，因此，第三期建设规划项目主要为中心城区至西咸新区、咸阳城区、渭北组团等线路，真正实现轨道引导外围新区发展。但是，客观来看，至外围新区的这些线路建设时机偏晚，按照最快审批程序估算，其最早启动的项目开工年在 2020 年，西安特殊的地质条件、遗产分布等使得建设年限大都在 5 年左右，第三期建设项目最早运营年份在 2024 年左右。由此可见，在 2025 年之前，西安大都市区建成线路将主要集中在距离钟楼 15km 的范围内，且轨网的总体形态为“环 + 射”结构，此时段内，中心体系选址更倾向于人口腹地更大的中心城区范围。

而从相关规划看，“十三五”期间，西安大都市区也将重点打造高新区生产性服务业和服务外包产业集聚区、碑林动漫产业集聚区、皇城现代商贸集聚区、曲江文化产业集聚区、经开区制造服务业集聚区等[239]，上述产业将提供大量的就业岗位，在轨道交通支撑下，产业聚集和轨道交通进入正向互馈过程，中心城区中心体系极化效应更加明显。加之级差地租等因素共同导致更严重的职住分离现象，重演东京、首尔、北京、上海等发展历程。

7.2.3 空间联系预测

从国内外先发地区发展历程看，轨道交通与大都市区空间结构失配主要集中在大型客流集散点、核心走廊等区域。因此，对空间结构的优化，以动态的“流组织”表征土地空间组织功效，重点研判位于近似起始站的大型客流集散点（很大程度上决定了轨道运能供给）与走廊远期（景）出行需求规律，尤其是出行总量、出行分布规律，以轨道枢纽为锚固点，适度满足刚性交通出行需求，提升土地空间组织功效。

1. 大型高铁枢纽缺少都市快轨

西安北站远景客流量为 7800 万人次 / 年，日均客流量为 21.3 万人次，按照常规经验值，进入中心城区的轨道交通分担率在 60% 左右，则全日轨道客运量为 12.7 万人次，根据我国规范设置都市快轨的客运量条件为日均客流在 20 万～ 45 万人次 / 天，仅该站点客流就达到设置都市快轨下限值的 63.9%，加之其他站点，达到客流条件非常充裕。

若从铁路乘客对 2 号线和 4 号线运力影响视角看，由于 4 号线为端站，2 号线接近端站，因此，离开高铁站的客流，基于地铁的出行几乎均为进入中心城区方向。根据集散规律，与机场联系的 13 号线假定能够分担 10% 的客流，高峰小时取 0.1，高峰时段进城的轨道客流将达到 1.17 万人次，按照 2 号线与 4 号线分别分担 60% 和 40% 的比例计算，2 号线承担客流量为 0.7 万人。假定 2 号线发车频率为 2 分钟，按照 6B 编组计算，其单向运能为 4.3 万人 / 小时，占其运能比例为 16.3%，由于来自高铁站的乘客乘距普遍较长，因此，其对 2 号线运能影响较大，有必要分客流属性进行分层组织。

2. 秦始皇兵马俑缺少都市快轨

秦始皇兵马俑 2017 年接待量为 685 万人，远期年接待量将超过 1200 万人，日均客流量近 3.3 万人，且大都来自中心城区方向，虽然规划有地铁 9 号线与之联系，但是最大的客流集散地——西安北站需至少换乘 2 次方能到达景区，且出行时耗将达到 2 小时左右，与“快进慢游”理念不符，出行品质较差。兵马俑至西安北站的直线距离为 31km，假定轨道分担率为 60%，仅旅游客流日均轨道单向即达到 2 万人次，不论从客流规模还是出行品质提升等角度看，规划西安北站至兵马俑都市快轨都有较强的必要性。

3. 高等级都市区中心缺少都市快轨

此外，西安北站与钟楼商业中心、沣东新区 CBD、西安南站等均缺少快捷轨道联系，现有地铁普线容量有限且时耗较长，服务水平整体偏低，未能体现快慢分离的组织理念。规划建设西安北站至上述主要客流集散点的都市快轨系统有较强的必要性。

7.3 空间结构优化策略

对空间结构进行优化，其核心是中心体系的建构与优化，并明确其区位、规模、功能等核心指标，在此基础上研判中心地区交通需求与交通供给是否匹配。而中心体系的建构，总是在特定的时代背景下，综合考量多因素确定而来，对其优化，需对其历史演进脉络进行梳理，注重编制思路和演化特征的传承与检讨。

7.3.1 中心体系的传承

西安大都市区主要构成单元为西安市，西安中心城区是核心载体和发展原动力，大都市区中心体系的研判主要是西安城区中心层级研判问题，因此，本节对 2008 年以来《西安市城市总体规划》相关内容进行简要梳理，着重从（类似于）

大都市区空间和中心城区两个层面对中心体系进行整理分析。

1.《西安市城市总体规划（2008—2020）》

2008 版的城市总体规划没有从大都市区视角进行深入研究，依旧沿袭了传统的规划思路，将规划范围划定为市域和中心城区两个层面，对于类似于大都市区空间范围的城市规划区研究不足，没有进行中心体系相关规划内容的研究。

2016 年，《西安城市总体规划（2008—2020 年）》进行了修编，修编后的《西安市城市总体规划》依然没有从大都市区空间组织的视角对中心体系进行深入研究，仅提出构建“一城三副一区”的市域城镇空间布局结构。

2.《关中城市群核心区总体规划（2016—2030 年）》

该规划明确了大都市区范围构成，以西安、咸阳两市城区、西咸新区全部及其紧密关联的城市建设地区为大都市区范围，总面积约 3900km^2，该规划提出的大都市区定义与国外基本吻合，具有较强的参照意义。在空间结构中形成大都市区双中心格局，其中绕城范围内形成文化科教中心，包括西安老城主中心、经开区西安新中心；西咸新区形成丝路能源经贸主中心、沣东新城中央商务区中心。在近郊区形成西高新拓展区、常宁组团、航天拓展区、洪庆组团、港务区、临潼现代工业组团、高陵工业组团、秦汉新城、空港新城、泾河新城、户县—周至副中心等组团中心。

上述中心体系的确定存在四个显著问题，第一，分类方式混乱，没有明确的划分标准，既体现了中心能级，又体现了中心功能类型和行政类型。第二，没有区分能级，最简单的指标即为就业岗位数量与密度，这个指标很大程度上影响了公共服务设施和交通基础设施的供给类型和规模，是决定空间资源要素配置的核心因素。第三，对于发展潜力巨大、交通组织最复杂的区域研究不足，例如，缺少对中心城区近 500km^2 内中心体系的分布和定位研究。第四，若按照能级定位当前的划分方式，则存在误导公共服务设施供给方向的可能，例如，位于远郊区的行政单元定位为副中心，但是从影响交通设施供给角度看；在同等面积的核心区范围内，组团中心客流强度可能远大于当前定位的副中心，例如，高新拓展区组团能级远高于阎良—高陵副中心。因此，上述中心体系划分方式看似“面面俱到”，实则没有抓到影响空间功效提升的主要矛盾，过多地关注“行政博弈”与空间平衡，不利于片区功能和能级定位，不利于空间资源尤其是交通资源要素的供给与匹配。

《关中城市群核心区总体规划（2016—2030 年）》将以钟楼为中心的传统商

业中心和西咸新区新商务中心规划为大都市区层面的两个极核中心，将当前中心能级较高的高新区中心等功能定位明显弱化，对中心城区（绕城高速范围内）内的中心体系序列、选址、功能等均没有深入研究。

3.《大西安 2049 空间发展战略规划》

2017 年之前，西安市、咸阳市、西咸新区各自为政的局面严重地凝滞了西安大都市区规划与建设，2017 年之后，在西咸新区归西安管辖后，以及大都市区发展特征日趋明显等诸多原因，迫使西安市乃至陕西省从更高的层面、更加主动地从大都市区视角关注其空间规划与组织绩效的提升问题。2017 年 3 月，西安市在《大西安 2049 空间发展战略规划》（阶段性成果）中提出了“三带多轴多中心”的空间格局（图 7.13），规划建设西咸新中心、大西安核心区、东部新中心三个都市区中心，对其主要业态功能和空间区位进行了简单论述，但对其规模、具体选址、空间组织实现的目标等等仍未深入研究。

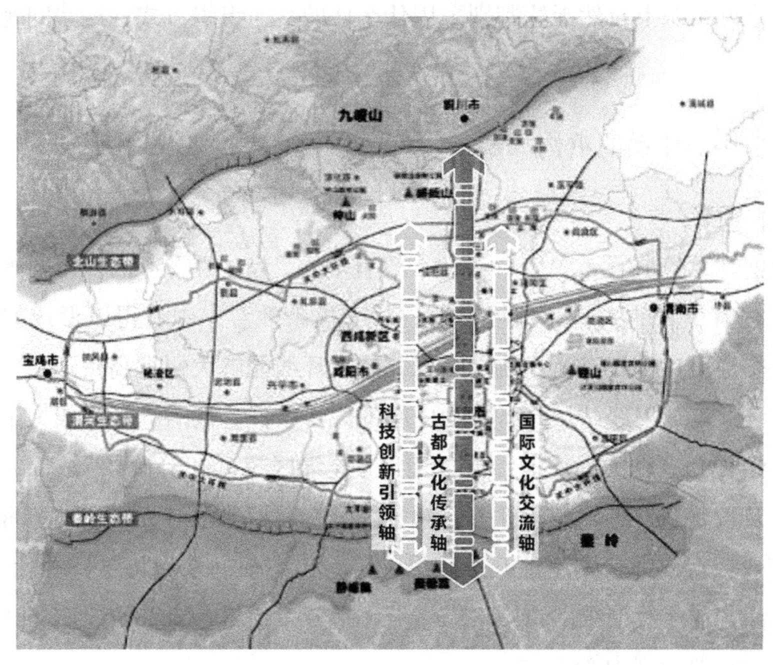

图 7.13　大西安空间格局规划图（2017）

图片来源：来自西安市规划局网站

4.《西咸新区城市总体规划（2016—2030 年）》

《西咸新区城市总体规划（2016—2030 年）》规划两处商务中心，分别位于沣东新城北端和阿房宫高铁站片区，《大西安 2049 空间发展战略规划》（阶段性成果）也将阿房宫片区中心定位为能级最高的大都市区级别，但北中心商业商务用地体量明显偏高。此外，由于上层次规划的缺失，西咸新区总体规划确定的高端商务区建筑体量总规模是否与西安大都市区产业结构相匹配、与轨网和快速路支撑系统相匹配等核心问题均没有深入研究。

5. 相关规划结论的梳理与反思

通过对既有规划的梳理可以看出，传统的城市总体规划对大都市区空间范围、中心体系等诸多问题均没有深入研究，城镇空间结构往往与行政化的城镇设置以及规划新城紧密相连，对于大都市区核心载体——中心城区研究不够，在中心城区层面，对其空间结构研究也是大都基于现状发展特征提出粗浅方案，忽视了中心城区对大都市区近郊区与外围地区强大的辐射能力。

此外，提出的基于轴线的空间规划，明确了轴线的定位，但没有深入研究轴线的具体业态构成和规模，没有从居民和游客等人的使用和感知视角提出具体的目标，在空间组织上自然无法判别采用什么样的交通组织方式，这些问题都亟待深化研究。

7.3.2 中心体系的重构

1. 考量因素

正如前述章节所言，中心所在地一般有空间"趋中性"特征，在同等资源条件下，往往有最大的人口和市场腹地；从支撑条件看，中心得以形成的核心外界条件是交通可达性较高，在轨网时代，轨道环线能够大幅提高机动可达性，因此，轨道环线与放射线站域具备成为中心的优势条件。同时，考虑成为中心的外部条件，诸如拥有较大的商业、办公用地（连绵区超过 0.5km^2），浓郁的地域文化特征以及现状开发基础与条件等，对于部分交通枢纽站域而言，虽然可达性较高，但商业或行政办公类用地开发殆尽，可塑性不强的站域将维持现状，例如，基于 2 号线与 8 号线换乘的市图书馆站域土地开发殆尽，且商业、商务建筑体量较小，不宜设置为副中心。

交通拥堵问题的产生是规模效应和密度效应共同影响下机动化供需失衡的集中体现，因此，中心体系的建构从提升空间组织效率的视角看，应着重考虑城市建设用地形态、开发强度问题。部分区域虽然人口规模较大，但是地处大都市区近郊区或远郊区，不易产生常态性交通拥堵；部分区域虽然人口密度较大，但规模较小，亦难以发生常态性交通拥堵。从世界大都市区交通拥堵空间分布特征看，汽车交通拥堵和轨道交通服务水平偏低的区域主要位于距离核心区约 15km 的范围内，因此，从提高交通服务水平的视角看，应加强这一范围内中心体系与轨道交通协同发展的研究。

2. 体系建构

综合考虑拟选取中心的现状发展基础、城市规划定位以及轨网条件下片区可塑性，本着提升空间组织功效的目标，在都市密集建设区范围内提出三级中心体系，分别是都市区极核中心、都市区副中心、近郊区中心（图 7.14）。都市区极核中心由钟楼中央活动区（CAZ）、高新区中央商务区（CBD）、沣东新城中央商务区（CBD）共同构成；都市区副中心由沣西新城中心、沣东新城北中心、新桃园中心、曹家庙中心、万寿路（胡家庙）中心、长鸣路中心、雁塔南路中心、科技路中心 8 处构成（表 7.5），其中，后 6 处位于中心城区范围内，大都依托轨道环线 8 号线形成的换乘枢纽规划而得；近郊区中心由于处于大都市区边缘，主要由各市区级中心对应的传统商业区构成，由于中心能级较小，交通组织难度较低，本文不做详细论述。

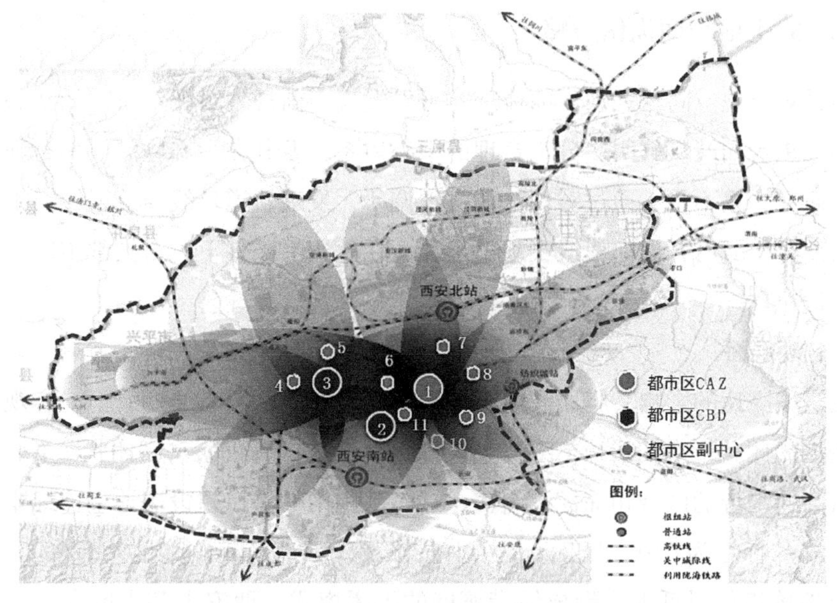

图 7.14　西安大都市区中心体系规划图

备注：本文认为小寨亦为都市区副中心，未表达

图片来源：根据《关中城市群核心区总体规划》相应图纸绘制

西安大都市区规划中心体系功能定位与轨道支撑建议　　表 7.5

编号	名称	定位	1km 内轨道线路编号	主要建议
1	钟楼中央活动区	都市区 CAZ	2	增加都市快轨
2	高新区中央商务区	都市区 CBD	6、8、11	增加都市快轨
3	沣东新城中央商务区	都市区 CBD	11、16	增加都市快轨
4	沣西新城中心	都市区副中心	5、8	—
5	沣东新城北中心	都市区副中心	1、16	增加都市快轨
6	土门—新桃园中心	都市区副中心	5、8	调整用地性质
7	曹家庙中心	都市区副中心	4、8	调整用地性质
8	万寿路（胡家庙）中心	都市区副中心	1、8	—
9	长鸣路中心	都市区副中心	5、8	调整用地性质
10	雁塔南路中心	都市区副中心	8	增加 APM
11	科技路中心	都市区副中心	3、6	—

备注：上述副中心仅为建议，若土地使用性质难以调整，则不宜定位为副中心

资料来源：作者绘制

7.3.3 土地空间优化策略

通过对土地空间相关规划的梳理，可以发现当前规划对大都市区认知深度明显不够，未规划层次鲜明、分工合理的中心体系，尤其在中心城区层面对都市区副中心研究严重不足，通过对现状的实地调研，发现轨道环线与放射线换乘枢纽周边大部分区域已开发完毕或土地已出让，在此边界条件下，对大都市区土地空间进行优化。

1. 宏观层面

受绕城高速的影响，绕城高速内外建设用地存在联系不便的窘境，客观上促成了绕城内团状形态的形成（图 7.15），对西安大都市区而言，“团状”主要指当前绕城高速围合的区域扣除浐灞组团，这一范围内的城市建设用地呈连绵紧凑开发的特征，称之为“中心城区”；在中心城区外围地区，尤其是大都市区郊区，由于土地价格相对低廉，形成绿带镶嵌的组团模式；西安大都市区内丰富的山体资源（如洪庆山、秦岭等）、河流水系（如泾河、渭河、浐河、灞河、昆明湖等）、大型历史遗址（如沣京遗址、镐京遗址、秦帝王陵遗址等）、大型人工构造物（如铁路、高速公路等）等强化了大都市区近郊区和远郊区的组团特征，这种组团特征为都市快轨规划提供了良好的空间布局条件。

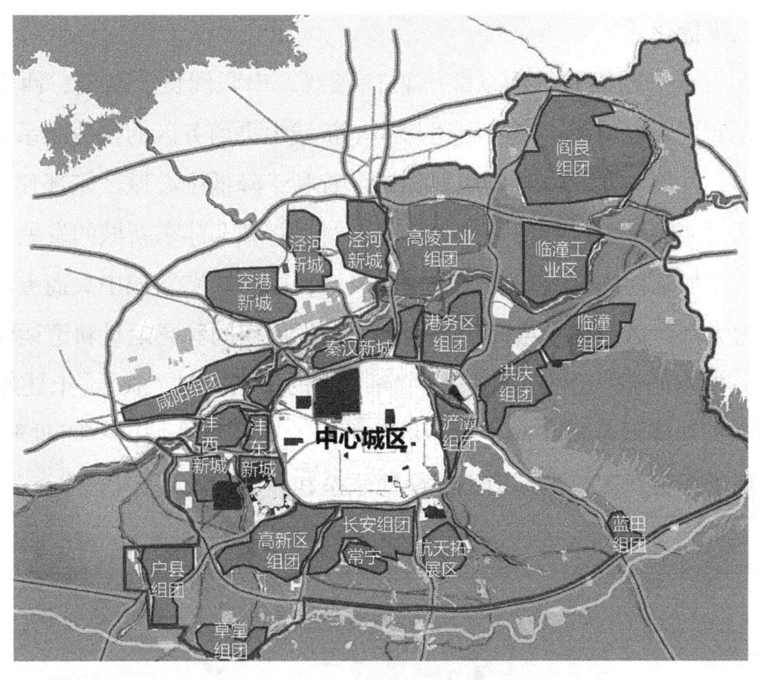

图 7.15　西安大都市区“团状 + 组团”形态分析

图片来源：根据《大西安生态规划》相应图纸绘制

从交通组织视角看，适当的连绵发展和空间集聚有利于常规公共交通乃至轨道交通的发展，加之中心城区有较大的人口规模和密度效应，为大运量轨道交通的可持续发展提供了客流保障。而大都市区郊区尤其是远郊区由于城市规模效应较小，不利于公共交通发展，在交通组织上往往形成小汽车导向的交通模式，虽然不够绿色低碳，存在较大的负外部性，但是，对个体而言出行品质较高。在此空间结构下，从满足人性和以人为本的视角看，外围组团应鼓励电动汽车发展，中心城区在提高轨网和慢行网络服务水平的同时，严格限制燃油汽车过度使用。

2. 中观层面

1）轨道交通支撑的大都市区骨架活力走廊

结合本文提出的大都市区中心体系规划，采取优化轨道线路布局、提升运力等方式，形成轨道支撑型的大都市区骨架活力走廊。《大西安 2049 空间发展战略规划》（阶段性成果）中提出了“三带多轴多中心”的空间格局，缺少东西向联系轴线，且规划东部轴线主要位于中心城区边缘，人口和经济腹地较小，同等资源要素投入，产出的功效必然偏低，且缺少有力的运输走廊载体，尤其是轨道交通走廊，因此，本文认为有一定的不合理性。结合对轨网规划主要问题的反思和总结，提出以下优化建议：

第一，将东部轴线调整为东北—西南轴线，串联阎良、高陵、西安北站等重要节点，实现阎良组团、高陵组团与沣东新城中央商务区的便捷联系，支撑都市区极核中心发展。此策略与原规划相比，有利于降低中心城区东部片区交通组织难度，同时能够有力地带动阎良、高陵、秦汉新城和沣东新城的发展。

第二，增加东西向轴线，实现钟楼中央活动区与沣东新城中央商务区便捷联系，同时为大都市区向兴平方向拓展预留土地发展空间和高运量轨道运输条件。

优化后的空间轴线形成了“一横、三纵”的格局（图 7.16），上述轴线组织策略能够有利地降低都市化对中心城区的冲击，有利于老城区空间肌理的延续，同时，实现了都市新区与主要中心的便捷联系和一体化发展。

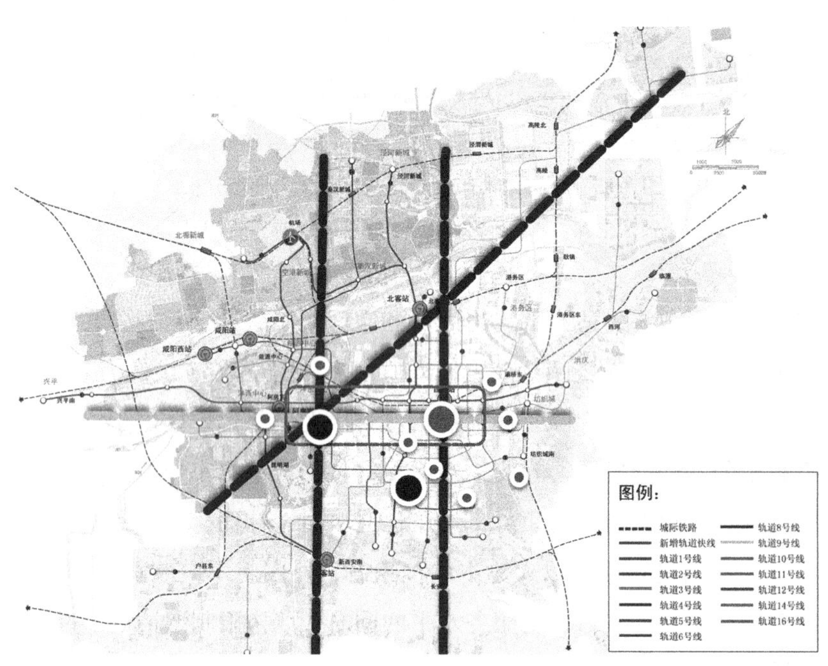

图 7.16　西安大都市区轴线与中心体系关联分析

图片来源：根据《西咸新区综合交通规划》相关底图绘制

2）轨道环线与都市区副中心的耦合发展

轨道环线 8 号线位于中心城区范围内，全长 50.2km，设有 35 座站点，其中，换乘站 17 座，能实现 1 ～ 11 号线的便捷换乘，列车标准为 6A 编组，运量较高，且等效半径为 7.98km，有较大的人口腹地，具备规划都市区极核中心和副中心的良好条件。此外，西安中心城区建设都市区副中心有较为特殊的有利条件，明城墙以内的旧城区施行严格的限高，变相限制了土地开发强度的上升，这一点与巴黎市有较大的类似性，例如，巴黎市对旧城区高度的严格控制，在市场力作用下，巴黎市虽然有较大的就业岗位空间和消费空间需求，但是市区难以提供足量的土地资源和建筑体量适应这一需求，使得拉德芳斯副中心的选址不得不在市区外选址，最终选址于距离巴黎圣母院西侧 7km 左右的塞纳河畔。

轨道环线具有换乘效率高等显著特征，是承载大都市区核心功能的主要运输载体。根据 8 号线与其他线路形成的换乘枢纽周边用地开发情况，规划 1 处极核中心和 6 处副中心（表 7.6 和图 7.17）。由于 8 号线为 2013 版轨网规划新增线路，先前土地空间未考虑这一重大影响，使得理论上区位最佳中心地目前大都以居住用地形式开发，空间功效最优值难以实现。根据实地调研情况，从调整用地性质和增加不同制式轨道线路两个层面进行优化，实现土地开发和交通供给的匹配。

基于轨道环线的都市区中心设置建议 **表 7.6**

名称	中心定位	1km 内轨道线路编号	主要建议
高新区中央商务区	都市区 CBD	6、8、11	增加都市快轨
土门—新桃园中心	都市区副中心	5、8	调整用地性质
科技路中心	都市区副中心	3、6	—
雁塔南路中心	都市区副中心	8	增加 APM
长鸣路站中心	都市区副中心	5、8	调整用地性质
万寿路（胡家庙）中心	都市区副中心	1、8	—
曹家庙中心	都市区副中心	4、8	调整用地性质

资料来源：作者绘制

3. 微观层面

以轨道枢纽锚固城市空间为主要策略，强化轨道站点对空间开发的支撑作用，依据 TOD 站点开发理论和“站城一体”理念，鼓励土地混合开发和一体化接驳设计。同时，结合西安空间结构特征和控制要求，按照距离轨道站点距离远近将轨道站域划分为核心区（200m 内）、控制区（201 ～ 500m 内）和影响区（501 ～ 1000m），不同圈层实施不同的业态供给和开发强度控制，其总体导向是适当提高当前土地开发强度，以轨道线路运能作为开发上限的约束条件，使得运输服务水平在 5 人 /m^2 以下。

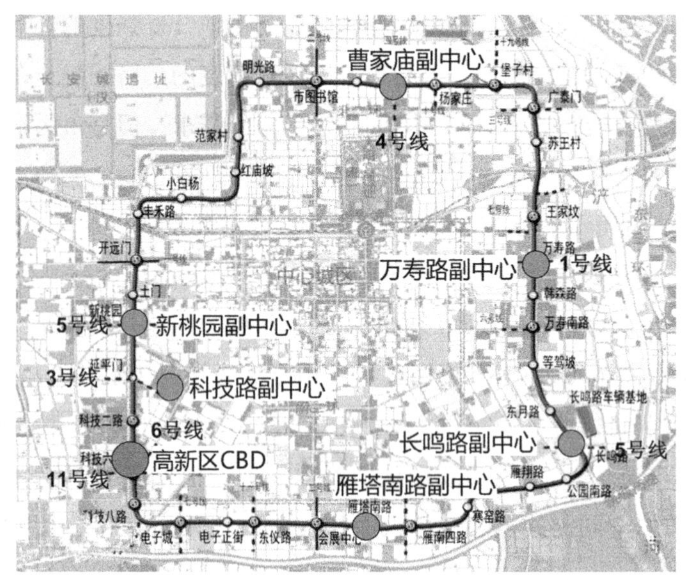

图 7.17　轨道环线与都市区中心体系耦合关系

图片来源：根据百度百科底图绘制

7.3.4 轨道交通优化策略

西安既有轨网规划没有深入考虑轨网对大都市区中心的引导和支撑作用，尤其是对大型商业与商务中心的影响研究不够深入，使得本文优化的基础条件较差，且通过多轮技术和行政审查的轨网规划具有一定的稳定性，不宜进行大幅调整，在此规划基础和背景下进行适当优化，重点优化矛盾较为突出的都市快轨缺失和布局不合理问题。

1. 轨网布局优化策略

1）优化原则

第一，已建和在建线路，由于站点已按照施工图完成，原则上不在建成和在建站点增加新线路，以降低工程造价。对于建设必要性较强的区段，同一站点不同线路换乘可考虑通道换乘。

第二，对于近期拟报建的第三期建设规划中的线路，原则上不调整线路走向。对于有较强调整必要的部分线路，按照功能替代的原则进行调整，即若某段线路取消，则其既有功能由其他线路替代或弥补。

第三，既有线网规划的里程规模略有增加，增加线路均为都市快轨。

第四，根据必要性较强的线路布局方案对远景相关线路的部分线形和部分站点进行适当调整，当前阶段主要考虑其优化的必要性问题，对落地性问题不做深入研究。

2）具体策略

第一，位于 12 号线东侧的 19 号线东段取消，剩余 19 号线西段线路长度超过 10km，该线路向西侧兴平方向延伸；对 10 号线走向和功能进行调整，以都市快轨制式连接阎良组团、高陵组团、西安北站、沣东新城 CBD 等主要节点。19 号线东段既有功能由调整后的都市快轨承担，阎良、高陵等组团进入中心城区的通道由既有的 10 号线调整为都市快轨和 2 号线。

第二，位于大都市区边缘末梢的 20 号线、23 号线，客流难以支撑其可持续运营，取消该线路，其功能均由 15 号支线承担；在既有的 20 号线走廊内新增都市快轨，连接西安南站、高新区 CBD、钟楼 CAZ。

2. 都市快轨布局策略

《关中城市群核心区总体规划（2016—2030 年）》和《大西安 2049 空间发展战略规划》（阶段性成果）中均提出了规划西咸新中心为都市区极核中心，以及规划空港组团至草堂组团南北科技创新轴线的设想，本文认为实现这一构想的交通前提是强化轴线的组织功能，结合发达大都市区都市快轨布局经验，提出如下建议。规划建设连接钟楼 CAZ、高新区 CBD、西安南站、沣东新城 CBD、西安北站、兵马俑的都市快轨线路，实现主要商业区、商务区、大型对外高铁站、著名景点的快捷串联（图 7.18）。

3. 轨道站域接驳策略

中国大都市区“大尺度、高密度”的空间结构决定了人流组织具有“高集聚（空间尺度上的典型特征）、高脉冲（通勤时段上的典型特征）”特点，有限的出入口和组织通道使得 CAZ、CBD 等局部区域出行链中各个节点几乎均存在供给不足、服务水平偏低等问题，加强客流集散点的快捷集散能力极为必要。

根据客流的空间分布特征，对地面层和地下层客流组织提出如下主要建议：

1）地面层

高密度都市进行人车分离是普遍趋势，且大都采用人行天桥的方式，它具有出行速度快、不用等候地面交叉口信号灯等优点，但同时具有老龄人或行李携带者行走不方便、未设置遮阴、遮阳棚导致出行感知差等问题。针对多元化需求，发达国家普遍采取了多样化的供给策略，既设置地面过街设施又设置立体过街设施，供不同人群选择使用，在实现空间分流的同时，组织效率也有所提升。

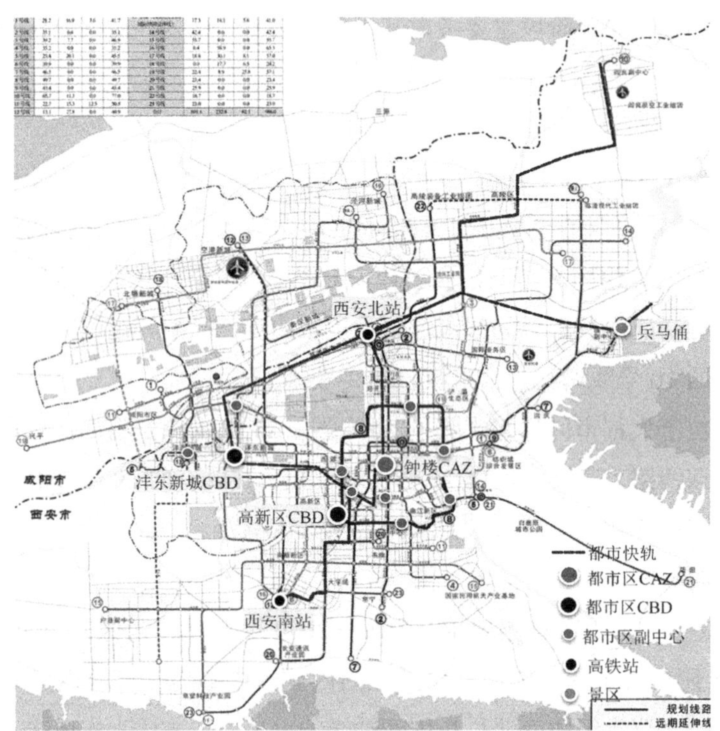

图 7.18 新增都市快轨布局示意图

图片来源：根据《关中城市群都市区城市轨道交通线网规划研究》（2016）相应图纸绘制

2）地下层

轨道站点出入口与周边物业直接连通是国内外发达大都市区的普遍经验，它既提高了人流集散能力，也提高了接驳和服务水平。例如，上海 10 号线与 2 号线换乘站——南京东路地铁站，通过地下通道将周边的新世界、恒基、上海置地等物业有机串联在一起，周边物业从业人员和访客为地铁提供了客流，地铁为周边物业提供了快捷出行条件，实现了轨道运营部门和土地业主的双赢。目前，成都等国内城市出台了相关规定，鼓励周边物业跟紧邻站厅层连通，起到了很好的效果，西安应积极借鉴。

7.4 空间组织绩效评价

7.4.1 思路与建模

1. 评价思路

分别建立优化前后的轨网拓扑结构，从出行时耗和可达性视角进行比较研究。具体步骤如下：

第一步，采用图论中基于 Space D 的建模方法，即仅考虑端站和换乘站，分别建立优化前后的轨网拓扑结构模型。

第二步，根据各条线路长度、站间距指标确定其旅行速度，在软件 ArcGIS 中予以标定；同时，生成交通网络，检验网络连接度，通过检验后，计算各个节点之间的最小出行时间，得到基于最小出行时间的节点矩阵。

第三步，分别以钟楼为起始点，测算优化前后出行时耗分布。

第四步，利用 GIS 得出网络可达性分布图，统计各个节点的可达性值，并计算整个网络的可达性值。

2. 模型建立

优化前轨网里程为 986km，优化为轨网里程约 1050km，两者基本接近。基于 Space D 的建模方法，建立优化前的轨网拓扑结构，共有边 241 条，节点 146 个；优化后拓扑结构共有边 239 条，节点 144 个（图 7.19）。不论从网络规模还是拓扑结构形态，优化前后轨网均基本接近，有较强的可比性。

以轨网 2016 版规划确定的各条线路设计车速为依据，综合考虑线路长度及站间距因素，确定各线路旅行车速。其遵循规则如下：线路长度大于 55km 且站间距大于 2.5km 的线路，其旅行速度为 45km/h；线路长度在 40 ～ 55km 且站间距在 2 ～ 3km 的线路，其旅行速度为 40km/h；线路长度在 30 ～ 50km 且站间距小于 2km 的线路，其旅行速度为 35km/h；线路长度小于 30km 的线路，其

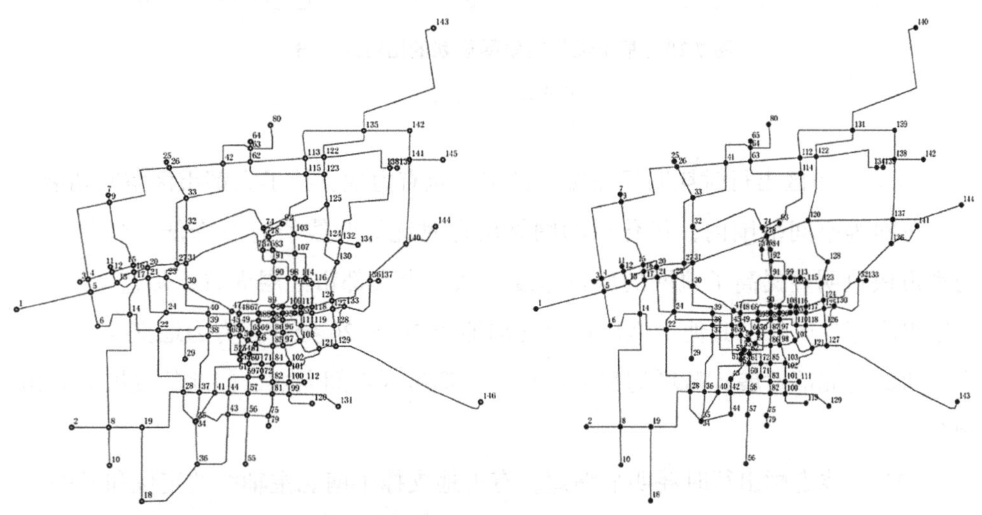

图 7.19　基于 Space D 的优化前（左图）与优化后（右图）轨网拓扑结构

图片来源：作者绘制

旅行速度为 30km/h。新增都市快轨线路按照两条线的方式进行运营，线路长度均超过 55km，站间距大于 5km，旅行速度为 55km/h。

7.4.2 评价结论

1. 出行时耗视角

以钟楼为出发起始点，对比优化前后轨网出行时耗等时线分布图（图 7.20 和图 7.21），发现以下特征：

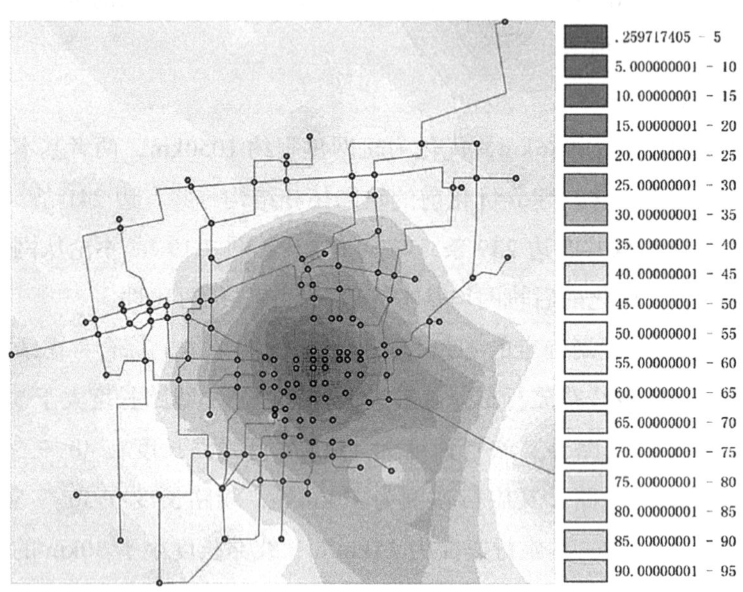

图 7.20　基于优化前轨网规划的出行时耗分析

图片来源：作者绘制

1）大都市区出行时耗明显缩短，都市快轨有力地支撑了大都市区空间拓展

在同等空间范围内，优化后的网络出行时耗等时线值有所降低，说明新增的都市快轨明显提高了轨网的旅行速度。从整个大都市区层面看，除蓝田组团、常宁组团等片区外，其他地区出行时耗均缩短 10 ～ 20 分钟，有力地支撑了大都市区西部与北部发展；新增的都市快轨与大都市区空间向西、向北的发展方向相吻合。

2）2 号线走廊出行时耗明显缩短，有力地支撑了南北主轴线的定位和发展

优化前网络，出行时耗等时线在 20 分钟范围内基本呈圈层分布特征，说明了轨网布局呈现明显的均质化特征，与轴线导向的土地开发不吻合；优化后的轨

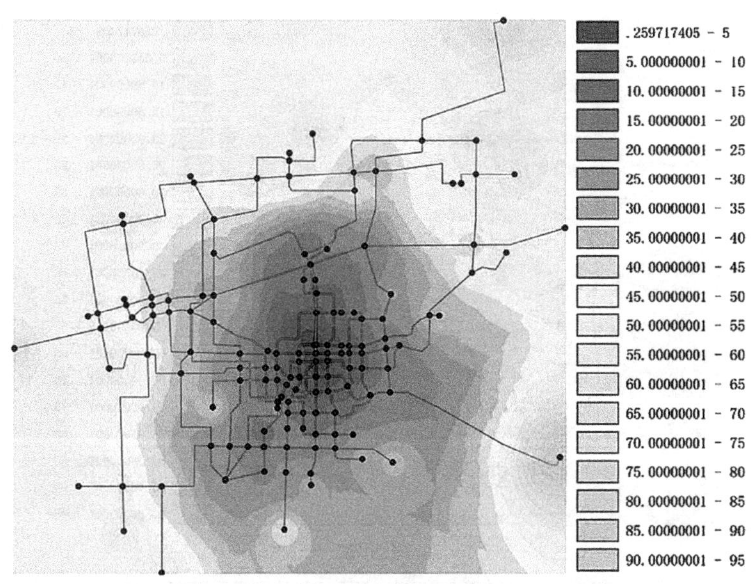

图 7.21　基于优化后轨网规划的出行时耗分析

图片来源：作者绘制

网在 30 分钟范围基本呈长条形分布特征，这与轴线发展策略相吻合，且南北向出行时耗的缩短效果明显优于东西向，这基本符合西安大都市区空间发展方向，都市快轨有力地支撑了大都市区南北主轴线的定位和发展。

3）远郊组团与中心城区出行时耗大幅缩短，有利于协同发展

新增的都市快轨连接阎良、高陵、渭北工业区等组团，因此，上述地区至钟楼的时耗基本都在 70 分钟范围内，有力地支撑了大都市区东北片区与中心城区的协同发展。而蓝田组团由于规划线路较短，旅行速度难以提升，至钟楼的出行时耗仍在 90 分钟以上，但至规划长鸣路都市区副中心的出行时耗在 1 小时之内，能够支撑其发展。

4）50 分钟以下不同出行时耗值域出行范围均有 1.25 ～ 1.31 倍的提升

分别统计 15 分钟、30 分钟和 50 分钟（60 分钟等时线包括的范围，较大比例已超过大都市区范围，且不够准确）等时线围合的空间面积（图 7.22），在同等值域条件下，优化后方案围合面积是优化前的 1.25 ～ 1.31 倍（表 7.7），其中，优化后方案 30 分钟出行时耗围合范围达到 1116km^2，明显高于优化前方案的 821km^2，其倍数为 1.31；从空间分布特征看，基本覆盖中心城区的全部范围，即从钟楼出发，在半小时出行时耗内几乎能够到达中心城区的所有站点。

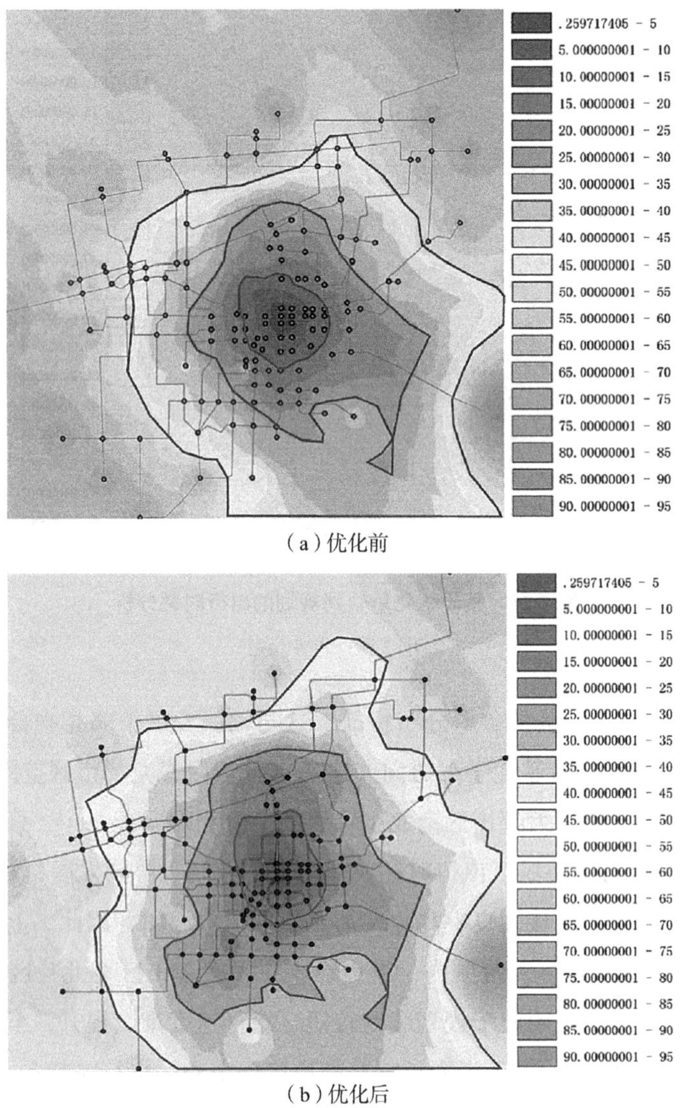

（a）优化前

（b）优化后

图 7.22　不同等时线围合范围分析

备注：图中勾画的等时线自内向外分别为 15 分钟、30 分钟和 50 分钟

图片来源：作者绘制

优化前后不同等时线覆盖面积比较　　表 7.7

方案	≤ 15 分钟	≤ 30 分钟	≤ 50 分钟
优化前（A）面积（km^2）	150	821	2513
优化后（B）面积（km^2）	189	1116	3151
B/A	1.26	1.31	1.25

资料来源：作者整理

2. 可达性视角

1）不同区域可达性的变化

对各节点平均可达性指标值采用相同的分类标准，可以发现，优化后的轨网方案对中心城区可达性提高有显著影响，使得节点平均可达性在 0.57 小时内的范围大幅扩大，优化后方案是优化前的 25.2 倍，随着平均可达性数值的提高，优化后方案的优势逐渐不明显。可以看出，在中心城区的南北轴线走廊和西部走廊增加的都市快轨，对可达性的影响主要集中在中心城区范围内，对近郊区和远郊区可达性水平的提升效果有限（表 7.8）。

优化前后不同可达性覆盖面积比较 **表 7.8**

方案	≤ 0.57 小时	≤ 0.78 小时	≤ 0.85 小时
优化前（A）面积（km^2）	12	745	1700
优化后（B）面积（km^2）	302	1220	2346
B/A	25.2	1.67	1.38

资料来源：作者整理

优化方案中，东北部的阎良组团可达性水平略有提高，位于东南部的蓝田组团几乎没有变化，这与图示中可达性分级可能有一定关系。但更深层原因可能在于基于这些节点出发的各节点之间构成的最短出行时耗累加和变化较小，说明增加单一方向小规模的都市快轨对于距离其较远的边缘组团出行效率改善影响不大。

2）整个网络可达性的变化

优化前网络可达性指标 V=114.96 小时，即网络中各个节点之间的最小出行时耗之和的平均值为 114.96 小时，优化后 V=102.27 小时。通过对比可以发现（图 7.23），由于都市快轨的介入，使得整个网络的可达性水平大幅提升，在网络规模和结构没有重大改变，站点覆盖率基本一致的情况下，网络组织效能提升 12.4%，显示了都市快轨在交通组织中的优势。

7.5 土地空间规划建议

轨网规划作为非法定规划，其研究结论得以实施最终均通过法定空间规划予以落实，因此，上文提出的诸多建议从可实施性角度看，其最终落脚点为城市总

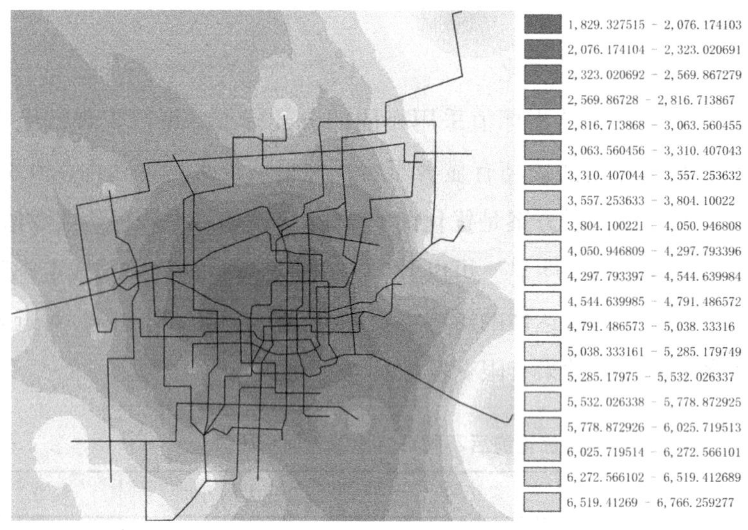

（a）优化前

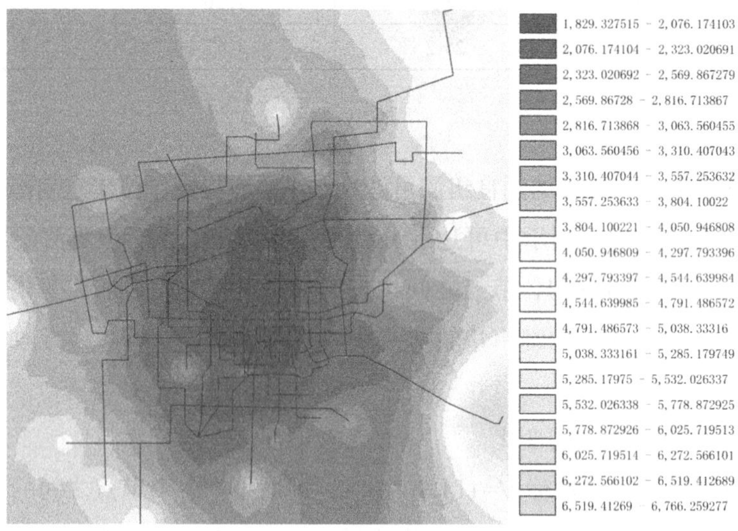

（b）优化后

图 7.23　基于优化前后轨网规划的可达性对比

备注：图例的单位为秒

图片来源：作者绘制

体规划和地区详细规划。本节从土地空间规划视角提出具体的保障建议，以实现轨网与土地空间取得更好的协同效应。

1. 完善空间规划体系

与东京、首尔、巴黎等发达大都市区相比，我国明显缺少大都市区层级的法律、法规和法定规划体系，例如，东京都市圈编制了五次首都圈规划，首尔大都市区编制了三次首都圈整备规划，巴黎大区编制了六个版本的区域发展规划纲要。近年来，部分省份开始积极借鉴国外国土开发规划经验，编制较大空间尺度的大都市区规划，对区域协同发展起到了一定的指导作用，但是对大都市区内部空间结构的研究仍然不足。而传统的城市总体规划，将空间地域划分为市域和中心城区两个层面，虽然划定了跟大都市区空间尺度接近的城乡规划区范围，但是规划关注的重点仍是中心城区，在特大城市迈入大都市区时代后，传统的城市总体规划面临诸多不适应性，如都市密集建设区范围中心体系建构问题、重大基础设施选址与功能分工等问题，均缺少深入、系统研究。在大都市区空间规划体系仍不健全以及大都市区化日趋明显背景下，根据西安大都市区空间构成特点，完善大都市区空间规划体系，并针对性地加强中心体系、重大基础设施和公共服务设施、实施策略等核心问题的研究有较强的紧迫性。

建议以西安市政府为主导，统筹考虑咸阳、渭南等周边区市县远景发展趋势，在《关中城市群核心区总体规划》《大西安 2049 空间发展战略规划》等相关规划研究的基础上，结合地方发展诉求，深入分析西安大都市区远景规模与空间尺度问题，重点分析高等级中心体系分布、规模与功能特征，为轨网规划提供更加稳定、可靠的依据。

2. 管控土地开发强度

旧城区是都市区 CAZ 所在地，路网条件不如新区，交通需求旺盛，供需失配现象严重，值得更加关注。从城市发展规律视角看，位于大都市区类几何中心的旧城区往往承担大量的中枢职能，在大容量轨道交通支撑条件下，单位面积土地服务人口规模普遍较大，交通组织难度大。因此，这一区域的土地开发强度和服务能力应以轨道交通等大容量快捷交通集散能力为约束，反算建筑容量和可承载的人口容量，以实现需求与供给的基本匹配。

当前明城墙内区域人口密度为 3.71 万人 /km^2，处于较高的水平，且绝大多数建筑层数集中在 8 层以下，容积率较低，占总地块比例的 89.63%，具备重建的建筑条件 [240]。从城市更新的具体数据来看，自 2000 年以来，8 层以上的建筑数量明显增多，印证了城市更新的普遍规律，即旧城区居住人口密度继续降低，而就业岗位明显增长。根据 2012 年综合交通规划调查结论，明城墙内居住人口数量占三环内数量的比例为 9.6%，但岗位数量比例为 15.6%，根据当前西安市人口年龄结构的分布特征，估算劳动力人口与居住人口比例在 0.5 左右，由此可以看出，明城墙内岗位数量是劳动力数量的 3 倍，职住分离现象明显，且仍在加剧。

如果对旧城区土地开发强度不进行严格控制，传统的旧城更新会使旧城内就业岗位和交通需求大幅增长，在职住分离日趋扩大背景下，轨道交通供给面临路由空间难觅、建设成本急剧增长等问题，针对西安旧城区道路空间特征，必须进行土地开发强度的严格控制，以在源头上降低交通需求量，实现与交通供给水平的匹配。

3. 调整土地规划性质

西安大都市区轨网规划中环线方案的提出较晚，在 2013 年轨网修编之际方提出新增地铁环线 8 号线。因此，在 2013 年之前的用地规划中，8 号线走廊土地开发均未考虑轨道站点对其影响，更没有考虑到轨道交通网络化运营条件下，轨道环线对大都市区空间结构的重要影响。加之，城市总体规划缺少对中心体系的深入研究，使得 8 号线走廊发展副中心的规划基础不佳，2013 年轨道线网新增 8 号线后，城市总规规划也没有深入分析环线上设置副中心的必然性，而是基于一般的轨道站点或枢纽站进行用地布局规划，缺少城市功能层级的分析，导致当前 8 号线拟规划副中心片区土地开发业态不够合理。

通过现场调研以及主要站点周边地区用地规划对比分析，认为 8 号线与 5 号线相交的长鸣路站、8 号线与 4 号线相交的曹家庙站具有发展都市区副中心的交通优势，但当前规划用地中以居住用地为主，且未开发用地较多，具备用地性质变更的可能性，因此，建议相关控规在修编之际，结合轨道站域片区定位进行相应的用地性质和开发强度调整。

4. 预留都市快轨路由

轨道交通线网作为典型的无标度网络，网络中的节点数目是不断增长的，且新的节点优先连接于那些大度（即大型枢纽）节点，这一网络演化规律由 Barabasi 与 Albert（1999）证实，并在世界著名期刊《Science》上予以发表[241]。世界发达大都市区轨网发展历程也证实了这一研究结论，即传统商业中心—新兴 CBD—高铁站—机场站之间存在较大的客流，地铁普线难以满足不断增长的实际需求，后期，在工程难度较大的条件下，均建设了都市快轨系统实现便捷联系。本文认为西安北站—钟楼 CAZ—高新 CBD—西安南站之间、钟楼 CAZ—沣东新城 CBD 之间规划都市快轨均有较强的必要性，但该走廊大都在高密度建设区域，路由条件亦较差，尤其是钟楼至西安北站段远期不排除利用地铁 2 号线地下空间敷设都市快轨的可能，近期应加强研究，提前预控线路与站点建设空间。此外，都市快轨线路的增加，将使部分两线换乘枢纽调整为三线换乘，站点需要更大的换乘空间，站域禁建控制范围应适当调整，为换乘通道预留条件。

从发达国家轨道交通建设历程看，新建轨道线路最大埋深逐步增大是普遍规律。以东京地铁为例，其最大埋置深度由 1934 年的 -16m 逐步增长至 2000 年的 -49m[242]。中国都市也呈现类似的规律，如成都 18 号线，原规划起点为火车南站，后调整为火车北站，两个车站之间路由空间被已建成的地铁 1 号线占用，且建设时未考虑 18 号线北延问题，使得 18 号线不得不加大埋深，最大埋深已超过 -30m。上海 13 号线最大埋深也已达到 -33m、北京 6 号线和 7 号线最大埋深也分别达到 -34m 和 -35m，两座城市后期部分新建线路埋深正继续增大。因此，在轨道交通时代，地下空间开发深度不断增大是普遍规律[243]，钟楼至西安北站段应至少预留 -40m 以内的地下空间资源，为远期都市快轨敷设提供通道资源。

5. 谋划地下空间开发

从成都等先发地区历程看，在国家级城市新区建设高等级的商务中心往往会带来明显的职住分离现象。从西安大都市区空间结构和用地布局特征看，远期在轨道网络化运营后，曲江片区至沣东新城的通勤客流将大幅增长，而两个片区之间直达线路仅有 11 号线，但非直线系数较高，轨道环线 8 号线与 2 号线、4 号线、6 号线、7 号线均相交，根据环线的在换乘组织方面的优势可以推断，远期 8 号线南段和西段客流将明显高于东段和北段，科技六路站作为 3 线换乘枢纽站客流压力巨大，新桃园站作为东西向骨架线路 5 号线和环线 8 号线相交形成的换乘站，远期客流压力也较大，应超前谋划大型轨道换乘枢纽站地下空间利用问题，并做好地下空间资源预留管控工作，为客流换乘预留便捷通道和场所。

7.6 小结

1. 轨道影响下的西安大都市区空间结构优化策略

参照团状大都市区空间结构基本模式，结合西安大都市区地形地貌特征，尊重其规划理念的传承，在对土地利用形态、轨网形态和规模均不进行大幅度调整的可行语境下，提出了“一横、三纵”的大都市区空间轴线格局，强化钟楼中心和沣东新城中心联系，依托轨道环线 8 号线设置都市区副中心，在大都市区范围内形成三级中心体系，分别是由钟楼中央活动区（CAZ）、高新区中央商务区

(CBD)、浐东新城中央商务区(CBD)共同构成的都市区极核中心，由轨道环线上的6处TOD站点和其他中心构成的都市区副中心以及近郊区中心。针对都市区中心和轨网匹配度不高的问题，提出连接钟楼CAZ、高新区CBD、西安南站、浐东新城CBD、西安北站、兵马俑、阎良组团、高陵组团的都市快轨线路，实现主要商业区、商务区、大型对外高铁站、著名景点的有机串联。

2. 基于优化策略的仿真评价

借助ArcGIS实现了轨网优化前后方案的对比，发现增加上述都市快轨线路后，优化后的大都市区出行时耗明显缩短，都市快轨有力地支撑了大都市区空间拓展和2号线走廊所在的南北主轴线的定位和发展，将远郊组团与中心城区出行时耗大幅缩短至70分钟以内；此外，中心城区范围的可达性明显提高，整个大都市区网络的可达性是优化前的1.12倍。

3. 基于土地规划视角的空间结构优化保障建议

主要包括以下四点：完善西安大都市区空间规划体系，并着重研究中心体系分布、规模、职能等核心问题；明城墙范围内在增加轨道运能的同时，应加强土地开发强度的管控，使得需求与供给基本匹配；对8号线拟规划副中心的轨道站域用地进行适当调整，增加商业类用地比例；严格管控重要客流走廊和大型轨道换乘枢纽地下空间，为远期都市快轨敷设和客流组织提供更好的路由条件。

8 主要结论

基于轨道的交通运输方式大幅缩短了相同空间距离约束下的出行时耗，与快捷路相比，轨道交通有更高的出行可靠度，使得经济要素能够在更大的空间单元进行系统配置，扩大了城市的集聚经济边界和范围。因此，可以说是现代轨道交通的网络化发展大幅降低了城市空间范围扩大带来的组织效率损失，其快捷的大容量集散能力又维持和促成了区域空间单元的专业性和联系的紧密性，使得都市区极核中心、都市区副中心和郊区中心有着不同的服务腹地和紧密联系，从而提升了大都市区的创造力和竞争力。

8.1 轨道交通线网制式体系结构决定了大都市区空间尺度

发现大都市区作为城市空间聚落的高级形式，虽然国外已有 100 年左右的发展历程和研究基础，但是“中国化的大都市区”研究却较为滞后，为此，首先从概念入手，从出行时耗视角研究了其空间范围界定问题。认为决定大都市区空间边界的核心约束条件是交通工具的出行速度和可接受的经济票价，参照国外大都市区定义标准，以通勤交通可接受的最长出行时耗为约束条件，参照国外发达大都市区郊区居民可接受的最长时耗，认为全程不应超过 90 分钟，扣除起讫点接驳时间，列车上时耗不应超过 1 小时，在不同制式轨道交通支撑下，大都市区长轴空间半径可达到 40 ～ 60km，即当轨道交通制式均为地铁普线时，大都市区空间范围在 3 500km^2 左右；当轨道交通制式中有都市快轨时，大都市区空间范围在 7 000 ～ 12 000km^2 左右，以此界定大都市区空间范围，研究其空间结构和演进机理等基础理论问题。

8.2 大都市区空间结构演进中涌现的问题具有高度趋同性

（1）在轨网规划及其与土地空间的协调发展方面，国内城市呈现的问题具有较强的普遍性，呈现的问题亦具有趋同性。

将远期或远景城市轨道交通线网规划方案实施完毕后，局部地段轨道服务水平仍大幅超过正常接受值，定义为“终极问题”。将可能存在的“终极问题”归纳为三个方面：宏观层面为传统城市轴线走廊区域，当前不进行都市快轨通道的预留，远期轨道供给与需求严重仍将严重不匹配；中观层面为都市区中心片区，尤其是都市区极核中心和部分高等级副中心片区，当前若不进行轨道建设路由空间的预留，远期也面临轨道服务水平偏低的可能；微观层面主要体现在局部轨道站点客流集散能力不足等方面。

（2）在轨道交通支撑下，大都市区人口持续增长和职住分离是普遍规律，都市区中心与轨道环线、都市快轨关系密切，多元轨道制式体系支撑的“多中心”模式是空间优化的普遍策略，轨道交通在大都市空间结构演化中起重要的支撑力作用。

大都市区人口规模增长具有明显的“顽固性”特征，在轨道交通等快捷交通工具的支撑下，职住分离是普遍规律，分离程度体现了空间选择机会和城市活力，大都市区能级较高的中心均在中心城区范围内，与都市快轨和轨道环线的关系密切。自然环境和城市发展基础对空间演化起主要约束作用，经济发展是核心动力，轨道交通为城市活动的展开和空间演化起到了重要的支撑作用，政府规划、公共政策等相应制度设计起到了控制、引导和促进作用，而大都市区作为最复杂的人工构造物，最终为人服务，基于人性需求的社会发展起到了统领全局的作用。

在大都市区空间结构优化策略层面，三个国外大都市区均采用了“多中心”的空间发展策略，以都市快轨作为重要的支撑工具，实现中心与外围地区的快捷联系；在中微观土地开发层面，大都强调依托轨道站点支撑土地的复合开发，在近郊区形成走廊或组团形态的空间结构；同时，形成了不同层级的多元制式轨道交通体系，尤其是在大都市区发展中后期，更加关注都市快轨规划建设问题。

8.3 建构了两类轨道主导型大都市区空间结构的基本模式

根据岗位和人口密度分布特征，将大都市区自内向外划分为“核心区—中心城区—近郊区—（远郊区）”三（四）个层级，中心城区和近郊区构成都市密集建设区；核心区大都位于城市几何中心附近的传统商业中心，中心城区一般在 400 ～ 600km^2，都市密集建设区一般在 3 500km^2 左右，远景大都市区最大规模在 12 000km^2 左右。根据中心就业岗位规模和密度建立了能级计算公式，按照能级级差分布特征，提出了大都市区形成 3 ～ 4 级的中心体系，即“都市区极核中心—都市区副中心—近郊区中心—（远郊区中心）”，极核中心主要由中央活动区（CAZ）和都市区 CBD 构成，其中，CAZ 以传统商业中心为核心载体，都市区副中心大都依托结构性轨道环线设置（都市区中心依托轨道环线设置存在出行优越的结构机理和疲于换乘的行为机理），近郊区中心一般距离核心区 20 ～ 30km，远郊区中心距离核心区一般在 50km 左右；不同能级中心均具有空间“趋中性”特征，并且有各自的服务腹地。

根据 CAZ 与新兴 CBD 的空间距离，将空间模式划分为分离型和相邻型两个类型。研究认为 CAZ、CBD 和大型对外枢纽之间有较强的空间联系需求，不论是分离型还是相邻型空间结构，CAZ 与（新兴）CBD 之间都应设置都市快轨；而远期随着轨网客流的大幅增长和不同人群对出行品质的多元追求，大型对外交通枢纽与 CAZ 之间建立多制式轨道联系亦是客观必然要求。综合考虑轨道对中心体系的支撑作用和生态本底条件，提出了建立“多层多核、轴带相连、分工明细、网络交融”的轨道主导型大都市区空间结构模式。

8.4 强化都市快轨对西安大都市区空间结构优化的支撑

西安大都市区空间结构优化，应依托地铁环线形成若干都市区副中心，大型客流集散点之间应规划都市快轨系统，提高其组织绩效。基于团状都市的空间结构基本模式，结合西安大都市区的发展目标、现状特征和约束条件，提出了规划建设钟楼 CAZ、利用地铁环线 8 号线设置都市区副中心的土地优化策略；在轨网规模基本不变的情况下，通过局部线路功能调整和线形优化，提出了以都市快轨线路连接钟楼 CAZ、沣东新城 CBD、西安南站、高新区 CBD、西安北站、兵马俑、阎良组团、高陵组团的交通优化策略。借助 ArcGIS 评价了优化前后轨网的出行时耗分布特征和可达性特征，发现新增的都市快轨有力地支撑了大都市区空间拓展和地铁 2 号线走廊所在的南北主轴线的定位和发展，远郊组团与中心城区出行时耗大幅缩短至 70 分钟以内，有利于大都市区协同发展；此外，中心城区范围的可达性明显提高，整个大都市区网络的可达性是优化前的 1.12 倍。从完善大都市区规划编制体系与内容优化、土地空间开发管控和重要客流走廊地下空间路由控制等方面提出了保障建议。

参考文献

[1] 王旭 . 大都市区化：本世纪美国城市发展的主导趋势 [J]. 美国研究，1998（4）：65-77.

[2] 谢守红 . 大都市区的概念及其对我国城市发展的影响 [J]. 城市，2004（2）：6-9.

[3] 陈佳鹏，黄匡时 . 特大城市的人口调控：东京经验及其启发 [J]. 中国人口资源与环境，2014，24（8）：57-62.

[4] 杨俊宴，章飙，史宜 . 城市中心体系发展的理论框架探索 [J]. 城市规划学刊，2012（1）：33-39.

[5] Lang R E，Dhavale D. America's Megapolitan Areas[J]. Land Lines，2005，17（3）：1-7.

[6] 富田和晓，藤井正 . 新版图说大都市圈 [M]. 北京：中国建筑工业出版社，2015.

[7] 孙胤社 . 大都市区的形成机制及其定界——以北京为例 [J]. 地理学报，1992，47（6）：552-560.

[8] 周一星 . 城市地理学 [M]. 北京：商务印书馆，1995.

[9] 邹军，陈小卉 . 城镇体系空间规划再认识——以江苏为例 [J]. 城市规划，2001，25（1）：30-33.

[10] 谢守红 . 大都市区的空间组织 [M]. 北京：科学出版社，2004.

[11] 李孟 . 大都市区：中国城市化进程中面临的新挑战 [R]. 加拿大科瑞澳有限公司，2005.

[12] 高丰，宁越敏 . 中国大都市区界定探讨——基于"五普"分县数据的分析 [J]. 世界地理研究，2007，16（1）：58-64.

[13] 宁越敏 . 中国都市区和大城市群的界定——兼论大城市群在区域经济发展中的作用 [J]. 地理科学，2011，31（3）：257-263.

[14] 夏征农 . 辞海（1999 年版缩印本）[M]. 上海：上海辞书出版社，2000：1535.

[15] 段进 . 城市空间发展论 [M]. 南京：江苏科技技术出版社，1999：7.

[16] 顾朝林，甄峰，张京祥 . 集聚与扩散——城市空间结构新论 [M]. 南京：东南大学出版社，2000：5.

[17] 林小如 . 反脆性大城市地域结构的目标准则和理论模式 [D]. 武汉：华中科技大学，2015.

[18] 王超深，靳来勇 .1990 年代以来我国大都市区空间规划研究综述 [J]. 北京工业大学学报（社会科学版），2018（4）：33-38.

[19] 洪世键，黄晓芬 . 大都市区概念及其界定问题探讨 [J]. 国际城市规划，2007，22（5）：50-57.

[20] 史育龙，周一星 . 关于大都市带（都市连绵区）研究的论争及近今进述评 [J]. 国外城市规划，1997（2）：2-11.

[21] 谢守红 . 都市区、都市圈和都市带的概念界定与比较分析 [J]. 城市问题，2008（6）：19-23.

[22] 易承志 . 大都市与大都市区概念辨析 [J]. 城市问题，2014（3）：90-95.

[23] 安树伟 . 中国大都市区膨胀病及其表现 [J]. 甘肃社会科学，2009（1）：40-44.

[24] 毛广雄 . 大都市区化：我国城市化发展路径的转型 [J]. 城市问题，2009（6）：15-20.

[25] 郭文炯，白明英 . 太原大都市区城市化特征、问题与对策 [J]. 经济地理，2000（5）：63-66.

[26] 沈洁，张京祥 . 都市圈规划：地域规划的新范式 [J]. 城市问题，2004（1）：23-27.

[27] 荣朝和 . 重视大都市区在城市化过程中的地位与作用 [J]. 北京交通大学学报（社会科学版），2014，13（3）：1-9.

[28] 黄亚平 . 城市空间理论与空间分析 [R]. 华中科技大学建筑与城市规划学院，2014.

[29] 武进 . 中国城市形态：结构、特征及其演变 [M]. 南京：江苏科技出版社，

1990.

[30] 朱喜钢 . 城市空间集中与分散论 [M]. 北京：中国建筑工业出版社，2002.

[31] 熊国平 . 当代中国城市形态演变 [M]. 北京：中国建筑工业出版社，2006.

[32] 张勇强 . 城市空间发展自组织与城市规划 [M]. 南京：东南大学出版社，2006.

[33] 储金龙 . 城市空间形态定量分析研究 [M]. 南京：东南大学出版社，2007.

[34] 李国平 . 首都圈——结构、分工与营建战略 [M]. 北京：中国城市出版社，2004.

[35] 谢守红 . 大都市区的空间组织 [M]. 北京：科学出版社，2004.

[36] 洪世键 . 大都市区治理——理论演进与运作模式 [M]. 南京：东南大学出版社，2009.

[37] 田莉，姚凯，王伟，等 . 世界著名大都市规划建设与发展比较研究 [M]. 北京：中国建筑工业出版社，2010.

[38] 冯艳，黄亚平 . 大城市都市区簇群式空间成长机理及结构模式 [M]. 北京：中国建筑工业出版社，2013.

[39] 赵虎 . 中国都市区就业空间演化研究：以南京为例 [M]. 南京：东南大学出版社，2014.

[40] 付磊 . 转型中的大都市空间结构及其演化：上海城市空间结构演变的研究 [M]. 北京：中国建筑工业出版社，2012.

[41] 潘海啸 . 大都市地区快速交通和城镇发展：国际经验和上海的研究 [M]. 上海：同济大学出版社，2002.

[42] 黄昭雄 . 大都市区空间结构与可持续交通 [M]. 北京：中国建筑工业出版社，2012.

[43] 刘龙胜，杜建华，张道海 . 轨道上的世界——东京都市圈城市和交通研究 [M]. 北京：人民交通出版社，2013.

[44] 李同升 . 莫斯科大都市地区的空间结构与发展特点 [J]. 人文地理，1995，10（1）：21-27.

[45] 徐海贤，庄林德，肖烈柱 . 国外大都市区空间结构及其规划研究进展 [J].

现代城市研究，2002，17(6)：34-38.

[46] 唐燕. 德国大都市区结构的特征与发展趋势 [J]. 城市问题，2009(2)：88-94.

[47] 孙群郎. 当代美国大都市区的空间结构特征与交通困境 [J]. 世界历史，2009(5)：15-29.

[48] 刘贤腾. 轨道交通与大都市区空间结构变迁——东京的经验 [J]. 上海经济，2015(9)：63-67.

[49] 许锋. 对北京的启示：20 世纪国际大都市区城市密度特征 [J]. 北京规划建设，2007(2)：116-118.

[50] 张尚武，晏龙旭，王德，等. 上海大都市地区空间结构优化的政策路径探析——基于人口分布情景的分析方法 [J]. 城市规划学刊，2015(6)：12-19.

[51] 刘涛，曹广忠. 大都市区外来人口居住地选择的区域差异与尺度效应——基于北京市村级数据的实证分析 [J]. 管理世界，2015(1)：30-40.

[52] 魏旭红，孙斌栋. 我国大都市区就业次中心的形成机制——上海研究及与北京比较 [J]. 城市规划学刊，2014(5)：65-71.

[53] 皇甫玥，张京祥，邓化媛. 大都市区化：特大城市地区城市化的新特征——基于南京的实证研究 [J]. 现代城市研究，2008，23(1)：27-33.

[54] 许学强，林先扬，周春山. 国外大都市区研究历程回顾及其启示 [J]. 城市规划学刊，2007(2)：9-14.

[55] 单卓然，黄亚平，张衔春. 1990 年后发达国家都市区空间演化特征及动力机制研究 [J]. 城市规划学刊，2014(5)：54-64.

[56] Muller P O. Transportation and urban form：Stages in the spatial evolution of American metropolis[M]. New York：The Guildford Press，2004：59-85.

[57] Stone P A. The structure size and costs of urban settlements[M]. Cambridge，UK：Cambridge University Press，1973.

[58] Kloosterman RC，Musterd S.The polycentric urban region：towards a research agenda[J].Urban Study，2001(38)：623-633.

[59] Henderson J V. Optimum City Size：The External Diseconomy Question[J]. Journal of Political Economy，1974，82(2)：373-88.

[60] Hochman O. A two sector model with several externalities and their effects on an urban setting[J]. Journal of Urban Economics，1978，5(2)：198-218.

[61] Anas A，Kim I. General Equilibrium Models of Polycentric Urban Land Use with Endogenous Congestion and Job Agglomeration[J]. Journal of Urban Economics，1996，40（2）：232-256.

[62] Anas A，Small K A. Urban Spatial Structure[J]. Boston College Working Papers in Economics，1997，36（3）：1426-1464.

[63] Helsley R W，Sullivan A M. Urban subcenter formation [J]. Regional Science & Urban Economics，1991，21（2）：255-275.

[64] 杨万钟 . 经济地理学导论 [M]. 上海：华东师范大学出版社，1999.

[65] 江曼琦 . 城市空间结构优化的经济分析 [M]. 北京：人民出版社，2001.

[66] 郭鸿懋 . 城市空间经济学 [M]. 北京：经济科学出版社，2002.

[67] 丁成日 . 城市空间规划——理论、方法与实践 [M]. 北京：高等教育出版社，2007.

[68] 宁越敏，石崧 . 从劳动空间分工到大都市区空间组织 [M]. 北京：科学出版社，2011.

[69] 柴彦威 . 城市空间 [M]. 北京：科学出版社 .2000.

[70] 柴彦威 . 中国城市的时空间结构 [M]. 北京：北京大学出版社，2002.

[71] 柴彦威 . 空间行为与行为空间 [M]. 南京：东南大学出版社，2014.

[72] 柴彦威 . 城市空间与消费者行为 [M]. 南京：东南大学出版社，2010.

[73] 黄瓴 . 城市空间文化结构研究：以西南地域城市为例 [M]. 南京：东南大学出版社，2011.

[74] 徐昀 . 城市空间演变与整合——以转型期南京城市社会空间结构演化为例 [M]. 南京：东南大学出版社，2011.

[75] 张艳 . 城市空间行为与分异：以北京市为例 [M]. 北京：学苑出版社，2015.

[76] 黄晓军 . 现代城市物质与社会空间的耦合：以长春市为例 [M]. 北京：社会科学文献出版社，2014.

[77] 谢守红 . 大都市区空间组织的形成演变研究 [D]. 上海：华东师范大学，2003.

[78] 曹传新 . 大都市区形成演化机理与调控研究 [D]. 长春：东北师范大学，2004.

[79] 何春阳，陈晋，史培军，等 . 大都市区城市扩展模型——以北京城市扩

展模拟为例 [J]. 地理学报，2003，58(2)：294-304.

[80] 过秀成，吕慎 . 大城市快速轨道交通线网空间布局 [J]. 城市发展研究，2001，8(1)：58-61.

[81] 王海强 . 城市轨道交通线网规划理论与方法研究 [D]. 成都：西南交通大学，2004.

[82] 边经卫 . 城市轨道交通与城市空间形态模式选择 [J]. 城市交通，2009，7(5)：58-61.

[83] 杨京帅 . 城市轨道交通线网合理规模与布局方法研究 [D]. 成都：西南交通大学，2006.

[84] Garmendia M，Romero V，Ureña J，Coronado J，Vickerman R. High-speed Rail Opportunities Around Metropolitan Regions：The Cases of Madrid and London[J]. Journal of Infrastructure Systems，2012，18(4)：305-313.

[85] Preston J，Wall G. The Ex-ante and Ex-post Economic and Social Impacts of the Introduction of High-speed Trains in South East England[J]. Planning，Practice and Research，2008，23(3)：403-422.

[86] Shen Y，Silva J D A E，Martínez L M. Assessing High-Speed Rail's impacts on land cover change in large urban areas based on spatial mixed logit methods：a case study of Madrid Atocha railway station from 1990 to 2006[J]. Journal of Transport Geography，2014(41)：184-196.

[87] Garmendia M，Ribalaygua C，Ureña J M. High Speed Rail Implications for Cities[J]. Cities，2012，29(2)：26-31.

[88] Ureña J，Menerault P，Garmendia M. The High-speed Rail Challenge for Big Intermediate Cities：A National，Regional and Local Perspective[J].Cities，2009，26(5)：266-279.

[89] Mohino I，Loukaitousideris A，Urena J M. Impacts of High-Speed Rail on Metropolitan Integration：An Examination of London，Madrid and Paris[J]. Urban Transport of China，2016，19(3-4)：306-334.

[90] 孙章，王里青，张冠增 . 城市发展与城市轨道交通 [J]. 城市轨道交通研究，1999(3)：5-7.

[91] 边经卫 . 城市轨道交通与城市空间形态模式选择 [J]. 城市交通，2009，7(5)：58-61.

[92] 秦应兵，杜文 . 城市轨道交通对城市结构的影响因素分析 [J]. 西南交通大学学报，2000，35（3）：284-287.

[93] 曹国华，张露 . 轨道交通与城市空间有序增长相关研究 [J]. 城市轨道交通研究，2003，6（1）：9-13.

[94] 蔡蔚，朱剑月，叶霞飞，等 . 轨道交通对城市发展引导作用分析 [J]. 城市轨道交通研究，1999（3）：19-22.

[95] 薛华培 . 轨道交通与我国大城市的空间结构优化 [J]. 城市交通，2005，3（4）：39-43.

[96] 张育南 . 轨道交通影响下的大都市空间尺度 [J]. 都市快轨交通，2007，20（3）：12-16.

[97] 闫梅，黄金川 . 国内外城市空间扩展研究评析 [J]. 地理科学进展，2013，32（7）：1039-1050.

[98] Morrill R L. The Changing Shape of Metropolitan America：Commuting Patterns，Urban Fields，and Decentralization Processes，1960-1970[J]. Geographical Review，1978，68（3）：372-373.

[99] Scott A. Metropolis：From the division of labor to urban form[M]. Berkeley，CA：University of California Press. 1998.

[100] Cormac Walsh，Simone Allin. Strategic Spatial Planning：Responding to Diverse Territorial Development Challenges：Towards an Inductive Comparative Approach[J]. International Planning Studies，2012，17（17）：377-395.

[101] 金秀显 . 城市功能疏解——首尔都市圈案例 [R]. 首尔研究院，2014.

[102] Kline J D，Thiers P，Ozawa C P，et al. How well has land-use planning worked under different governance regimes？ A case study in the Portland，OR-Vancouver，WA metropolitan area，USA[J]. Landscape & Urban Planning，2014（131）：51-63.

[103] Bengston D N，Youn Y C. Urban Containment Policies and the Protection of Natural Areas：The Case of Seoul's Greenbelt[J]. Ecology & Society，2006，11（1）：1-15.

[104] Yang J，Zhou J. The failure and success of greenbelt program in Beijing[J]. Urban Forestry & Urban Greening，2007，6（4）：287-296.

[105] A Murayama，N Hayakawa，J Okata. Toward Comparative Study on

Spatial Planning Issues and Approaches in Diverse Megacities-Tokyo and Megacities around the World[R]. School of Engineering, The University of Tokyo.2006.

[106] Handy S. Smart Growth and The Transportation-Land Use Connection : What Does the Research Tell Us ? [J]. International Regional Science Review, 2005, 28(2): 146-167.

[107] 张昊，张忠国 . 美国阿灵顿城市轨道交通发展模式的分析与借鉴 [J]. 国际城市规划，2011(2)：80-84.

[108] 张明宇 . 再论城市结构的定向扩展：一种新形势下的规划主张 [J]. 建筑学报，1994(7)：31-36.

[109] 杨涛，范东涛，常华 . 城市交通走廊形成机理与基本特性研究 [J]. 现代城市研究，1995(6)：19-24.

[110] 王建华 . 城市空间轴向发展的交通诱导因素分析 [J]. 上海城市规划，2009(3)：16-19.

[111] 常成志 . 快速公交客运走廊规划研究 [J]. 交通运输研究，2015，1(1)：38-42.

[112] 陆原，曾滢，郭晟 . 快速公交系统模式研究——以广州市 BRT 试验线系统为例 [J]. 城市交通，2011，9(5)：70-79..

[113] 林仲煜 . 近郊新城可持续形态的构建——理论与实证研究 [D]. 重庆：重庆大学，2009.

[114] 杨建军，徐峰 . 公交导向的城市空间轴向发展的模式——以杭州市为例 [J]. 华中建筑，2014(6)：99-103.

[115] 周俊，徐建刚 . 轨道交通的廊道效应与城市土地利用分析——以上海市轨道通明珠线（一期）为例 [J]. 城市轨道交通研究，2002，5(1)：77-81.

[116] 张育南 . 北京城市轨道交通与城市空间整合发展问题研究 [D]. 北京：清华大学，2009.

[117] 蒋珮 . 基于交通导向的带形城市空间结构优化研究 [D]. 重庆：重庆大学，2014.

[118] 叶玉瑶，张虹鸥，许学强，等 . 面向低碳交通的城市空间结构：理论、模式与案例 [J]. 城市规划学刊，2012(5)：37-43.

[119] Gordon P, Richardson H W, Wong H L. The distribution of population and employment in a polycentric city : the case of Los Angeles.[J]. Environment &

Planning A，1986，18（2）：161-73.

[120] Ingram G K. Patterns of Metropolitan Development：What Have We Learned？[J]. Urban Studies，1998，35（7）：1019-1035.

[121] Faludi A. Polynucleated metropolitan regions in Northwest Europe：Theme of the special issue[J]. European Planning Studies，1998，6（6）：365-377.

[122] Arribasbel D，Sanzgracia F. The validity of the monocentric city model in a polycentric age：US metropolitan areas in 1990，2000 and 2010[J]. Social Science Electronic Publishing，2014，35（7）：980-997.

[123] López M A G，Olivera I M. Employment decentralization：polycentric compaction or sprawl？The case of the Barcelona Metropolitan Region 1986—1996[J]. Working Papers，2005.

[124] Casado Izquierdo J M. The polycentric structure of local labour markets in Mexico City's Metropolitan Area[J]. Investigaciones Geográficas，2012：97-118.

[125] Mcmillen D P，Mcdonald J F. A Nonparametric Analysis of Employment Density in a Polycentric City[J]. Journal of Regional Science，1997，37（4）：591-612.

[126] Casello J M. Transit competitiveness in polycentric metropolitan regions[J]. Transportation Research Part A Policy & Practice，2007，41（1）：19-40.

[127] 石忆邵.从单中心城市到多中心城市——中国特大城市发展的空间组织模式[J].城市规划学刊，1999（3）：36-39.

[128] 吴范玉，高亮.多中心城市布局与轨道交通的探讨[J].中国铁路，2001（10）：47-49.

[129] 孙斌栋，魏旭红.多中心结构：我国特大城市的未来形态[J].人民论坛·学术前沿，2015（17）：4-15.

[130] 杨德进.大都市新产业空间发展及其城市空间结构响应[D].天津：天津大学，2012.

[131] 张京祥.西方城市规划思想史纲[M].南京：东南大学出版社，2005.

[132] 安虎森.新区域经济学[M].大连：东北财经大学出版社，2010.

[133] 任利剑.城市轨道交通系统与城市功能组织协调发展研究[D].天津：天津大学，2014.

[134] Harvey D R. Time-Space Compression and the Rise of Modernism as a

Cultural Force, in Lechner F.J. and Boli J. [J].The Globalization Reader：134-140.

[135]张庭伟.1990年代中国城市空间结构的变化及其动力机制[J].城市规划，2001，25(7)：7-14.

[136]瑟夫洛.公交都市[M].宇恒可持续交通研究中心，译.北京：中国建筑工业出版社，2007.

[137] Cervero R. The transit metropolis：a global inquiry[M]. Island Press，1998.

[138] Bertaud A，Malpezzi S. The spatial distribution of population in 48 world cities：Implications for economies in transition[R]. 2003.

[139] Cervero R. Progress in Coping with Complex Urban Transport Problems in the United States[M].Urban Transport Development. Springer Berlin Heidelberg，2005：163-165.

[140]魏恕.城市交通与土地利用微观互动关系的研究与仿真[D].成都：西南交通大学，2014.

[141]中国城市规划设计研究院.上海空间发展战略研究[R]，2010.

[142] Cervero R. Transit-Supportive Development in the United States：Experiences and Prospects[J]. International Journal of Urology，1993，23(4)：907-915.

[143]邵源，田锋，吕国林，等.深圳市TOD规划管理与实践[J].城市交通，2011，9(2)：60-67.

[144]赵晶.适合中国城市的TOD规划方法研究[D].北京：清华大学，2008.

[145]王有为.适于中国城市的TOD规划理论研究[J].城市交通，2016，14(6)：38-46.

[146]王峥.交通运输对我国经济发展作用的实证研究[D].重庆：重庆大学，2007.

[147]柳荫，陆建.城市轨道交通建设规模研究[J].城市交通，2006，4(2)：16-20.

[148]李得伟.网络化城市轨道交通客流分析与服务[R].北京交通大学，2016.

[149]刘剑锋，冯爱军，王静，等.北京市郊轨道交通发展策略[J].城市交通，

2014，12（6）：28-36.

[150] 孙铁山，李楠 . 城市轨道交通发展与产业扩散——以北京为例 [J]. 长白学刊，2016（2）：50-56.

[151] 郑猛 . 北京轨道交通线网规划实践 [R]. 北京市城市规划设计研究院，2016.

[152] 北京市人民政府 . 北京市城市轨道交通建设规划（2014—2020）[R]. 北京：北京市人民政府，2014.

[153] 刘迁，许双牛，吴爽，等 . 我国城市轨道交通线网规划实践与思考 [M]. 北京：人民交通出版社股份有限公司，2015.

[154] 中国地铁工程咨询有限公司 . 成都市轨道交通线网规划 [R]. 成都市轨道交通集团有限公司，2016.

[155] 张铮，张子栋，宗晶 . 成都市轨道交通客流特征分析及启示 [J]. 城市交通，2017，15（4）：71-79.

[156] 中国地铁工程咨询有限公司 . 成都市城市轨道交通第三期建设规划（2016—2020 年）[R]. 成都市人民政府，2016.

[157] 北京市交通发展研究中心 .2016 北京市交通发展年度报告 [R]. 北京市交通发展研究中心，2016.

[158] 谷謙二 .1990 年代の東京大都市圏における通勤流動の変化に関するコーホート分析 [R]. 埼玉大学教育学部地理学研究報告，2002.

[159] 荣朝和，闫星祎 . 东京大都市区轨道通勤体系的演进与功能分析 [J]. 城市发展研究，2015，22（7）：16-23.

[160] Kwon Won-Yong. Globalization ans sustaionbility in Seoul[R].Urban Management in Seoul：Policy Isses and Responses.Seoul Development Institute，2001.

[161] 张沛，王超深 . 中国大都市区市域快轨发展滞后的原因 [J]. 城市问题，2017（11）：25-32.

[162] 丁树奎，姜传治 . 北京市域快轨新机场线关键技术及建设标准研究 [J]. 都市快轨交通，2016，29（4）：12-19.

[163] 胡润州 . 大城市轨道交通规划的现实反思与多元优化 [J]. 上海城市管理，2010（4）：58-62.

[164] 北京市城市规划设计研究院 . 北京城市总体规划（2016 年—2035 年）

[R]. 北京市人民政府，2017.

[165] Alain Bertaud. Labor markets，Urban Structures and Transport[R]. World Bank，2012.

[166] 秦国栋 . 轨道交通规划与城乡规划的协同 [R]. 住房和城乡建设部地铁与轻轨研究中心，2016.

[167] 杨东援 . 机动化与城市人居环境的协调发展 [R]. 同济大学交通运输学院，2006.

[168] 熊文，黎晴，邵勇，等 . 向世界级城市学习：天津市滨海新区 CBD 慢行交通规划 [J]. 城市交通，2012，10(1)：38-53.

[169] Calimente J. Rail integrated communities in Tokyo[J]. Journal of Transport & Land Use，2012，5(1)：19-32.

[170] 刘贤腾 . 解析东京都内部空间结构 [J]. 世界经济地理，2006，15(3)：46-53.

[171] 金燦坤 . 首尔城市与大都市管理过去与现在 [R]. 首尔大都市政府，2006.

[172] 首尔市政府 . 交通相关统计资料 [R].2016.

[173] 丁成日 . 世界巨(特)大城市发展：规律、挑战、增长控制及其评价 [M]. 北京：中国建筑工业出版社，2015.

[174] 金钟范 . 韩国城市发展政策 [M]. 上海：上海财经大学出版社，2002.

[175] 金钟范 . 韩国控制首都圈规模膨胀之经验与启示 [J]. 城市规划，2002，26(5)：72-75.

[176] Jin K，Zhang M. Determining Transit's Impact on Seoul Commercial Land Values：An Application of Spatial Econometrics[J]. International Real Estate Review，2005，8(1)：1-26.

[177] Lee W D，Cho S，Bellemans T，et al. Seoul activity-based Model：An Application of Feathers Solutions to Seoul Metropolitan Area[J]. Procedia Computer Science，2012，10(1)：840-845.

[178] 丁一文 . 国外首都圈发展规律及其对我国“首都经济圈”建设的启示 [J]. 河南大学学报(哲学社会科学版)，2013，53(4)：63-73.

[179] 李恩平 . 韩国城市化的路径选择与发展绩效 [M]. 北京：中国商务出版社，2006.

[180] 于长明．基于可持续视角的特大城市地区土地使用模式测度研究 [D]. 北京：清华大学，2014.

[181] 中国城市规划设计研究院．大巴黎地区综合交通调查报告 [R]，2015.

[182] Angel S，Blei A，Civco D et all. Montoring the Quantity and Quality of Global Urban Expansion[J].working paper，2015：1-25.

[183] 曾刚，王琛. 巴黎地区的发展与规划 [J]. 国际城市规划，2004，19（5）：44-49.

[184] 陆锡明．大都市一体化交通 [M]. 上海：上海科学技术出版社，2003.

[185] 孙颖，林航飞. 巴黎轨道交通系统及对我国的启示 [J]. 交通科技与经济，2010，12（1）：32-35.

[186] 李凤玲，史俊玲．巴黎大区轨道交通系统 [J]. 都市快轨交通，2009，22（1）：101-104.

[187] 全永燊，刘剑锋．区域轨道交通规划若干问题与思考 [J]. 城市交通，2017，15（1）：12-19.

[188] 全永燊．北京交通拥堵治理思路及反思 [R]. 北京交通发展研究院，2016.

[189] Hirooka H. The Development of Tokyo's Rail Network[J]. Japan Railway & Transport Review，2000，96（1）：22-31.

[190] 欧心泉，周乐，张国华，等．城市连绵地区轨道交通服务层级构建 [J]. 城市交通，2013，11（1）：33-39.

[191] 刘龙胜，杜建华，张道海．轨道上的世界——东京都市圈城市和交通研究 [M]. 北京：人民交通出版社，2013.

[192] 刘贤腾．轨道交通与大都市区空间结构变迁——东京的经验 [J]. 上海经济，2015（9）：63-67.

[193] 单卓然，黄亚平，张衔春．1990 年后发达国家都市区空间演化征及动力机制研究 [J]. 城市规划学刊，2014（5）：54-64.

[194] 王宇宁，运迎霞，高长宽．轨道交通影响下大城市边缘城镇发展模式研究——巴黎和天津的对比分析 [J]. 城市规划，2017，41（1）：40-44.

[195] 韦亚平．大都市区化的空间分工机制——兼论中国城市化的空间政策转向 [J]. 城市发展研究，2006，13（4）：1-6.

[196] 刘艳军，李诚固，孙迪．城市区域空间结构：系统演化及驱动机制 [J].

城市规划学刊，2006（6）：73-78.

[197] 郝世英，严建伟，滕夙宏 . 轨道交通建设与城市空间结构的优化——台北经验启示 [J]. 城市规划，2013，37（11）：62-66.

[198] 张纯，夏海山，宋彦 . 轨道交通带动下的城市形态演变——以北京为例 [J]. 城市发展研究，2016，23（9）：107-112.

[199] 张芸，梁进社，李育华 . 产业集聚对大都市区空间结构演变的影响机制——以北京大都市区为例 [J]. 地域研究与开发，2009，28（5）：6-11.

[200] 陆化普 . 城镇群交通需求特性与综合交通规划 [R].2015 年中国城市交通规划年会暨第 28 次学术研讨会 .

[201] 西南交通大学交通运输与物流学院 . 关于进一步加强“轨道交通引领城市发展格局”的建议 [R]. 成都轨道交通集团有限公司，2016.

[202] 王少楠 . 市域轨道交通技术指标及合理经济长度研究 [D]. 北京：北京交通大学，2011.

[203] 王丽娟 . 运用 ATP 系统提高既有线路通过能力——介绍巴黎 RER—A 线 ATP 系统 [J]. 地铁与轻轨，1996（2）：41-43.

[204] 刘健 . 法国国土开发政策框架及其空间规划体系——特点与启发 [J]. 城市规划，2011，35（8）：60-65.

[205] 王晓荣，荣朝和，盛来芳 . 环状铁路在大都市交通中的重要作用——以东京山手线铁路为例 [J]. 经济地理，2013，33（1）：54-60.

[206] 田中亙 . 车站—城市一体化开发的推进 [R]. 株式会社，2013.

[207] 奥森清喜 . 实现亚洲城市的站城一体化开发——展望城市开发联合轨道建设的未来 [J]. 西部人居环境学刊，2013（5）：85-89.

[208] 余柳，刘莹 . 东京综合交通枢纽布局规划研究与启示 [J]. 交通运输系统与信息，2013，13（1）：17-24.

[209] 刘君德 . 中外行政区划比较研究 [M]. 上海：华东师范大学出版社，2002.

[210] 严涵，聂梦遥，沈璐 . 大巴黎区域规划和空间治理研究 [J]. 上海城市规划，2014（6）：65-69.

[211] Jean-Francois Doulet. Research on the Paris Region Area and Metropolitan Development in France[R]. 2014.

[212] 陈伟新 . 国内大中城市中央商务区近今发展实证研究 [J]. 城市规划，

2003，27（12）：18-23.

[213] 王双玲 . 日本大都市圈的产业转移与地域演化——以东京为例 [D]. 长春：东北师范大学，2007.

[214] 杨建军，李王鸣，王纯彬 . 日韩城市化特征与浙江省的比较研究 [J]. 地理与地理信息科学，1998（1）：7-12.

[215] 丁成日，谢欣梅 . 城市中央商务区（CBD）发展的国际比较 [J]. 城市发展研究，2010，17（10）：72-82.

[216] 李沛 . 当代全球性城市中央商务区（CBD）规则理论初探 [M]. 北京：中国建筑工业出版社，1999.

[217] 郭志刚 . 社会统计分析方法：SPSS 软件应用 [M]. 北京：中国人民大学出版社，1999.

[218] 胡宝哲 . 东京的商业中心 [M]. 天津：天津大学出版社，2001.

[219] 丁成日 . 城市空间结构理论——单中心城市静态模型 [J]. 城市发展研究，2006，13（4）：121-126.

[220] 郑明远 . 轨道交通时代的城市开发 [M]. 北京：中国铁道出版社，2006.

[221] Balcombe R，Mackett R，Paulley N，et al. The Demand for Public Transit：A Practical Guide[R]. UK：TRL，2004.

[222] 雷磊，罗霞，陈芋宏 . 城市轨道交通环线的功能定位研究 [J]. 铁道运输与经济，2009，31（8）：62-64.

[223] 周文娜，张天然，申立，等 . 快速城市化背景下上海市人口与就业分布及其演化的研究 [J]. 上海城市规划，2015（2）：44-48.

[224] 刘健 . 从巴黎新城看北京新城 [J]. 北京规划建设，2006（1）：76-81.

[225] 刘韵 . 城市地下快速道路建设动因分析 [J]. 地下空间与工程学报，2006（S2）：1293-1296.

[226] 王超深，陈坚 ."收缩型规划"的致因及路径突围——基于利益相关方的理论分析 [J]. 城市发展研究，2017，24（8）：8-13.

[227] 谢飞平 . 中央活动区（CAZ）的理论构建与上海实践——以虹桥商务区为例 [D]. 上海：上海师范大学，2013.

[228] 林群 . 转型变构环境下的交通体系组织要点 [R]. 深圳市城市交通规划设计研究中心，2014.

[229] 黄光宇 . 山地城市空间结构的生态学思考 [J]. 城市规划，2005（1）：

57-63.

[230] 华宇虹，李文兴 . 准公共物品属性视角下的城市轨道交通战略成本动因研究 [J]. 北京交通大学学报（社会科学版），2012，11（2）：14-20.

[231] 日建设计站城一体开发研究会 . 站城一体开发：新一代公共交通指向型城市建设 [M]. 北京：中国建筑工业出版社，2014.

[232] 赵淑芝，匡星，张树山，等 . 基于 TransCAD 的城市公交网络可达性指标及其应用 [J]. 交通运输系统工程与信息，2005，5（2）：55-58.

[233] 中国城市规划设计研究院 . 西安市综合交通体系规划（2011—2030）[R]. 西安市规划局，2012.

[234] 王满军 . 西安大都市圈整体空间构架的特色研究 [D]. 西安：西安建筑科技大学，2013.

[235] 中国城市规划设计研究院 . 成都市城市总体规划（2016—2030 年）[R]. 成都市规划管理局，2016.

[236] 陕西省城乡规划设计研究院 . 西安国际化大都市城市发展战略规划（2009—2020）[R]. 陕西省住房和城乡建设厅，2010.

[237] 长安大学 . 关中城市群都市区城市轨道交通线网规划研究 [R]. 西安市规划局，西咸新区规划局，咸阳市发改委、建设局，2016.

[238] 盛乃宁，刘亚丽，程涛 . 西安地铁网络化运营初期客流规律及运营启示 [J]. 城市轨道交通，2017（4）：36-39.

[239] 西安市人民政府 . 西安市国民经济和社会发展第十三个五年规划纲要 [R]. 西安市人民政府，2016.

[240] 马睿 . 西安明城区空间形态维度之非居住地块密度研究 [D]. 西安：西安建筑科技大学，2016.

[241] Barabasi A L，Albert R. Albert，R. Emergence of Scaling in Random Networks[J]. Science，1999（286）：509-512.

[242] 孙德新，彭芳乐，袁大军 . 现代化大深度城市地铁的建设特点——以东京地铁大江户线为例 [J]. 地下空间与工程学报，2004，24（s1）：664-667.

[243] 宋敏华，冯爱军，王新杰 . 依托城市轨道交通带动地下空间开发 [J]. 都市快轨交通，2005，18（1）：21-25.